初級韓国語学習者の学習態度の変容に関する研究

シリーズ 言語学と言語教育

第14巻　第二言語としての日本語教室における「ピア内省」活動の研究
　　　　金孝卿著

第15巻　非母語話者日本語教師再教育における聴解指導に関する実証的研究
　　　　横山紀子著

第16巻　認知言語学から見た日本語格助詞の意味構造と習得
　　　　–日本語教育に生かすために　森山新著

第17巻　第二言語の音韻習得と音声言語理解に関与する言語的・社会的要因
　　　　山本富美子著

第18巻　日本語学習者の「から」にみる伝達能力の発達　木山三佳著

第19巻　日本語教育学研究への展望–柏崎雅世教授退職記念論集
　　　　藤森弘子，花薗悟，楠本徹也，宮城徹，鈴木智美編

第20巻　日本語教育からの音声研究　土岐哲著

第21巻　海外短期英語研修と第2言語習得　吉村紀子，中山峰治著

第22巻　児童の英語音声知覚メカニズム–L2学習過程において　西尾由里著

第23巻　学習者オートノミー–日本語教育と外国語教育の未来のために
　　　　青木直子，中田賀之編

第24巻　日本語教育のためのプログラム評価　札野寛子著

第25巻　インターアクション能力を育てる日本語の会話教育
　　　　中井陽子著

第26巻　第二言語習得における心理的不安の研究　王玲静著

第27巻　接触場面における三者会話の研究　大場美和子著

第28巻　現代日本語のとりたて助詞と習得　中西久実子著

第29巻　学習者の自律をめざす協働学習–中学校英語授業における実践と分析
　　　　津田ひろみ著

第30巻　日本語教育の新しい地平を開く–牧野成一教授退官記念論集
　　　　筒井通雄，鎌田修，ウェスリー・M・ヤコブセン編

第31巻　国際英語としての「日本英語」のコーパス研究
　　　　–日本の英語教育の目標　藤原康弘著

第32巻　比喩の理解　東眞須美著

第33巻　日本語並列表現の体系　中俣尚己著

第34巻　日本の英語教育における文学教材の可能性　髙橋和子著

第35巻　日・英語談話スタイルの対照研究–英語コミュニケーション教育への応用
　　　　津田早苗，村田泰美，大谷麻美，岩田祐子，重光由加，大塚容子著

第37巻　初級韓国語学習者の学習態度の変容に関する研究　齊藤良子著

シリーズ 言語学と言語教育 37

初級韓国語学習者の学習態度の変容に関する研究

齊藤良子 著

ひつじ書房

目　次

第 1 章　序論 ————————————————————— 1

1.1　はじめに ·· 1

1.2　外国語学習における態度変容についての先行研究 ······· 2

1.3　方法 ··· 4

　　1.3.1　調査方法と調査実施期間 ······································ 4

　　1.3.2　調査参加者 ·· 4

　　1.3.3　分析対象とした調査参加者 ··································· 5

　　1.3.4　調査対象者の韓国語学習状況 ································ 6

　　1.3.5　質問紙 ·· 7

　　1.3.6　分析方法 ··· 7

第 2 章　初級韓国語学習者の学習動機の特徴と
　　　　学習経験による変化 ———————————————— 11

2.1　序 ··· 11

　　2.1.1　はじめに ··· 11

　　2.1.2　先行研究 ··· 13

　　2.1.3　質問紙 ·· 22

　　2.1.4　分析方法 ··· 36

2.2　学習動機調査の結果と考察 ··· 37

　　2.2.1　努力基準（Criterion Measures）···························· 47

　　2.2.2　外国語における理想自己（Ideal L2 Self）··············· 50

　　2.2.3　外国語における社会的にあるべき自己（Ought–To L2 Self）······· 52

　　2.2.4　親の激励や家族の影響（Parental Encouragement /
　　　　　 Family Influence）·· 56

　　2.2.5　実利性（Instrumentality–Promotion）····················· 59

　　2.2.6　不利益回避性（Instrumentality–Prevention）············ 63

2.2.7　語学学習への自信（Linguistic Self-confidence）················· 66

2.2.8　外国語学習への態度（Attitudes Toward Learning L2）··········· 71

2.2.9　目標言語圏への旅行志向（Travel Orientation）················· 73

2.2.10　自国文化が侵害される恐怖（Fear of Assimilation）············ 77

2.2.11　自民族中心主義（Ethnocentrism）························· 79

2.2.12　外国語への関心（Interest in the Second Language）··········· 82

2.2.13　外国語使用時の不安（L2 Anxiety）······················ 85

2.2.14　統合性（Integrativeness）····························· 88

2.2.15　目標言語圏の文化への関心（Cultural Interest）··············· 90

2.2.16　目標言語社会への態度（Attitudes Toward L2 Community）········ 93

2.2.17　前後期比較と変化調査で明らかになった変化の傾向············· 96

2.2.18　The L2 Motivational Self System 理論の
　　　　3 つの要素による分析······························· 98

2.3　まとめ··· 102

第 3 章　初級韓国語学習者の学習ビリーフの特徴と 学習経験による変化 ———————————— 119

3.1　序·· 119

3.1.1　はじめに··· 119

3.1.2　先行研究··· 120

3.2　方法·· 123

3.2.1　質問紙··· 123

3.2.2　分析方法··· 127

3.3　結果と考察·· 127

3.3.1　言語学習の適性·· 131

3.3.2　言語学習の難易度·· 134

3.3.3　言語学習の性質·· 139

3.3.4　コミュニケーション・ストラテジー························ 142

3.3.5　言語学習の動機·· 146

3.3.6　前後期比較と変化調査で明らかになった変化の各領域と
　　　　項目ごとの傾向·· 150

3.4　まとめ·· 153

第4章　初級韓国語学習者の学習ストラテジーの 特徴と学習経験による変化 ———— 161

- 4.1　序 ———— 161
  - 4.1.1　はじめに ———— 161
  - 4.1.2　先行研究 ———— 163
- 4.2　方法 ———— 169
  - 4.2.1　質問紙 ———— 169
  - 4.2.2　分析方法 ———— 176
- 4.3　学習ストラテジー調査の結果と考察 ———— 176
  - 4.3.1　記憶ストラテジー ———— 182
  - 4.3.2　認知ストラテジー ———— 185
  - 4.3.3　補償ストラテジー ———— 192
  - 4.3.4　メタ認知ストラテジー ———— 195
  - 4.3.5　情意ストラテジー ———— 199
  - 4.3.6　社会的ストラテジー ———— 202
  - 4.3.7　領域ごとの平均値 ———— 205
- 4.4　まとめ ———— 207

第5章　結論 ———— 217

- 5.1　まとめ ———— 217
- 5.2　今後の課題 ———— 221

参考文献　　223

あとがき　　229

索引　　231

第1章
序論

1.1 はじめに

　日本における外国語学習の動機づけ、意識、態度[1]等の研究は、主に英語や日本語の学習者を対象として行われてきたが、近年では、韓国語学習者の増加の影響もあり、韓国語学習者を対象とした研究も徐々に増え始めている。これには昨今の韓流ブームの広がりが影響していると思われる。「冬のソナタ」から始まった韓流ブームは当初、中年層の女性を中心に広まったが、韓国のドラマ、アイドル、コスメ等の人気に後押しされて、現在では世代や性別を超えて広く認知されるようになってきている。この流れのなかで、韓国が身近な国になるにつれて、韓国語にも関心がよせられていった。そして、韓国語は日本語に似ていて[2]日本人にとって最も学びやすい外国語である、といった認識が広がり、韓国語学習者が増加していったと考えられる。そして、このような韓国語学習者の増加を背景として、韓国語教育研究への関心も高まりつつある。

　오고시(生越)(2004)および生越(2006)によれば、日本人大学生のうち、韓国語学習者の方が未学習者よりも韓国や韓国人に対して良い印象をもっており、国の印象はマスコミの報道、人の印象は韓国の大衆文化が大きく影響しているとしている。韓国語学習者と未学習者で韓国、韓国人のイメージが異なることから、韓国語学習が何らかの影響を及ぼしており、学習経験によって学習態度も変化するのではないかと筆者は考えた。そこで、本著では韓国語学習者の学習態度を、学習動機、学習ビリーフ、学習ストラテジーの

側面から明らかにすることとした。また学習経験による態度変容も明らかにすることとした。

1.2　外国語学習における態度変容についての先行研究

韓国語学習者の学習動機や態度については近年の研究によって明らかにされつつあるが[3]、これらの研究の多くは学習の一時点の調査研究であり、学習の経過を考慮した学習動機の変化はとらえていない。しかし、Ushioda（1996, 2001）と Dörnyei and Ottó（1998）の研究によれば、外国語学習における動機づけは安定したものではなく、学習体験や学習段階によって変化する動的なものであるとされている。

Ushioda（1996）は、主に外国語学習における動機づけを動的にとらえた研究を行っており、学校などの制度化された学習場面での動機づけは、安定したものではなく、絶え間なく変化するものであるとしている。また、Ushioda（2001）は、学習者の外国語学習体験や態度のなかでも、学習者自身が学習に対して得意であると気づいたり、好きだと感じたり、将来性があると感じたりすることが、外国語学習を持続させる動機づけになっているとした。

Dörnyei and Ottó（1998）は、語学学習の動機づけが実際の学習過程においてどのような影響を与えているかを「L2 教室における学習動機づけのプロセス・モデル（Process Model of L2 Motivation）」によって説明している。その中で、時間軸による動機づけの変化を「行動前段階（preactional stage）」、「行動段階（actional stage）」、「行動後段階（postactional stage）」の3段階に分け、時間の経過による動機づけの変化を明らかにし、学習の各段階の動機づけについて次のように説明している。

まず、「行動前段階」における主な動機づけは、選択動機づけであり、ある言語を学習しようとする時に働く動機づけである。この段階における動機づけの機能には、目標設定、意志の形成、意志実行の開始があり、学習成果と結果に関連する価値や、外国語とその話者に対する態度などが影響するとしている。これを日本の大学のシステムに当てはめると、授業登録を行う時

に、語学の授業を登録するかどうか、もし登録するならば、どの言語にするかを選択する段階である。

次に、「行動段階」の主な動機づけは、実行動機づけであり、学習中の動機づけである。この段階の動機づけは、教室での学習に密接に関連している。この動機づけの機能には、具体的な学習内容を作成し、実行する「下位課題の作成と実行」と、学習前に望んでいた成果と実際の成果を比較する「継続的な評価プロセス」と、学習行動を高め、支え、守る「行動制御」とがある。この「行動制御」には、動機づけ維持のための戦略、言語学習を高める戦略、目標設定を見直す戦略がある。Dörnyei and Ushioda（2011）は、「行動段階」では、学習者自身や教師が、学習動機づけを積極的に、育み、保護しなければ、自然に目標を見失い、学習に飽きたり疲れたりしてしまい、学習よりも魅力的なことに興味が移ってしまうことによって、初めにもっていた動機づけが消滅してしまうとしている。この流れを阻止するためには、実行動機づけ戦略を用い、動機づけを維持しなければならないとしている。これを日本の大学のシステムに当てはめると、授業登録を終え、授業を受けながら学習を実行している段階である。

そして、「行動後段階」における主な動機づけは、学習終了後の動機づけであり、学習者自身が学習について振り返り評価する段階である。行動後段階の動機づけの機能には、語学の習得に成功または失敗したことに関する原因帰属の形成、基準やストラテジーの修正、意図の放棄や新たな計画がある。理想的な行動後段階は、語学を完全に習得して、学習を終えることであるが、これを日本の大学のシステムに当てはめると、前期または後期の授業を終え、成績を手にした夏休み、または、春休み中に語学の授業について振り返る段階である、また、授業を途中でやめてしまった場合も「行動後段階」に当たる。

これらの Ushioda（1996, 2001）や Dörnyei and Ottó（1998）の研究から、語学学習動機が学習過程において変化することが説明された。では、実際に韓国語学習者の動機づけはどのように変化しているのであろうか。従来の韓国語学習者の学習態度に関する研究では、既に述べたように、一時点の韓国語学習者の特徴は明らかにされてきたが、その変化についてはあまり研究され

ておらず、明らかにされてこなかった。しかし、韓国語学習者の学習動機づけを積極的に育み、保護するためには、「行動段階」における動機づけの特徴、および、その変化について詳しく研究する必要があると考える。さらに、動機づけは変化する、とされていることから、動機づけに深く関係している、学習ビリーフ、学習ストラテジーも動機づけ同様に変化すると考えられる。そこで、これらが韓国語を学ぶことによってどのように変化するのかについても明らかにする必要があると思われる。これは、学習動機と結びつきの強い、これらの変化を明らかにすることで、より一層、学習に対する動機づけを育み、保護することができると考えるためである。

　以上の理由から、本研究では、初級韓国語学習者を対象として彼らの学習動機、学習ビリーフ、学習ストラテジーの特徴とそれらの学習経験による変化の特徴を明らかにすることにより、初級韓国語学習者の学習態度と学習経験による態度変容を明らかにすることを目的とする。

1.3　方法

1.3.1　調査方法と調査実施期間

　本研究では、学習者の学習態度とその変容を客観的に分析するために、質問紙による調査のみを分析対象とし、教室活動は分析対象にしなかった。また、学習動機、学習ビリーフ、学習ストラテジーの各分野で「前期調査」、「後期調査」および「変化調査」を実施した。調査は全て、調査実施大学で筆者が担当した「韓国語初級」[4] の授業時間内に質問紙を配布し、回答を求め、授業中に回収した。実施時間は 30 分程度であった。

　前期調査は 2010 年 7 月に、後期調査と変化調査はひとつの質問紙によって 2011 年 1 月に実施した。

1.3.2　調査参加者

　本研究では、大学で第二外国語として初級韓国語の授業を受講している学習者を調査対象者とした。まず、大学で学んでいる初級学習者を対象とした理由は、学習歴や学習環境がある程度統一されている学習者が調査対象とし

て適していると考えたためである。これは、既に述べたとおり、学校などの制度化された学習場面での動機づけは、安定したものではなく、絶え間なく変化するものである（Ushioda, 1996）ことからも、学習経験による学習態度の変化を明らかにするには大学で韓国語を学んでいる学習者が調査対象者として適していると思われるためである。

　また、大学で韓国語を学ぶ学習者は、卒業に必要な単位を取得しなければならない、就職活動の際に成績表を提出しなければならない、という理由から、安易に韓国語学習を放棄することは少ない。そのため、韓国語学習について良い印象をもっていない学習者も調査参加者に含まれている。そのため、韓国語学習意欲の高い中級以上の学習者や自ら月謝を払い韓国語塾に通う学習者を対象とした調査研究だけでは明らかにできない傾向もみられると考える。

　さらに、初級韓国語を大学で学ぶ学習者は、第二外国語として韓国語を選択する時点では、大部分の学生は韓国語についての知識がほとんどないため、韓国語学習を通して学習者それぞれが韓国語学習の動機や学習方法等を新たに構築していく。その過程において学習経験による変化が明確にあらわれていくと考えられる。この点は、すでに学習経験の中で動機や学習方法を確立していると思われる中級学習者を対象とした場合とは異なっている点であり、初級韓国語学習者を調査対象としなければ明らかに出来ない点である。

　最後に、韓国語を専攻している学習者ではなく、第二外国語として韓国語を学んでいる学習者を対象とした理由は、日本で韓国語を学ぶ多くの学習者は、目的は何であれ、専攻としてではなく第二外国語として韓国語を学ぶ学習者が多い。そのため、より一般的な韓国語学習者の意識とその変化を明らかにするために、第二外国語として韓国語を学んでいる学習者を対象とした。

1.3.3　分析対象とした調査参加者

　調査研究による学習態度研究において調査対象者の学習歴が統一されていない場合が少なくない。しかし、初級韓国語学習者が韓国語学習に対して

もっている学習動機と、学習経験によって学習動機がどのように変化するのかを明らかにするためには、学習開始時期、学習歴、学習方法、習得内容が同じ調査参加者で調査を実施する必要があると考えた。そこで、本研究では、調査実施大学で2010年度の前期と後期の両方の初級韓国語の授業を受講した学習者を対象として調査を実施した。

また、有効回答数から除外した調査参加者は次のとおりである。まず、本研究は、第二外国語学習者を調査対象としているため、韓国語を専攻している学生は調査対象外とした。次に、日本人大学生を対象とした調査のため、留学生は対象外とした。さらに、一般的な大学生の外国語学習について調査研究することを目的としたため、社会人入試で入学した学生も対象外とした。また、学習期間の差をなくすために、調査を実施した授業を受講する以前に韓国語を学んでいた学習者も対象外とした。その他欠損値などを除外した有効回答数の詳細は次のとおりである。

調査参加者は、前期調査103名(性別:男性48名、女性55名、平均年齢:19.5才、学年:1年生〜4年生(1年生49名、2年生15名、3年生16名、4年生23名))、後期調査および変化調査は、66名(性別:男性33名、女性33名、平均年齢:19.7才、学年:1年生〜4年生(1年生41名、2年生7名、3年生8名、4年生10名))であったが、学習者のもつ学習動機の特徴とその変化をより明確にするために、前期調査と、後期調査および変化調査の両方に参加した日本人大学生59名を分析対象の調査参加者とした。その内訳は、男性31名、女性28名であり、学年は1年生37名、2年生6名、3年生7名、4年生9名である。年齢は18才から23才までで、前期調査時の平均年齢は19.1才、後期調査および変化調査時は19.7才であった。

1.3.4 調査対象者の韓国語学習状況

調査参加者全員が2010年4月から大学で第二外国語の授業として初めて韓国語を学び始めた学習者である。前期調査を実施した2010年7月はカリキュラム上、初級授業の前期で学ぶ内容は全て学び終えており、調査参加者の韓国語のレベルは、ハングルが読め、ハムニダ体による、名詞、動詞、形容詞の現在形、過去形、疑問形などを習得しており、簡単な文章の読み書き

ができるレベルであった。また、後期調査および変化調査を実施した 2011 年 1 月は後期授業終了直前で、初級韓国語の授業で学ぶべき内容は全て学び終えており、前期に習得した内容に加え、ヘヨ体、可能、不可能、否定形を学び、理由や手段を説明する簡単な文章を読んだり書いたりすることができるレベルであった。

1.3.5　質問紙

　質問紙は、学習動機（第 2 章）を明らかにするために Dörnyei with Taguchi (2010) を、学習ビリーフ（第 3 章）を明らかにするために Horwitz (1987) の Beliefs about Language Learning Inventory (BALLI) を、学習ストラテジー（第 4 章）を明らかにするため Oxford (1990) の Strategy Inventory for Language Learning (SILL) を基に、韓国語学習態度の特徴とその変容を明らかにするために、著者が変更を加え独自に作成した。しかし、基本理念や質問意図はオリジナルの質問紙を踏襲している。

　調査票は全て 5 段階尺度である。各評点の説明は前期調査と後期調査では「1. そう思わない」「2. あまりそう思わない」「3. どちらともいえない」「4. ややそう思う」「5. そう思う」の 5 段階を用いた。また、変化調査では「1. そう思わなくなった」「2. あまりそう思わなくなった」「3. 変わらない」「4. ややそう思うようになった」「5. そう思うようになった」の 5 段階評定尺度法を用いた。

　さらに、学習者が感じている変化について詳しく調査するために自由記述式の調査を行った。

1.3.6　分析方法

　本研究では、「前後期比較分析」（以下「前後期比較」）と「変化調査」を通じて韓国語学習者の学習態度の特徴とその変容を明らかにしていく。「前後期比較」とは、同一の調査参加者の「前期調査」と「後期調査」の結果を比較し、その差から前期と後期の学習態度の変容を明らかにするものである。

　「前期調査」では、各項目の平均値と標準偏差を算出した。「後期調査」では、前期調査同様、各項目の平均値と標準偏差の算出に加え、学習動機の変

化を明らかにするために、前期調査結果と後期調査結果の間の平均値の差の検定（ t 検定）を行い、5％以下の水準で統計的有意差をみる。この統計的有意差による分析を「前後期比較分析」とする。

　一方、「変化調査」とは、学習者自身に「韓国語を学んだことによってあなたの（動機づけ・ビリーフ・ストラテジーの各項目）は変わりましたか？」という質問に答えてもらう調査である。そのため、学習者自身が認知している変容を明らかにするものである。

　この変化調査では、各項目の平均値と標準偏差を算出した。そして、学習者自身がどのように変化を認知しているかを明らかにするために変化調査の結果を前後期比較の結果と比較し、分析した。この2つの変化研究によって、学習者が認知していない変化と、認知している変化の二通りの変化を明らかにすることとする。

　さらに、前期調査で明らかになった韓国語学習の特徴が、韓国語学習特有のものなのか、他の言語学習と類似する点があるのかを明らかにするために、前期調査と同時に英語学習との比較を行った。韓国語学習の前期調査結果と英語学習の特徴の類似点と相違点を明らかにするために、韓国語学習の前期調査結果と英語学習の調査結果の間の平均値の差の検定（ t 検定）を行い、5％以下の水準で統計的有意差をみた。

　また、結果は5分割[5]し、以下の基準で分析し記述した。まず、前期調査と後期調査では、項目ごとの平均値が5.00 ～ 4.00を「高い」、3.99 ～ 3.40を「やや高い」、3.39 ～ 2.61を「どちらともいえない」の範疇であるとし、2.60 ～ 2.01を「やや低い」、2.00 ～ 1.00を「低い」、と表現した。次に、変化調査では、項目の平均値が5.00 ～ 4.00を「高い」、3.99 ～ 3.40を「やや高い」、3.39 ～ 2.61を「変わらない」の範疇であるとし、2.60 ～ 2.01を「やや低い」、2.00 ～ 1.00を「低い」、と表現した。

　以上の調査目的、方法を用い明らかになった結果を、第2章初級韓国語学習者の学習動機の特徴と学習経験による変化、第3章初級韓国語学習者の学習ビリーフの特徴と学習経験による変化、第4章初級韓国語学習者の学習ストラテジーの特徴と学習経験による変化で述べていく。

註

1 　ここでの「態度」とは、社会的態度のことであり、その中心的構成要因のひとつは感情的要因である（Rosenberg and Hovland, 1960）。

2 　韓国語はハングルという文字を用いて表記するため、文字だけをみると日本語とは大きく異なってみえる。しかし、韓国語の語順は日本語と類似しており、助詞や文末語尾、丁寧語、尊敬語にも類似点が多くみられる。語彙においても漢字の単語（日本語の漢語と韓国語の漢字語）は、意味が類似しているものも多い。そのため、韓国語のテキストや大学のシラバスには、日本語と似ていることや日本人にとって学びやすいということを明記しているものも少なくない。

3 　「第2章初級韓国語学習者の学習動機の特徴と学習経験による変化」の「2.1.2 先行研究」で詳細を述べる。

4 　調査実施大学の「韓国語初級」の授業には文法中心クラスと、会話中心の授業があり、調査を実施したのは文法クラスである。取得単位は前期、後期とも1単位である。学生の所属している学部によっては第二外国語としての選択必修科目であるが、それ以外の学生は選択科目として受講している。ただし、必修科目として受講している学生はいない。

5 　「高い」と「低い」をそれぞれ1ずつ、「やや高い」、「やや低い」をそれぞれ0.59ずつ、「どちらともいえない」、および「変わらない」を3を中心に上下に0.39ずつで5つに分けた。

第2章
初級韓国語学習者の学習動機の特徴と
学習経験による変化

2.1　序

2.1.1　はじめに

　日本人韓国語学習者の学習動機や学習目的の研究が金由那(2006)、金泰虎(2006)、林・姜(2007)、李(2007)、梁(2010)によって行われている。これらの韓国語学習者の動機づけ研究から、韓国語学習者の多くは、韓国の文化や芸能(韓流)に興味があり、それらを知るために韓国語を学ぶといった動機や、韓国旅行に行きたい、単位が必要だから、といった動機づけから韓国語を学んでいることが明らかになった。このように、これらの動機づけ研究から、韓国語学習者の学習動機や学習目的の傾向が明らかにされているが、その多くは韓国語の能力を習得することによって直接得られる利益を研究の中心にしている。これらの動機づけについては、外国語学習動機の代表的な理論である、Gardner and Lambert(1972)の統合的志向と道具的志向や、自己決定理論[1] を外国語学習動機に適用した Noels(2001)の動機づけモデルなどで説明、分析されることが多い。

　しかし、学習者にとって、韓国語を学ぶことから得られる利益は、決して直接的なものだけではないため、Gardner and Lambert(1972)や Noels(2001)の動機づけだけでは十分に説明できないのではないかと考える。例えば、韓国の文化について知りたいから韓国語を学ぶ、という動機には、単に韓国語能力をいかして文化についての情報収集をしたい、という側面だけではなく、韓国語で韓国文化について調べる自分になりたい、韓国語を流暢

に使い、友人達に羨望の眼差しでみられたい、ということも動機の一部に含まれているのではないかと考える。これは、「単位のために韓国語を学習する」のように直接的な利益の側面からみると、一見動機づけが弱いと考えられがちな学習動機においても同様で、単に単位を取ればいい、ということだけではなく、単位を落としたら恥ずかしい、親の期待を裏切りたくない、自分の面子を保ちたい、といった恐れにも似た感情が動機に含まれているのではないかと考える。このことから、学習者の動機づけについて、直接的な利益に関する動機づけだけなく、その背景にある、「自己」についても明らかにする必要があると考える。外国語学習動機の自己理論については、Dörnyei（2005）がThe L2 Motivational Self System 理論を提唱している。この理論を用いた研究にはAl-Shehri（2009）、Csizér and Judit（2009）、Ryan（2009）、Taguchi, Magid, and Papi（2009）、Yashima（2009）、鈴木・Leis・安藤・板垣（2011）がある。この理論によれば、外国語学習は、単に語学を学ぶ教科ではなく、学習者がもっている理想の自分像である「可能自己（possible selves）」に近づくための手段であり、その可能自己に近づこうとすることが学習の動機づけとなっているとしている。この理論は、学習動機について他の外国語学習の動機づけの理論やモデルでは扱っていない外国語学習における「自己」という概念を用いて説明しており、筆者の研究目的と一致している。そのため、この「可能自己」が韓国語学習者の動機づけを知るために最も適した概念であると考える。

　そこで本研究では、この理論をベースとして作成されたDörnyei with Taguchi（2010）の質問紙を用い、韓国語学習者の可能自己を明らかにするために実証的な研究を行った。この「可能自己」という概念には、将来なりたい自分像、なりたくない自分像、なるであろう自分像である「理想自己」、他者からこう思われなければならない、こう思われてはいけない、という自分の中にある他者から見た自分像である「社会的にあるべき自己」、過去の外国語学習で自分が学習を楽しんだ、自分がテストで悪い点数をとった等の、学習経験に関する自己である「外国語学習経験」の3つの「自己」が中心に置かれている。

　「可能自己」の詳細は2.1.2.2で述べるが、この概念を用いて韓国語学習

の動機について明らかにすることは、従来の研究ではあまり触れられてこなかった、「自己」という視点から学習目的を明らかにできるため、韓国語教育において意義のあることであると考える。このような理由から、本章はThe L2 Motivational Self System 理論を動機研究の基本理論として、学習者が韓国語を学ぶことによって、どのような「可能自己」を実現しようとしているのかを明らかにすることを目的としている。

　さらに、ここでは学習者の動機づけの特徴を明らかにすることに加え、その動機づけが学習経験によってどのように変化するのかについても研究する。これは、Dörnyei and Ottó (1998) の「L2 教室における学習動機づけのプロセス・モデル」によれば、学習者は学習経験によって段階があり、その段階によって学習者の動機が変わるとしているためである[2]。この変化について明らかにすることにより、韓国語教師が学習者の変化に応じて授業形態や教材を変えることが出来るため、より一層効果的な教育を実現させることができると考えられる。

　上記の理由から、本研究では、初級韓国語学習者の学習動機の特徴と、その変化を明らかにすることを目的とし、すでに述べたとおり前期調査、後期調査および変化調査を実施した。なお、調査方法、調査参加者、分析対象の詳細については「1.3 方法」に示した。また、この韓国語学習に関する動機調査の結果の特徴をより明確にするために、前期調査と同時に実施した英語学習の動機づけと比較し、前期調査時に英語と韓国語の学習動機がどのように異なるのかも明らかにしていく。

　本章では、2.1.2 で先行研究について、2.2 で学習動機調査の結果と考察について、2.3 で本章のまとめについて述べる。

2.1.2　先行研究
　ここではまず、外国語学習動機づけ理論と The L2 Motivational Self System 理論について詳しく述べ、次に、これらに基づいた先行研究として、The L2 Motivational Self System 理論を用いた研究と韓国語学習動機の研究について述べる。

2.1.2.1　外国語学習動機

　外国語学習における動機づけとは、外国語を学習したいという意欲を起こさせることであり、塩澤・伊部・大西・園城寺(1993)によれば、動機づけされていなければ学習が成立しないという。また、Dörnyei(2001b)によれば、第二言語学習の動機づけ研究に最も影響力を及ぼした理論は Gardner によって提案されたものであり、Gardner がカナダの同僚や研究仲間とともにこの分野を創立したとされている。Gardner の動機研究の背景には、カナダ国民が英語とフランス語という国際的に強力な 2 つの言葉の話者に分けられているという特殊な環境がある。Gardner とその同僚は、そのような環境下では、双方の社会の言葉の知識が互いの社会の仲介役を果たすと主張した(Dörnyei, 2001a)。また、Gardner and Lambert(1972)によれば、外国語学習に成功する学習者は、他の言語文化圏の人々の様々な行動の側面を受け入れる準備ができているとしている。さらに、学習者の自民族中心主義の傾向や他民族に対する態度が、新しい語学の習得の成功の度合いに影響を与えているともしている。

　Gardner の研究において、最も知られている概念は「統合的志向(integrative orientation)」と「道具的志向(instrumental orientation)」である。

　「統合的志向」とは、学習者が目標言語使用者のコミュニティに対して肯定的な気持ちをもち、その社会と交流し、そのコミュニティのメンバーのようになりたいという願望をもったり、目標言語を使用しているコミュニティの人々を受け入れたりし、彼らの文化について学びたいという願望からくる語学学習の動機づけである。また、「道具的志向」とは、「統合的志向」とは対照的なもので、語学学習の目的が良い仕事を得るなど、語学習得の実利的な価値を反映した動機づけである(Gardner and Lambert, 1972)。

　また、Dörnyei(2001a)によれば、Gardner の動機づけ理論の中で、最も詳細に研究されているのは「統合的」と「道具的」の 2 つの志向ではなく、「統合的動機づけ(integrative motivation)」の概念である。この統合的動機づけは、「統合性」、「学習環境への態度」、「動機づけ」の 3 つの主要な要素から成り立っている。「統合性」とは、統合的志向、外国語への興味、目標言語話者の社会への態度を含んでいる。また、「学習環境への態度」は、教

師と授業への態度を含んでおり、「動機づけ」は動機づけの強さ、目標言語を学ぼうとする願望、学習への態度で構成される。

ここまで、古典的な Gardner の動機づけ理論についてみてきたが、現在では、Gardner の動機づけ理論は様々に解釈されており（Gardner, 2001）、「志向」と「動機」の区別をせずに、「統合的志向」を「統合的動機づけ」、「道具的志向」を「道具的動機づけ」として紹介していることが多く、それが主流になっている。

このように、外国語学習における動機づけ研究は Gardner and Lambert（1959）の研究から始まり、Gardner の登場以降、動機研究が第二言語習得研究の中心的なテーマとなっている（Tremblay and Gardner, 1995）。

しかし、Dörnyei（2009）によれば、過去 20 年の間に、この Gardner の概念の理論的内容に対する懸念も生じるようになってきたという。その理由として、心理学の分野における動機づけ研究において発展した「目標理論」や「自己決定理論」などの新たな認知的動機づけ理論とのつながりを明確に説明できない点や、「統合的」という表現が限定的で、多くの学習環境において、この用語があまり意味をなさなかった点をあげている。そこで、Dörnyei（2005）は、心理学で多く用いられる「自己」という概念を用い、新たな動機づけ概念を提唱した。この新しい概念について次節で論じる。

2.1.2.2　The L2 Motivational Self System 理論について

Dörnyei（2005）は、The L2 Motivational Self System 理論を提唱し、外国語を学ぶための動機づけを「自己」という枠組みで概念化した。この理論について Dörnyei and Ushioda（2011）は、自己についての心理学的理論を明確に利用することから、従来の動機づけ研究を大きく変革したものであるが、このシステムは外国語学習の分野における従来の研究に基づいていることもまた間違いないとし、この理論が従来の語学学習の動機づけ研究の延長線上にあることを明示している。

この動機理論は、「可能自己」という概念を外国語学習に適用した理論である。すでに述べたとおり可能自己には、「自分」の希望である「理想自己」（なりたい自分、なるだろう自分、なりたくない自分が含まれる）と、他者が

抱いていると思っている「自分」のイメージである「社会的にあるべき自己」が含まれている。さらに、この自己概念には、個人の過去の経験から得られる情報に基づいているものもある。この「自己」は、現在の自分の状態ではなく、未来の自己の可能性をどのように概念化するかに関わるため、個人的な希望や願い、または空想も影響する。そして、この可能自己は、現在から未来への方向付けを説明できる概念である「未来自己ガイド（future self-guides）」としての役割を果たしている。

　Dörnyei は新しい動機理論を構築するにあたり、この「可能自己」概念と「未来自己ガイド」概念を基に Gardner の「統合的動機づけ」を再解釈した。すでに述べたように Gardner の「統合的動機づけ」は外国語学習の動機研究において中心的な役割を果たしているが、その定義は曖昧である。そこで、Dörnyei は Gardner の「統合的動機づけ」を再解釈し、「統合的動機づけ」が理想自己を叶える大きな要素のひとつであるとして、「統合的動機づけ」を未来自己ガイドとしての「理想自己」の一部とした。

　Dörnyei（2005）の The L2 Motivational Self System 理論は「未来自己ガイドとしての理想自己（Ideal L2 Self）」、「未来自己ガイドとしての社会的にあるべき自己（Ought–To L2 Self）」、「外国語学習経験（L2 Learning Experience）」の 3 つの要素から構成されている。

　まず、「未来自己ガイドとしての理想自己」とは、外国語に特化した理想的な自己である。その構成要素は、統合的動機づけと内面化された道具的動機づけなどである。例えば、自分がなりたいと思っている理想の自分の姿が、外国語を話す姿であるならば、理想的な外国語における理想自己は、外国語を学習するための強力な動機づけとなる。それは、実際の自分と理想的な自分との間の矛盾をなくしたいという欲求があるからである。

　次に、「未来自己ガイドとしての社会的にあるべき自己」とは、外国語に特化した他者からの期待に応えようとする自己である。つまり、親や友人などの親しい人からの期待や、社会からの期待に合わせる自己であるが、同時に、他者からの非難を避けるための自己イメージでもある。

　そして、「外国語学習経験」とは、過去に直接経験した学習環境や学習体験（教師の影響、カリキュラム、勉強仲間、成功体験など）による動機づけで

ある。

　以上の説明をまとめると、学習者は、目標言語を使用することによって叶えられる理想の自分、つまり、外国語における未来自己ガイドとしての理想自己を実現させるために、目標言語の学習を行う。そのため、明確な理想自己や、社会的にあるべき自己をもっていることが学習の動機づけになるのである。そして、この2つの自己と同様に学習経験も動機づけになるというのが、この理論の基本である。本研究では、この The L2 Motivational Self System 理論に基づいて、韓国語学習者のもつ学習動機とその変化について研究していく。

2.1.2.3　The L2 Motivational Self System 理論を用いた先行研究

　ここでは、Dörnyei（2005）の The L2 Motivational Self System 理論を用いた先行研究について述べる。

　まず、この理論を実証するために行われた研究には、Al-Shehri（2009）、Csizér and Judit（2009）、Ryan（2009）、Taguchi, Magid, and Papi（2009）がある。これらはアンケート調査を用い、外国語学習の動機づけについて尋ね、その結果から理論を実証し、さらに調査参加者の動機づけの特徴を明らかにした。

　Al-Shehri（2009）は、サウジアラビアで英語を学んでいる98名の大学生と102名の高校生を対象として、理想自己と「visual style preferences（単語とイメージを関連づけたり、ノートを取ったりする視覚を重視した学習法を好む傾向）」についての調査を実施した。その結果、「理想自己」と「visual style preferences」また、「理想自己」と「努力基準」の間に強い相関がみられることを明らかにした。

　Csizér and Judit（2009）は、ハンガリーで、202名の中高生（secondary school）と、230名の英語を専攻していない大学生を対象として、英語の「学習経験」、「自己」、「動機づけられた学習態度」についての調査を実施した。その結果、中高生は、「学習経験」の方が「未来自己ガイドとしての理想自己」よりも動機づけに強い影響を与えていることがわかった。一方、大学生の調査結果では、「学習経験」と「未来自己ガイドとしての理想自己」の動

機づけに対する影響の強さはほぼ同等で、動機づけが中高生と大学生では異なることが明らかにされた。また、「未来自己ガイドとしての社会的にあるべき自己」については、ほとんど動機づけに影響を及ぼしていないことも明らかにした。

Ryan（2009）は、日本で、高等教育（tertiary institution）を受けている大学生、専門学校生と中高生（secondary institution）、合計2397名を対象として理想自己と日本人英語学習者の関連について調査を実施した。その結果、理想自己と統合的動機づけの相関が非常に強いことを明らかにした。また、動機づけと関連が強い理想自己の結果から、大学で英語を専攻している学習者は理想自己が強い動機づけとなっているが、英語を専攻していない大学生と中高生の間では理想自己の影響の強さにあまり差がないことがわかった。このことから、従来日本人学習者は受験など実利的な目的で学習する道具的動機づけの影響が高いといわれてきたが、「受験に成功する自分」という明確な英語学習における「理想自己」がある中高生と、明確な「理想自己」がないとされている英語を専攻していない大学生の間にあまり差がないことから、動機づけの強さは、社会的環境ではなく学習者個人が英語学習と理想自己の実現とをいかに関連づけているかによって決まることを示唆した。

Taguchi, Magid, and Papi（2009）は、Dörnyeiの理論を実証することを目的として、日本人1586名、中国人1328名、イラン人2029名の英語学習者に対して動機調査を実施した。この調査で使用した質問紙は、Dörnyei with Taguchi（2010）に掲載されているものである。日本人調査参加者は大学で英語を専攻している学生と、大学で英語を専攻していない学生である。Taguchi et al.（2009）は既に述べたように、理論実証を目的としているため、学習動機の傾向について本文ではほとんど触れていないが、各質問項目の平均値が論文の最後に掲載されている。その結果を分析すると、日本人英語学習者は、学習意欲が高く、学習を楽しんでいること、将来英語が必要になる、ということが動機づけになっていること、実利性や不利益回避につながる道具的動機づけの平均値が高いこと、英語圏の人々や文化に対する興味に関する動機づけの平均値が高いこと、統合的動機づけの項目の平均値が高いことが明らかになった。さらに、これらの項目は統合的動機づけの質問項目

との相関が強いことが明らかにされた。その一方で、社会的にあるべき自己や、親や家族の影響が、あまり学習動機になっていないという結果を得た。

次に、Dörnyei の理論を用いた外国語学習動機研究には、Yashima（2009）や鈴木・Leis・安藤・板垣（2011）などがある。

Yashima（2009）は、191 名の日本人高校生を対象に英語学習に関する調査を実施した。その結果、学習者の国内にいる外国人との関わり方（日本にいる留学生と友達になりたいか、学校に外国人がいたら話してみたいか、隣に外国人が引っ越してきたら不安になるか等）に関する「国際的な態度（inter-national posture）」が、国際的コミュニティでの英語使用における「理想自己」に反映されていることを明らかにした。

鈴木・Leis・安藤・板垣（2011）は、宮城教育大で英語を学んでいる学習者（1 年生 310 名、2 年生 277 名）を対象として、Taguchi et al.（2009）を用いて動機調査を実施した。その結果、2 年生の動機づけが 1 年生よりも低いこと、初等教育教員養成課程、中等教育教員養成課程、特別支援教育教員養成課程の順に動機づけが低いことを明らかにした。この結果について、鈴木他（2011）は、将来英語を使う職業につきたいという理想自己や、これからの日本人は英語が話せるべきだという義務自己（Ought–To L2 self）のイメージをもちにくい学生は学習動機が低いことを示唆した。

以上の Dörnyei（2005）の The L2 Motivational Self System 理論を用いた研究により、様々な国で英語を学んでいる学習者の特徴が明らかにされた。この理論を実証するために作成され実施された質問紙が、英語学習者を対象としたものであるため、英語学習者以外を対象とした調査はまだあまり実施されていない。しかし、Gardner and Lambert（1972）や Noels（2001）等の理論に比べ外国語学習者のもつ動機が網羅的に調査されており、学習者の動機の変化を様々な側面から客観的に分析し、明らかにすることができると考えられる。そのため、本研究の目的である第二外国語として韓国語を学んでいる学習者のもつ学習動機の特徴とその変化を明らかにすることに適した質問紙であると思われる。

2.1.2.4 韓国語学習に対する動機づけの先行研究

　ここでは、大学で韓国語を学んでいる日本人韓国語学習者を対象として実施された学習動機研究と学習目的研究の先行研究について述べる。

　李(2005)並びに李(2006)は、松山大学で韓国語を学ぶ大学生を対象として、学習ニーズや韓流ブームの影響等に関する調査を実施した。また、李(2007)では、李(2005)と李(2006)の結果を比較し、その推移を分析した。李(2007)の結果のうち、本研究に関連している部分について述べる。まず、韓国語学習の選択理由として、李(2005)と李(2006)はともに、韓国語と日本語との類似性、韓国への関心、韓流ブーム、日本との距離の近さ、知人の勧め等をあげている。李(2005)と李(2006)の相違点として、韓流ブームの影響が2006年の方が弱くなっていた点があげられている。また、学習継続の希望については、両年とも4割程度が「続けて受講したい」と回答しており、李(2005)と李(2006)の結果に差はみられなかった。さらに、学習目標として、両年とも7割以上の学習者が「旅行などに役立つ程度の簡単な会話能力」と回答した。その一方で、ビジネスや本を読むためといった動機づけは弱いことがわかった。その他にも、韓国語学習に関心をもっていること、韓国の日常生活や文化に関心があること、2005年よりも2006年の方が若干韓国への関心が低くなっていること等を明らかにした。

　金由那(2006)は、文化センター、大学、韓国学校(在日韓国人を対象とした韓国語、韓国文化教育施設)で韓国語を学んでいる日本人、在日韓国人を対象に韓国語学習に関する意識調査を実施した。その結果、日本の大学で韓国語を学んでいる77名を対象とした学習目的調査の結果、「韓国語に興味をもっているから」「おもしろそうだから」「韓国旅行がもっと楽しめるように」「韓国が好きだから」「日本に一番近い国だから」といった点が強い動機づけとなっていることがわかった。その一方で、映画やドラマ、ニュースといったメディアは動機づけになっていないことを明らかにした。また、仕事上必要だから、「勉強に必要だから」「友達・恋人などとのコミュニケーションに必要だから」といった実利益に関する目的や、韓国語話者との韓国語使用場面に関する目的も学習動機とはなっていなかった。さらに、日本人と在日韓国人の学習目的の差を分析した。その結果、在日韓国人学習者の方が日

本人学習者よりも、「勉強に必要だから」「先祖のことばだから」「韓国語が話せないために差別されたことがあるから」「韓国人だから」等の在日韓国人としてのアイデンティティに関する事柄が韓国語の学習動機づけとなっていることが明らかにされた。

　金泰虎(2006)は、近畿地方の2つの大学で中級韓国語会話の授業を受講している48名の日本人韓国語学習者を対象として韓国語学習に関する調査を実施した。その結果、韓国語会話の受講理由の1位は「2002年の日韓共同開催のワールドカップサッカーを見に韓国へ行ったり、ボランティア活動をしたいので」、2位は「韓国に旅行をしたことがあり、もっと韓国が知りたくて」、3位は「韓国に友達がいるので」であった。このことから、韓国語の学習開始動機は、韓国語自体の語学的魅力と直接の関連がないことを明らかにした。

　林・姜(2007)は、広島修道大学で初級韓国語の授業を受講している日本人韓国語学習者340名を対象として、学習に関する意識について調査研究を実施した。調査時期は通年授業の後期の授業である。その結果、学習動機として「韓国語に興味をもっているから」「おもしろそうだから」「学びやすいから」「韓国の文化を理解するため」「日本に一番近い国だから」等があがった。また、学習目標調査の結果から、日常会話ができる程度以上の高い目標をもっている学習者は3割にとどまり、7割は「簡単な文字が読めるくらい」「挨拶程度できるほど」「旅行などに必要な決まりきった表現が使える程度」であることが明らかになった。

　梁(2010)は、N大学とJ大学の2つの大学で韓国語を学んでいる日本人韓国語学習者114名を対象として韓国語学習に関する意識及び認識に関する調査を実施した。この研究結果のうち、本研究に関連のある学習開始動機と学習目的の結果を述べる。なお、N大学の調査参加者には韓国語専攻者が含まれており、J大学の方は全員、教養科目のひとつとして韓国語を学んでいる。また、調査は複数回答が可能な質問紙を用いて行われた。まず、学習開始動機調査の結果をみると、J大学で最も多かった回答は「韓国に関心があるので」であり、全体の27%であった。次に、「単位が必要なので」が23%であった。その他にも、「面白そうなので」「韓流の影響」がそれぞれ

17％ずつであった。一方N大学では、「面白そうなので」という答えが57％と最も多く、次いで「韓流の影響」が52％であった。この結果について梁(2010)は、教養科目として学んでいるJ大学では、単位のためにやむを得ず学習するという面で、動機が消極的であるとしている。その一方で、専攻学生を含むN大学では、韓国の文化についても興味をもっていることが示唆されたとした。次に学習目的調査の結果について述べる。まず、J大学では、「旅行するため」という答えが最も多く、48％であった。次いで、「ドラマをみるため」が36％、「韓国人と交流するため」が35％、「K-POPをきくため」が25％と続いている。一方、N大学では、「韓国人と交流」が最も多く、71％であった。それに続いて「旅行するため」が63％、「ドラマをみるため」が55％であった。この結果について、梁(2010)は、N大学の韓国人留学生の影響があったのではないかとしている。また、N大学とJ大学の両方で旅行やドラマなどの回答が多かったことから、韓流が韓国語学習に影響をもたらした結果であるとしている。

2.1.3　質問紙

　質問紙は、Dörnyei with Taguchi(2010)を用いた。その理由は、この質問紙がDörnyei(2005)のThe L2 Motivational Self System 理論に基づき、日本人英語学習者を対象に動機調査を行うために日本人学生が外国語学習に対してもっている様々な学習動機を考慮し、作成されているためである[3]。この質問紙は The L2 Motivational Self System 理論の16領域について、67の質問項目で構成されている。その16領域は以下のとおりである。"Criterion Measures"、"Ideal L2 Self"、"Ought–To L2 Self"、"Parental Encouragement / Family Influence"、"Instrumentality–Promotion"、"Instrumentality–Prevention"、"Linguistic Self-confidence"、"Attitudes Toward Learning English"、"Travel Orientation"、"Fear of Assimilation"、"Ethnocentrism"、"Interest in the English Language"、"English Anxiety"、"Integrativeness"、"Cultural Interest"、"Attitudes Toward L2 Community"

　本研究で用いた質問紙は、Dörnyei with Taguchi(2010)に掲載されている日本語版質問紙を基に、韓国語学習に用いる学習動機、およびその変化につ

いて調査するために修正を加え、独自に作成したものである。調査に用いた質問紙は、韓国語学習について尋ねるために Dörnyei with Taguchi（2010）の表現（言葉遣い等）を若干変更しているが、基本理念や質問意図は The L2 Motivational Self System 理論に基づいている。

　次に、本研究で用いた質問紙に追加した質問項目、質問紙の構成、評定尺度について述べていく。本研究では、The L2 Motivational Self System 理論の質問紙に、韓国語学習者の学習動機をより詳細に理解するために、筆者独自の質問項目として、次の4項目を追加した。

　「48. 私が韓国語を勉強することを韓国語の先生が期待しているので勉強する。」

　「51. 韓国語の先生の影響で韓国語の勉強を頑張っている。」

　「52. このまま勉強を続けたら、将来楽に韓国語で会話ができるようになると思う。」

　「60. 韓国語圏で作られたドラマが好きだ。」[4]

　48 と 51 を加えた理由は、The L2 Motivational Self System 理論の質問項目には、親や友人の影響に関する学習動機は出てくるが、教師の影響に関する質問項目はない。そのため、語学学習にその科目を担当する教員がどのように影響を与えているかを知るために加えた。領域としては、他者からの評価に関する動機領域である「外国語におけるあるべき自己（Ought–To L2 Self）」に加えた。

　52 を加えた理由は、学習者が将来どの程度目標言語を習得できる自信があるかを尋ねる「語学学習への自信（Linguistic Self-confidence）」領域の質問項目に、会話力について尋ねる項目がなかったため、会話力習得にどの程度自信があるかを調査するためである。

　60 を加えた理由は、目標言語圏の文化に対する興味に関する「目標言語圏の文化への関心（Cultural Interest）」領域には、テレビ番組に関する項目はあったが、ドラマに関する項目はなかった。そこで、昨今の韓流ドラマの語学学習への影響を考え、「ドラマ」に関する項目を加えた。上記の4項目の追加により、本研究に用いた学習動機質問紙は 71 項目、16 領域で構成されている。

質問紙の構成は、本研究の目的が初級韓国語学習者の学習動機とその変化を明らかにすることであるため、学習動機前期調査(以下「前期調査」)と学習動機後期調査(以下「後期調査」)は同じ質問項目を用いた。また、学習者が自身の変化をどのように認知しているのかを明らかにするために、学習動機調査の質問項目について前期と比較して考え方がどのように変化したかを答えてもらう、学習動機変化調査質問紙(以下「変化調査」)を作成した。前期調査質問紙は質問紙 2.1、後期調査質問紙、および、変化調査質問紙は質問紙 2.2 に示した。

前期調査で用いた自由記述式調査質問紙は質問紙 2.3 と質問紙 2.4 に、後期調査で用いた自由記述式調査質問紙は質問紙 2.5 に示す。各自由記述式調査質問紙に記されている質問番号は調査実施時の通し番号である。そのため、質問紙の掲載の順番によって番号が前後していたり、ぬけている番号がある。また、質問紙 2.3 と質問紙 2.5 は同じものであるが、既に述べたとおり、調査を実施した時期が異なるため両方を掲載することとした。この自由記述式の調査で明らかになった結果は「2.2 学習動機調査の結果と考察」における領域ごとの分析の考察に加えた。

なお、調査方法、調査時期、調査対象者は「1.3 方法」を、評定尺度は「1.3.5 質問紙」に示した。

第2章　初級韓国語学習者の学習動機の特徴と学習経験による変化　25

質問紙2.1　学習動機前期調査質問紙

　以下に、外国語学習についての考えが並んでいます。各項目についてどの程度、そう思うかを考え1～5の数値で答えて下さい。各項目ごと、韓国語、英語、韓国語、英語の順で答え、それぞれの欄に空白をつくらないように答えて下さい。

1	2	3	4	5
そう思わない	あまりそう思わない	どちらともいえない	ややそう思う	そう思う

			韓国語	英語
1	海外旅行をしたいので、［韓国語・英語］の勉強は大切である。	1		
2	親が［韓国語・英語］の勉強をすすめている。	2		
3	［韓国語・英語］が話されているのを聞くとわくわくする。	3		
4	今後さらに大学やその他の所で［韓国語・英語］の授業があれば、受講したい。	4		
5	［韓国語・英語］を勉強すれば良い仕事を得るために役立つと思うので［韓国語・英語］の勉強は大切だ。	5		
6	もっと努力すれば、［韓国語・英語］を確実に身につけられると思う。	6		
7	将来、外国に住み［韓国語・英語］で討論している自分を想像することができる。	7		
8	［韓国語・英語］の単位をとらないと卒業ができないので［韓国語・英語］の勉強をしなければならない。	8		
9	［韓国語・英語］でネイティブスピーカーと話をする場合、不安を感じる。	9		
10	［韓国語・英語］の授業の雰囲気が好きだ。	10		
11	親しい友人が［韓国語・英語］の勉強は大切だと思っているので［韓国語・英語］の勉強をする。	11		
12	親はあらゆる機会を利用して［韓国語・英語］を使うようにすすめている。	12		
13	［韓国語・英語］の会話に興味がある。	13		
14	［韓国語・英語］を一生懸命勉強している。	14		
15	将来、就職や昇進のために［韓国語・英語］の実力が必要となるので［韓国語・英語］の勉強は大切だ。	15		
16	このまま勉強を続ければたいていの［韓国語・英語］の文章を読め、理解できるようになると思う。	16		
17	将来、外国人と［韓国語・英語］で話をしている自分を想像することができる。	17		
18	［韓国語・英語］の影響で日本語が乱れていると思う。	18		

	1 ················ 2 ················ 3 ················ 4 ················ 5			
	そう思わない　　あまりそう思わない　どちらともいえない　　ややそう思う　　　そう思う		韓国語	英語
19	［韓国語・英語］の授業で［韓国語・英語］で発言をする時、不安になったり戸惑ったりする。	19		
20	［韓国語・英語］の授業で悪い成績を取りたくないので［韓国語・英語］の勉強をしなければならない。	20		
21	［韓国語・英語］を勉強するのはとても面白い。	21		
22	［韓国語・英語］を勉強しないと親が残念に思うので、勉強しなければならない。	22		
23	［韓国語・英語］ができなければ、海外旅行をするのに不便なので、［韓国語・英語］の勉強は大切だ。	23		
24	日本語と［韓国語・英語］における言葉の使い方の違いは面白いと思う。	24		
25	［韓国語・英語］の勉強に努力を惜しまない。	25		
26	親は時間があるときには［韓国語・英語］の勉強をするようにすすめている。	26		
27	勉強や仕事等で海外に長期間滞在したいので、［韓国語・英語］を勉強しておくのは大切だ。	27		
28	このまま勉強を続けたら、将来楽に［韓国語・英語］を書けると思う。	28		
29	将来、［韓国語・英語］が話せるようになっている自分を想像することができる。	29		
30	［韓国語・英語］圏の国々の影響で、日本人のモラルが低下していると思う。	30		
31	［韓国語・英語］のネイティブスピーカーと会うと、不安になる。	31		
32	［韓国語・英語］の勉強をしなければいけない。そうしなければ、将来仕事で成功できないと思う。	32		
33	［韓国語・英語］の授業をいつも楽しみにしている。	33		
34	私が［韓国語・英語］を勉強することを周りの人々が期待しているので［韓国語・英語］の勉強は必要だ。	34		
35	［韓国語・英語］ができれば海外旅行が楽しめるので［韓国語・英語］の勉強をする。	35		
36	親は、授業の後さらに［韓国語・英語］会話学校等で［韓国語・英語］を勉強するようにすすめている。	36		
37	自分は［韓国語・英語］の勉強をがんばっていると思う。	37		
38	［韓国語・英語］圏の人々についてもっと知りたい。	38		

第2章　初級韓国語学習者の学習動機の特徴と学習経験による変化　27

			韓国語	英語
	1 -------------- 2 -------------- 3 -------------- 4 -------------- 5 そう思わない　あまりそう思わない　どちらともいえない　ややそう思う　そう思う			
39	自分の専門を勉強していくには［韓国語・英語］が必要になると思うので［韓国語・英語］の勉強は大切だ。	39		
40	［韓国語・英語］の文化的、芸術的価値観は日本の価値観をだめにすると思う。	40		
41	自分には［韓国語・英語］学習の才能があると思う。	41		
42	将来の仕事について考える時はいつも［韓国語・英語］を使っている自分を想像することができる。	42		
43	外国人に［韓国語・英語］で道を聞かれると緊張する。	43		
44	［韓国語・英語］の資格試験で低い点数を取ったり不合格になりたくないので勉強する必要がある。	44		
45	［韓国語・英語］を学ぶのは本当に楽しい。	45		
46	親は［韓国語・英語］の勉強をして教養のある人間にならなければいけないと強く思っている。	46		
47	［韓国語・英語］ができれば国際的に働くことが出来るので、［韓国語・英語］の勉強は大切だ。	47		
48	私が［韓国語・英語］を勉強することを［韓国語・英語］の先生が期待しているので勉強する。	48		
49	［韓国語・英語］ができないと、出来の悪い学生と思われるので［韓国語・英語］の勉強は大切だ。	49		
50	将来自分のしたいことをするには、［韓国語・英語］が必要となると思う。	50		
51	［韓国語・英語］の先生の影響で［韓国語・英語］の勉強を頑張っている。	51		
52	このまま勉強を続けたら、将来楽に［韓国語・英語］で会話ができるようになると思う。	52		
53	［韓国語・英語］のリズム感が好きだ。	53		
54	［韓国語・英語］圏の音楽が好きだ。	54		
55	［韓国語・英語］圏へ旅行するのが好きだ。	55		
56	［韓国語・英語］圏の人々の文化や芸術をさらに知るためには、［韓国語・英語］学習が大切だ。	56		
57	［韓国語・英語］の映画が好きだ。	57		
58	［韓国語・英語］圏に住んでいる人々が好きだ。	58		

59	［韓国語・英語］圏の人々のようになりたい。	59		
60	［韓国語・英語］圏で作られたドラマが好きだ。	60		
61	［韓国語・英語］圏の人々と知り合いになりたい。	61		
62	［韓国語・英語］が好きだ。	62		
63	［韓国語・英語］圏で作られたテレビ番組が好きだ。	63		
64	［韓国語・英語］の雑誌や、新聞、あるいは本が好きだ。	64		

　下記に日本文化についての考えが並んでいます。上記と同様の基準に沿って 1 ～ 5 の数値を回答欄に書いて下さい。

			回答欄
65	異文化の価値観や習慣にとても関心がある。	65	
66	国際化によって、日本人が日本文化の重要性を忘れる危険性があると思う。	66	
67	もし他の文化が日本文化にもっと似ていたら楽しいと思う。	67	
68	自分は他の文化の価値観や習慣を尊重している。	68	
69	あらゆる人が日本人のような生活を送れば、もっと良い世の中になると思う。	69	
70	国際化が進むと日本の独自性が失われる危険性があると思う。	70	
71	日本人であることを誇りに思っている。	71	

第 2 章　初級韓国語学習者の学習動機の特徴と学習経験による変化　29

質問紙 2.2　学習動機後期調査および変化調査質問紙

　下記に、韓国語学習についての考えが並んでいます。各項目について現在どのように思っているのかを、〈「現在」についての基準〉に沿って、「現在」の解答欄に 1 ～ 5 の数値で答えて下さい。
　また、「前期と比べて」の解答欄には、前期と比較して、どのように変化したかを考え、下記の〈「前期と比較」についての基準〉に沿って 1 ～ 5 の数値で答えて下さい。

〈「現在」についての基準〉

1 ························· 2 ························· 3 ························· 4 ························· 5
　そう思わない　　あまりそう思わない　どちらともいえない　　ややそう思う　　　　そう思う

〈「前期と比較」についての基準〉

1 ························· 2 ························· 3 ························· 4 ························· 5
そう思わなくなった　あまりそう思わなくなった　　変わらない　　ややそう思うようになった　そう思うようになった

			現在	前期と比べて
1	海外旅行をしたいので、韓国語の勉強は大切である。	1		
2	親が韓国語の勉強をすすめている。	2		
3	韓国語が話されているのを聞くとわくわくする。	3		
4	今後さらに大学やその他の所で韓国語の授業があれば、受講したい。	4		
5	韓国語を勉強すれば良い仕事を得るために役立つと思うので韓国語の勉強は大切だ。	5		
6	もっと努力すれば、韓国語を確実に身につけられると思う。	6		
7	将来、外国に住み韓国語で討論している自分を想像することができる。	7		
8	韓国語の単位をとらないと卒業ができないので韓国語の勉強をしなければならない。	8		
9	韓国語でネイティブスピーカーと話をする場合、不安を感じる。	9		
10	韓国語の授業の雰囲気が好きだ。	10		
11	親しい友人が韓国語の勉強は大切だと思っているので韓国語の勉強をする。	11		
12	親はあらゆる機会を利用して韓国語を使うようにすすめている。	12		
13	韓国語の会話に興味がある。	13		
14	韓国語を一生懸命勉強している。	14		
15	将来、就職や昇進のために韓国語の実力が必要となるので韓国語の勉強は大切だ。	15		
16	このまま勉強を続ければたいていの韓国語の文章を読め、理解できるようになると思う。	16		

〈「現在」についての基準〉

1 ------------------ 2 ------------------ 3 ------------------ 4 ------------------ 5
そう思わない　あまりそう思わない　どちらともいえない　ややそう思う　そう思う

〈「前期と比較」についての基準〉

1 ------------------ 2 ------------------ 3 ------------------ 4 ------------------ 5
そう思わなくなった　あまりそう思わなくなった　変わらない　ややそう思うようになった　そう思うようになった

			現在	前期と比べて
17	将来、外国人と韓国語で話をしている自分を想像することができる。	17		
18	韓国語の影響で日本語が乱れていると思う。	18		
19	韓国語の授業で韓国語で発言をする時、不安になったり戸惑ったりする。	19		
20	韓国語の授業で悪い成績を取りたくないので韓国語の勉強をしなければならない。	20		
21	韓国語を勉強するのはとても面白い。	21		
22	韓国語を勉強しないと親が残念に思うので、勉強しなければならない。	22		
23	韓国語ができなければ、海外旅行をするのに不便なので、韓国語の勉強は大切だ。	23		
24	日本語と韓国語における言葉の使い方の違いは面白いと思う。	24		
25	韓国語の勉強に努力を惜しまない。	25		
26	親は時間があるときには韓国語の勉強をするようにすすめている。	26		
27	勉強や仕事等で海外に長期間滞在したいので、韓国語を勉強しておくのは大切だ。	27		
28	このまま勉強を続けたら、将来楽に韓国語を書けると思う。	28		
29	将来、韓国語が話せるようになっている自分を想像することができる。	29		
30	韓国語圏の影響で、日本人のモラルが低下していると思う。	30		
31	韓国語のネイティブスピーカーと会うと、不安になる。	31		
32	韓国語の勉強をしなければいけない。そうしなければ、将来仕事で成功できないと思う。	32		
33	韓国語の授業をいつも楽しみにしている。	33		
34	私が韓国語を勉強することを周りの人々が期待しているので韓国語の勉強は必要だ。	34		
35	韓国語ができれば海外旅行が楽しめるので韓国語の勉強をする。	35		

第2章　初級韓国語学習者の学習動機の特徴と学習経験による変化　31

〈「現在」についての基準〉

1 ················· 2 ················· 3 ················· 4 ················· 5
そう思わない　あまりそう思わない　どちらともいえない　ややそう思う　そう思う

〈「前期と比較」についての基準〉

1 ················· 2 ················· 3 ················· 4 ················· 5
そう思わなくなった　あまりそう思わなくなった　変わらない　ややそう思うようになった　そう思うようになった

			現在	前期と比べて
36	親は、授業の後さらに韓国語会話学校等で韓国語を勉強するようにすすめている。	36		
37	自分は韓国語の勉強をがんばっていると思う。	37		
38	韓国語圏の人々についてもっと知りたい。	38		
39	自分の専門を勉強していくには韓国語が必要になると思うので韓国語の勉強は大切だ。	39		
40	韓国語の文化的、芸術的価値観は日本の価値観をだめにすると思う。	40		
41	自分には韓国語学習の才能があると思う。	41		
42	将来の仕事について考える時はいつも韓国語を使っている自分を想像することができる。	42		
43	外国人に韓国語で道を聞かれると緊張する。	43		
44	韓国語の資格試験で低い点数を取ったり不合格になりたくないので勉強する必要がある。	44		
45	韓国語を学ぶのは本当に楽しい。	45		
46	親は韓国語の勉強をして教養のある人間にならなければいけないと強く思っている。	46		
47	韓国語ができれば国際的に働くことが出来るので、韓国語の勉強は大切だ。	47		
48	私が韓国語を勉強することを韓国語の先生が期待しているので勉強する。	48		
49	韓国語ができないと、出来の悪い学生と思われるので韓国語の勉強は大切だ。	49		
50	将来自分のしたいことをするには、韓国語が必要となると思う。	50		
51	韓国語の先生の影響で韓国語の勉強を頑張っている。	51		
52	このまま勉強を続けたら、将来楽に韓国語で会話ができるようになると思う。	52		
53	韓国語のリズム感が好きだ。	53		
54	韓国語圏の音楽が好きだ。	54		

〈「現在」についての基準〉

1 ························ 2 ························ 3 ························ 4 ························ 5
そう思わない　あまりそう思わない　どちらともいえない　ややそう思う　そう思う

〈「前期と比較」についての基準〉

1 ························ 2 ························ 3 ························ 4 ························ 5
そう思わなくなった　あまりそう思わなくなった　変わらない　ややそう思うようになった　そう思うようになった

			現在	前期と比べて
55	韓国語圏へ旅行するのが好きだ。	55		
56	韓国語圏の人々の文化や芸術をさらに知るためには、韓国語学習が大切だ。	56		
57	韓国語の映画が好きだ。	57		
58	韓国語圏に住んでいる人々が好きだ。	58		
59	韓国語圏の人々のようになりたい。	59		
60	韓国語圏で作られたドラマが好きだ。	60		
61	韓国語圏の人々と知り合いになりたい。	61		
62	韓国語が好きだ。	62		
63	韓国語圏で作られたテレビ番組が好きだ。	63		
64	韓国語の雑誌や、新聞、あるいは本が好きだ。	64		

　下記に日本文化についての考えが並んでいます。上記と同様の基準に沿って 1 ～ 5 の数値を回答欄に書いて下さい。

			回答欄
65	異文化の価値観や習慣にとても関心がある。	65	
66	国際化によって、日本人が日本文化の重要性を忘れる危険性があると思う。	66	
67	もし他の文化が日本文化にもっと似ていたら楽しいと思う。	67	
68	自分は他の文化の価値観や習慣を尊重している。	68	
69	あらゆる人が日本人のような生活を送れば、もっと良い世の中になると思う。	69	
70	国際化が進むと日本の独自性が失われる危険性があると思う。	70	
71	日本人であることを誇りに思っている。	71	

第2章　初級韓国語学習者の学習動機の特徴と学習経験による変化　33

質問紙2.3　自由記述式学習動機前期調査質問紙（1）

7.　韓国語、韓国、韓国人のイメージの変化についてお聞きします。

7−1　韓国語学習を始めてから**韓国語**のイメージが変わりましたか？当てはまる番号に〇を
　　　つけて下さい。

1.以前よりとても良くなった ⋯⋯ 2.より良くなった ⋯⋯ 3.変わらない ⋯⋯ 4.より悪くなった ⋯⋯ 5.以前よりとても悪くなった

　　　上記の番号に〇をつけた理由をお書き下さい。

7−2　韓国語学習を始めてから**韓国**のイメージが変わりましたか？当てはまる番号に〇をつ
　　　けて下さい。

1.以前よりとても良くなった ⋯⋯ 2.より良くなった ⋯⋯ 3.変わらない ⋯⋯ 4.より悪くなった ⋯⋯ 5.以前よりとても悪くなった

　　　上記の番号に〇をつけた理由をお書き下さい。

7−3　韓国語学習を始めてから**韓国人**のイメージが変わりましたか？当てはまる番号に〇を
　　　つけて下さい。

1.以前よりとても良くなった ⋯⋯ 2.より良くなった ⋯⋯ 3.変わらない ⋯⋯ 4.より悪くなった ⋯⋯ 5.以前よりとても悪くなった

　　　上記の番号に〇をつけた理由をお書き下さい。

8.　変化について

韓国語学習を開始して、学習への取り組み方、動機づけ、自分の考え方や、友人や家族の反
応など、変化したことについてどんなことでもいいので思い出したこと、感じたこと、気が
ついたことを出来るだけたくさん書いて下さい。

以上です。ご協力ありがとうございました。

質問紙 2.4　自由記述式学習動機前期調査質問紙（2）

3. 韓国語学習を始めたきっかけ（動機）はなんですか？

4. 韓国語学習の目標について

4−1　韓国語学習を開始した時の目標を教えてください。
　　　（目標例：韓国語が読めるようになりたい、韓国ドラマの台詞を理解したい）

4−2　韓国語学習を通じて上記の目標は達成されましたか？当てはまる番号に〇をつけて下さい。

1. 達成された ···· 2. やや達成された ···· 3. わからない ···· 4. あまり達成されなかった ···· 5. 達成されなかった

　　　上記の番号に〇をつけた理由をお書き下さい。どのような時に目標が達成された、または、されなかった、と感じましたか？

4−3　韓国語学習を通じてその目標は変化しましたか？当てはまる番号に〇をつけて下さい。

1. 変化した ···· 2. やや変化した ···· 3. わからない ···· 4. あまり変化しなかった ···· 5. 変化しなかった

　　　上記の番号に〇をつけた理由をお書き下さい。

4−4　韓国語学習を通じて韓国語学習の新たな目標ができましたか？（　はい　　いいえ　）
　　　「はい」と答えた方にお聞きします　　　どのような目標ですか？

第2章　初級韓国語学習者の学習動機の特徴と学習経験による変化　35

質問紙2.5　自由記述式学習動機後期調査質問紙

7. 韓国語、韓国、韓国人のイメージの変化についてお聞きします。

7－1　韓国語学習を始めてから**韓国語**のイメージが変わりましたか？当てはまる番号に○をつけて下さい。

1. 以前よりとても良くなった …… 2. より良くなった …… 3. 変わらない …… 4. より悪くなった …… 5. 以前よりとても悪くなった

　　上記の番号に○をつけた理由をお書き下さい。

7－2　韓国語学習を始めてから**韓国**のイメージが変わりましたか？当てはまる番号に○をつけて下さい。

1. 以前よりとても良くなった …… 2. より良くなった …… 3. 変わらない …… 4. より悪くなった …… 5. 以前よりとても悪くなった

　　上記の番号に○をつけた理由をお書き下さい。

7－3　韓国語学習を始めてから**韓国人**のイメージが変わりましたか？当てはまる番号に○をつけて下さい。

1. 以前よりとても良くなった …… 2. より良くなった …… 3. 変わらない …… 4. より悪くなった …… 5. 以前よりとても悪くなった

　　上記の番号に○をつけた理由をお書き下さい。

8. 変化について

韓国語学習を開始して、学習への取り組み方、動機づけ、自分の考え方や、友人や家族の反応など、変化したことについてどんなことでもいいので思い出したこと、感じたこと、気がついたことを出来るだけたくさん書いて下さい。

以上です。ご協力ありがとうございました。

2.1.4 分析方法

本研究では The L2 Motivational Self System 理論の 16 領域に沿って分析する。ただし、The L2 Motivational Self System 理論の質問紙は英語学習者を対象として作成されたものであるため、3 つの領域名称に "English" という言葉が入っている。しかし、本研究では韓国語学習者を対象としているため、"English" が入った領域名の "English" を、"L2"、もしくは、"Second" に変更した。具体的には、"Attitudes Toward Learning English" を "Attitudes Toward Learning L2" に変更、"Interest in the English Language" を "Interest in the Second Language" に変更、"English Anxiety" を "L2 Anxiety" に変更した。これにより、学習動機の 16 の領域名は下記のとおりである。各領域の内容説明は各項目に記す。

「努力基準(Criterion Measures)」領域

「外国語における理想自己(Ideal L2 Self)」領域

「外国語における社会的にあるべき自己(Ought–To L2 Self)」領域

「親の激励や家族の影響(Parental Encouragement / Family Influence)」領域

「実利性(Instrumentality–Promotion)」領域

「不利益回避性(Instrumentality–Prevention)」領域

「語学学習への自信(Linguistic Self-confidence)」領域

「外国語学習への態度(Attitudes Toward Learning L2)」領域

「目標言語圏への旅行志向(Travel Orientation)」領域

「自国文化が侵害される恐怖(Fear of Assimilation)」領域

「自民族中心主義(Ethnocentrism)」領域

「外国語への関心(Interest in the Second Language)」領域

「外国語使用時の不安(L2 Anxiety)」領域

「統合性(Integrativeness)」領域

「目標言語圏の文化への関心(Cultural Interest)」領域

「目標言語社会への態度(Attitudes Toward L2 Community)」領域

なお、「外国語における理想自己」領域と「外国語における社会的にある

べき自己」領域は、The L2 Motivational Self System 理論の 3 つ要素のうちの 2 つである「未来自己ガイドとしての理想自己」と「未来自己ガイドとしての社会的にあるべき自己」と名称が類似しているが、「外国語における理想自己」と「外国語における社会的にあるべき自己」は学習動機における 16 領域のうちの 2 つであり、構成要素とは異なる概念である。

　また、下記の項目は目標言語の違いとは関連のないものであるため、韓国語、英語の区別をせずに調査を実施した。そのため、比較対象とはしなかった。

「自国文化が侵害される恐怖(Fear of Assimilation)」領域
　66. 国際化によって、日本人が日本文化の重要性を忘れる危険性があると思う。
　70. 国際化が進むと日本の独自性が失われる危険性があると思う。

「自民族中心主義(Ethnocentrism)」領域
　65. 異文化の価値観や習慣にとても関心がある。
　67. もし他の文化が日本文化にもっと似ていたら楽しいと思う。
　68. 自分は他の文化の価値観や習慣を尊重している。
　69. あらゆる人が日本人のような生活を送れば、もっと良い世の中になると思う。
　71. 日本人であることを誇りに思っている。

　なお、具体的な分析方法は「1.3.6 分析方法」に示した。

2.2　学習動機調査の結果と考察

　ここでは、学習動機の前期調査、後期調査、変化調査の結果を項目ごとに平均値と標準偏差を算出した。以下、その結果を The L2 Motivational Self System 理論の 16 の領域に分類し、分析を行っていく。各項目の平均値と標準偏差の結果を、前期調査と後期調査の結果は表 2.1 と表 2.2 に、変化調査

の結果は表 2.3 と表 2.4 に示す。また、各領域の前期調査、後期調査、変化調査の平均値は各節で示すが、その際、前期調査と後期調査の平均値は「前期・後期動機調査」として、ひとつの図に示す。さらに、韓国語学習動機の前期調査と英語学習動機調査の比較の結果を表 2.5、表 2.6 に示す。この英語学習と韓国語学習の比較結果は、各領域の考察の中で特徴的な部分についてのみ言及していく。

表 2.1　初級韓国語学習者の学習動機前期調査と後期調査の平均値(M)、標準偏差(SD)、t 値、有意差(1)

項目	前期調査 ($n = 59$) M	(SD)	後期調査 ($n = 59$) M	(SD)	t 値
努力基準 (Criterion Measures)					
4. 今後さらに大学やその他の所で韓国語の授業があれば、受講したい。	3.92	(1.09)	3.68	(1.15)	1.44
14. 韓国語を一生懸命勉強している。	3.90	(1.05)	3.75	(1.01)	1.12
25. 韓国語の勉強に努力を惜しまない。	3.37	(1.11)	3.25	(.98)	.96
37. 自分は韓国語の勉強をがんばっていると思う。	3.71	(.98)	3.36	(1.13)	2.46 *
外国語における理想自己 (Ideal L2 Self)					
7. 将来、外国に住み韓国語で討論している自分を想像することができる。	2.14	(1.18)	1.98	(1.12)	1.09
17. 将来、外国人と韓国語で話をしている自分を想像することができる。	2.58	(1.23)	2.63	(1.27)	.37
29. 将来、韓国語が話せるようになっている自分を想像することができる。	2.83	(1.23)	2.69	(1.26)	.97
42. 将来の仕事について考える時はいつも韓国語を使っている自分を想像することができる。	2.03	(1.00)	2.03	(1.05)	.00
50. 将来自分のしたいことをするには、韓国語が必要となると思う。	2.76	(1.13)	2.41	(1.12)	2.15 *
外国語におけるあるべき自己 (Ought-To L2 Self)					
11. 親しい友人が韓国語の勉強は大切だと思っているので韓国語の勉強をする。	2.63	(1.17)	2.27	(1.08)	2.13 *
22. 韓国語を勉強しないと親が残念に思うので、勉強しなければならない。	2.10	(1.12)	1.63	(.91)	3.17 **
34. 私が韓国語を勉強することを周りの人々が期待しているので、韓国語の勉強は必要だ。	2.53	(1.21)	2.42	(1.10)	.74
46. 親は韓国語の勉強をして教養のある人間にならなければいけないと強く思っている。	2.20	(1.32)	1.86	(1.21)	2.05 *
48. 私が韓国語を勉強することを韓国語の先生が期待しているので勉強する。	2.29	(1.07)	2.36	(1.05)	.54
51. 韓国語の先生の影響で韓国語の勉強を頑張っている。	3.07	(1.23)	3.10	(1.24)	.22

親の奨励や家族の影響（Parental Encouragement / Family Influence）

2. 親が韓国語の勉強をすすめている。	2.71 (1.30)	2.07 (1.14)	4.45 ***
12. 親はあらゆる機会を利用して韓国語を使うようにすすめている。	2.12 (1.07)	1.75 (1.01)	2.41 *
26. 親は時間があるときには韓国語の勉強をするようにすすめている。	2.02 (1.06)	1.71 (.98)	2.07 *
36. 親は、授業の後さらに韓国語会話学校等で韓国語を勉強するようにすすめている。	1.64 (.96)	1.47 (.90)	1.35

実利性（Instrumentality-Promotion）

5. 韓国語を勉強すれば良い仕事を得るために役立つと思うので韓国語の勉強は大切だ。	3.66 (.99)	3.49 (.90)	1.26
15. 将来、就職や昇進のために韓国語の実力が必要となるので韓国語の勉強は大切だ。	3.20 (1.20)	3.20 (.85)	.00
27. 勉強や仕事等で海外に長期間滞在したいので、韓国語を勉強しておくのは大切だ。	2.75 (1.28)	2.88 (1.19)	.83
39. 自分の専門を勉強していくには韓国語が必要になると思うので韓国語の勉強は大切だ。	2.63 (1.11)	2.44 (1.13)	1.28
47. 韓国語ができれば国際的に働くことが出来るので、韓国語の勉強は大切だ。	3.53 (1.02)	3.34 (1.09)	1.17

不利益回避性（Instrumentality-Prevention）

8. 韓国語の単位をとらないと卒業ができないので韓国語の勉強をしなければならない。	3.34 (1.66)	2.95 (1.56)	2.69 **
20. 韓国語の授業で悪い成績を取りたくないので韓国語の勉強をしなければならない。	4.17 (1.05)	3.68 (1.12)	3.52 **
32. 韓国語の勉強をしなければいけない。そうしなければ、将来仕事で成功できないと思う。	2.34 (1.08)	2.05 (.94)	2.66 *
44. 韓国語の資格試験で低い点数を取ったり不合格になりたくないので勉強する必要がある。	3.95 (1.18)	3.61 (1.20)	1.80
49. 韓国語ができないと、出来の悪い学生と思われるので韓国語の勉強は大切だ。	2.41 (1.10)	2.14 (1.01)	1.80

語学学習への自信（Linguistic Self-confidence）

6. もっと努力すれば、韓国語を確実に身につけられると思う。	4.25 (1.03)	4.25 (.88)	.00
16. このまま勉強を続ければたいていの韓国語の文章を読め、理解できるようになると思う。	3.88 (1.10)	3.81 (1.01)	.46
28. このまま勉強を続けたら、将来楽に韓国語を書けると思う。	3.54 (1.24)	3.80 (1.23)	1.51
41. 自分には韓国語学習の才能があると思う。	2.36 (1.14)	2.41 (.97)	.38
52. このまま勉強を続けたら、将来楽に韓国語で会話ができるようになると思う。	3.24 (1.28)	3.76 (1.12)	3.09 **

外国語学習への態度（Attitudes Toward Learning L2）

10. 韓国語の授業の雰囲気が好きだ。	4.02 (1.04)	3.97 (1.02)	.38
21. 韓国語を勉強するのはとても面白い。	4.25 (1.04)	4.05 (1.02)	1.69
33. 韓国語の授業をいつも楽しみにしている。	3.58 (1.23)	3.54 (1.10)	.23
45. 韓国語を学ぶのは本当に楽しい。	4.02 (1.14)	4.00 (1.07)	.13

*** $p < .001$, ** $p < .01$, * $p < .05$

40

表2.2 初級韓国語学習者の学習動機前期調査と後期調査の平均値（*M*）、標準偏差（*SD*）、*t*値、有意差（2）

項目	前期調査 （*n* = 59）		後期調査 （*n* = 59）		*t*値
	M	（*SD*）	*M*	（*SD*）	
目標言語圏への旅行志向（Travel Orientation）					
1. 海外旅行をしたいので、韓国語の勉強は大切である。	3.78	（1.00）	4.07	（.89）	1.99
23. 韓国語ができなければ、海外旅行をするのに不便なので、韓国語の勉強は大切だ。	3.32	（1.21）	3.07	（1.08）	1.32
35. 韓国語ができれば海外旅行が楽しめるので韓国語の勉強をする。	3.76	（1.18）	3.97	（.95）	1.57
自国文化が侵害される恐怖（Fear of Assimilation）					
18. 韓国語の影響で日本語が乱れていると思う。	1.64	（1.00）	1.59	（.89）	.38
30. 韓国語圏の国々の影響で、日本人のモラルが低下していると思う。	2.00	（1.07）	1.75	（.92）	1.84
40. 韓国語の文化的、芸術的価値観は日本の価値観をだめにすると思う。	1.59	（.87）	1.56	（.88）	.23
66. 国際化によって、日本人が日本文化の重要性を忘れる危険性があると思う。	2.81	（1.14）	2.97	（1.25）	.84
70. 国際化が進むと日本の独自性が失われる危険性があると思う。	2.86	（1.17）	2.76	（1.22）	.59
自民族中心主義（Ethnocentrism）					
65. 異文化の価値観や習慣にとても関心がある。	3.97	（1.05）	3.88	（1.22）	.71
67. もし他の文化が日本文化にもっと似ていたら楽しいと思う。	2.71	（1.25）	2.51	（1.09）	1.23
68. 自分は他の文化の価値観や習慣を尊重している。	3.61	（1.02）	3.47	（1.01）	1.21
69. あらゆる人が日本人のような生活を送れば、もっと良い世の中になると思う。	2.44	（1.07）	2.24	（1.01）	1.63
71. 日本人であることを誇りに思っている。	4.10	（1.03）	4.25	（.94）	1.29
外国語への関心（Interest in the Second Language）					
3. 韓国語が話されているのを聞くとわくわくする。	3.71	（1.27）	3.73	（1.13）	.12
13. 韓国語の会話に興味がある。	4.25	（.96）	4.05	（.90）	1.80
24. 日本語と韓国語における言葉の使い方の違いは面白いと思う。	4.00	（1.03）	3.92	（1.04）	.60
53. 韓国語のリズム感が好きだ。	3.54	（1.22）	3.78	（.98）	1.73
外国語使用時の不安（L2 Anxiety）					
9. 韓国語でネイティブスピーカーと話をする場合、不安を感じる。	4.00	（1.14）	3.78	（1.27）	1.33
19. 韓国語の授業で韓国語で発言をする時、不安になったり戸惑ったりする。	3.81	（1.14）	3.41	（1.15）	2.66 *
31. 韓国語のネイティブスピーカーと会うと、不安になる。	3.46	（1.30）	3.05	（1.27）	2.15 *
43. 外国人に韓国語で道を聞かれると緊張する。	4.24	（1.07）	3.97	（1.26）	1.93
統合性（Integrativeness）					
56. 韓国語圏の人々の文化や芸術をさらに知るためには、韓国語学習が大切だ。	3.90	（1.18）	4.03	（.95）	.79
59. 韓国語圏の人々のようになりたい。	2.97	（1.13）	2.85	（1.11）	1.36

62. 韓国語が好きだ。	3.92	（1.02）	4.02	（1.01）	.77
目標言語圏の文化への関心（Cultural Interest）					
54. 韓国語圏の音楽が好きだ。	3.27	（1.46）	3.92	（1.16）	3.90 ***
57. 韓国語の映画が好きだ。	3.37	（1.46）	3.64	（1.27）	1.71
60. 韓国語圏で作られたドラマが好きだ。	3.42	（1.40）	3.69	（1.28）	2.09 *
63. 韓国語圏で作られたテレビ番組が好きだ。	3.14	（1.28）	3.56	（1.15）	2.87 **
64. 韓国語の雑誌や、新聞、あるいは本が好きだ。	2.71	（1.13）	3.14	（1.18）	3.00 **
目標言語社会への態度（Attitudes Toward L2 Community）					
38. 韓国語圏の人々についてもっと知りたい。	3.78	（1.22）	3.78	（1.18）	.00
55. 韓国語圏へ旅行するのが好きだ。	3.51	（1.26）	3.51	（1.22）	.00
58. 韓国語圏に住んでいる人々が好きだ。	3.44	（1.07）	3.47	（1.04）	.27
61. 韓国語圏の人々と知り合いになりたい。	3.85	（1.17）	3.88	（1.10）	.28

***p < .001, **p < .01, *p < .05

表2.3　初級韓国語学習者の学習動機変化調査の平均値（*M*）、標準偏差（*SD*）（1）

	変化調査 （*n* = 59）	
項目	*M*	（*SD*）
努力基準（Criterion Measures）		
4. 今後さらに大学やその他の所で韓国語の授業があれば、受講したい。	3.47	（.90）
14. 韓国語を一生懸命勉強している。	3.37	（.98）
25. 韓国語の勉強に努力を惜しまない。	3.19	（.73）
37. 自分は韓国語の勉強をがんばっていると思う。	3.24	（.88）
外国語における理想自己（Ideal L2 Self）		
7. 将来、外国に住み韓国語で討論している自分を想像することができる。	2.81	（.82）
17. 将来、外国人と韓国語で話をしている自分を想像することができる。	2.93	（.87）
29. 将来、韓国語が話せるようになっている自分を想像することができる。	3.15	（.85）
42. 将来の仕事について考える時はいつも韓国語を使っている自分を想像することができる。	2.80	（.69）
50. 将来自分のしたいことをするには、韓国語が必要となると思う。	2.95	（.60）
外国語におけるあるべき自己（Ought-To L2 Self）		
11. 親しい友人が韓国語の勉強は大切だと思っているので韓国語の勉強をする。	2.95	（.73）
22. 韓国語を勉強しないと親が残念に思うので、勉強しなければならない。	2.69	（.86）
34. 私が韓国語を勉強することを周りの人々が期待しているので、韓国語の勉強は必要だ。	3.10	（.61）
46. 親は韓国語の勉強をして教養のある人間にならなければいけないと強く思っている。	2.85	（.89）
48. 私が韓国語を勉強することを韓国語の先生が期待しているので勉強する。	2.93	（.52）
51. 韓国語の先生の影響で韓国語の勉強を頑張っている。	3.17	（.75）
親の奨励や家族の影響（Parental Encouragement / Family Influence）		
2. 親が韓国語の勉強をすすめている。	2.80	（.91）

12. 親はあらゆる機会を利用して韓国語を使うようにすすめている。	2.73	(.83)
26. 親は時間があるときには韓国語の勉強をするようにすすめている。	2.63	(.81)
36. 親は、授業の後さらに韓国語会話学校等で韓国語を勉強するようにすすめている。	2.69	(.84)

実利性（Instrumentality–Promotion）

5. 韓国語を勉強すれば良い仕事を得るために役立つと思うので韓国語の勉強は大切だ。	3.42	(.65)
15. 将来、就職や昇進のために韓国語の実力が必要となるので韓国語の勉強は大切だ。	3.24	(.68)
27. 勉強や仕事等で海外に長期間滞在したいので、韓国語を勉強しておくのは大切だ。	3.17	(.65)
39. 自分の専門を勉強していくには韓国語が必要になると思うので韓国語の勉強は大切だ。	2.98	(.73)
47. 韓国語ができれば国際的に働くことが出来るので、韓国語の勉強は大切だ。	3.42	(.79)

不利益回避性（Instrumentality–Prevention）

8. 韓国語の単位をとらないと卒業ができないので韓国語の勉強をしなければならない。	3.02	(.97)
20. 韓国語の授業で悪い成績を取りたくないので韓国語の勉強をしなければならない。	3.17	(.87)
32. 韓国語の勉強をしなければいけない。そうしなければ、将来仕事で成功できないと思う。	2.86	(.60)
44. 韓国語の資格試験で低い点数を取ったり不合格になりたくないので勉強する必要がある。	3.34	(.82)
49. 韓国語ができないと、出来の悪い学生と思われるので韓国語の勉強は大切だ。	2.85	(.52)

語学学習への自信（Linguistic Self-confidence）

6. もっと努力すれば、韓国語を確実に身につけられると思う。	3.86	(.90)
16. このまま勉強を続ければたいていの韓国語の文章を読め、理解できるようになると思う。	3.44	(.99)
28. このまま勉強を続けたら、将来楽に韓国語を書けると思う。	3.42	(.86)
41. 自分には韓国語学習の才能があると思う。	2.81	(.60)
52. このまま勉強を続けたら、将来楽に韓国語で会話ができるようになると思う。	3.36	(.83)

外国語学習への態度（Attitudes Toward LearningL2）

10. 韓国語の授業の雰囲気が好きだ。	3.42	(.88)
21. 韓国語を勉強するのはとても面白い。	3.53	(.99)
33. 韓国語の授業をいつも楽しみにしている。	3.22	(.72)
45. 韓国語を学ぶのは本当に楽しい。	3.51	(.92)

表 2.4　初級韓国語学習者の学習動機変化調査の平均値（M）、標準偏差（SD）（2）

項目	変化調査 （n = 59） M	(SD)
目標言語圏への旅行志向（Travel Orientation）		
1. 海外旅行をしたいので、韓国語の勉強は大切である。	3.64	(.87)
23. 韓国語ができなければ、海外旅行をするのに不便なので、韓国語の勉強は大切だ。	3.17	(.75)

35. 韓国語ができれば海外旅行が楽しめるので韓国語の勉強をする。 3.58 (.77)

自国文化が侵害される恐怖（Fear of Assimilation）

18. 韓国語の影響で日本語が乱れていると思う。 2.61 (.79)
30. 韓国語圏の国々の影響で、日本人のモラルが低下していると思う。 2.63 (.85)
40. 韓国語の文化的、芸術的価値観は日本の価値観をだめにすると思う。 2.69 (.95)
66. 国際化によって、日本人が日本文化の重要性を忘れる危険性があると思う。 2.98 (.86)
70. 国際化が進むと日本の独自性が失われる危険性があると思う。 2.98 (.57)

自民族中心主義（Ethnocentrism）

65. 異文化の価値観や習慣にとても関心がある。 3.41 (.79)
67. もし他の文化が日本文化にもっと似ていたら楽しいと思う。 2.98 (.66)
68. 自分は他の文化の価値観や習慣を尊重している。 3.20 (.71)
69. あらゆる人が日本人のような生活を送れば、もっと良い世の中になると思う。 2.85 (.58)
71. 日本人であることを誇りに思っている。 3.47 (.80)

外国語への関心（Interest in the Second Language）

3. 韓国語が話されているのを聞くとわくわくする。 3.54 (.90)
13. 韓国語の会話に興味がある。 3.64 (.87)
24. 日本語と韓国語における言葉の使い方の違いは面白いと思う。 3.56 (.84)
53. 韓国語のリズム感が好きだ。 3.29 (.64)

外国語使用時の不安（L2 Anxiety）

9. 韓国語でネイティブスピーカーと話をする場合、不安を感じる。 3.34 (.69)
19. 韓国語の授業で韓国語で発言をする時、不安になったり戸惑ったりする。 3.20 (.80)
31. 韓国語のネイティブスピーカーと会うと、不安になる。 3.14 (.57)
43. 外国人に韓国語で道を聞かれると緊張する。 3.17 (.81)

統合性（Integrativeness）

56. 韓国語圏の人々の文化や芸術をさらに知るためには、韓国語学習が大切だ。 3.63 (.85)
59. 韓国語圏の人々のようになりたい。 3.05 (.73)
62. 韓国語が好きだ。 3.59 (.89)

目標言語圏の文化への関心（Cultural Interest）

54. 韓国語圏の音楽が好きだ。 3.61 (.87)
57. 韓国語の映画が好きだ。 3.37 (.83)
60. 韓国語圏で作られたドラマが好きだ。 3.39 (.91)
63. 韓国語圏で作られたテレビ番組が好きだ。 3.32 (.84)
64. 韓国語の雑誌や、新聞、あるいは本が好きだ。 3.17 (.67)

目標言語社会への態度（Attitudes Toward L2 Community）

38. 韓国語圏の人々についてもっと知りたい。 3.64 (.83)
55. 韓国語圏へ旅行するのが好きだ。 3.39 (.81)
58. 韓国語圏に住んでいる人々が好きだ。 3.32 (.78)
61. 韓国語圏の人々と知り合いになりたい。 3.56 (.82)

表 2.5 初級韓国語学習者の韓国語学習動機前期調査と英語学習動機調査の平均値 (*M*)、標準偏差 (*SD*)、*t* 値の結果 (1)

項目	韓国語 (*n* = 59)		英語 (*n* = 59)		*t* 値
	M	(*SD*)	*M*	(*SD*)	
努力基準 (Criterion Measures)					
4. 今後さらに大学やその他の所で［韓国語・英語］の授業があれば、受講したい。	3.92	(1.09)	3.31	(1.34)	3.29 **
14.［韓国語・英語］を一生懸命勉強している。	3.90	(1.05)	3.31	(1.39)	3.69 ***
25.［韓国語・英語］の勉強に努力を惜しまない。	3.37	(1.11)	2.98	(1.17)	2.69 **
37. 自分は［韓国語・英語］の勉強をがんばっていると思う。	3.71	(0.98)	2.92	(1.24)	4.62 ***
外国語における理想自己 (Ideal L2 Self)					
7. 将来、外国に住み［韓国語・英語］で討論している自分を想像することができる。	2.14	(1.18)	2.19	(1.32)	.39
17. 将来、外国人と［韓国語・英語］で話をしている自分を想像することができる。	2.58	(1.23)	2.54	(1.26)	.30
29. 将来、［韓国語・英語］が話せるようになっている自分を想像することができる。	2.83	(1.23)	2.66	(1.24)	1.24
42. 将来の仕事について考える時はいつも［韓国語・英語］を使っている自分を想像することができる。	2.03	(1.00)	2.22	(1.25)	1.70
50. 将来自分のしたいことをするには、［韓国語・英語］が必要となると思う。	2.76	(1.13)	3.39	(1.26)	4.67 ***
外国語におけるあるべき自己 (Ought-To L2 Self)					
11. 親しい友人が［韓国語・英語］の勉強は大切だと思っているので［韓国語・英語］の勉強をする。	2.63	(1.17)	2.75	(1.21)	.87
22.［韓国語・英語］を勉強しないと親が残念に思うので、勉強しなければならない。	2.10	(1.12)	2.31	(1.34)	1.66
34. 私が［韓国語・英語］を勉強することを周りの人々が期待しているので［韓国語・英語］の勉強は必要だ。	2.53	(1.21)	2.53	(1.28)	.00
46. 親は［韓国語・英語］の勉強をして教養のある人間にならなければいけないと強く思っている。	2.20	(1.32)	2.66	(1.48)	3.33 **
48. 私が［韓国語・英語］を勉強することを［韓国語・英語］の先生が期待しているので勉強する。	2.29	(1.07)	2.32	(1.14)	1.00
51.［韓国語・英語］の先生の影響で［韓国語・英語］の勉強を頑張っている。	3.07	(1.23)	2.61	(1.07)	3.62 **
親の奨励や家族の影響 (Parental Encouragement / Family Influence)					
2. 親が［韓国語・英語］の勉強をすすめている。	2.71	(1.30)	3.66	(1.46)	5.32 ***
12. 親はあらゆる機会を利用して［韓国語・英語］を使うようにすすめている。	2.12	(1.07)	2.64	(1.40)	3.56 **
26. 親は時間があるときには［韓国語・英語］の勉強をするようにすすめている。	2.02	(1.06)	2.39	(1.44)	3.16 **
36. 親は、授業の後さらに［韓国語・英語］会話学校等で［韓国語・英語］を勉強するようにすすめている。	1.64	(0.96)	1.80	(1.10)	2.26 *
実利性 (Instrumentality-Promotion)					
5.［韓国語・英語］を勉強すれば良い仕事を得るために役立つと思うので［韓国語・英語］の勉強は大切だ。	3.66	(0.99)	4.61	(0.56)	7.24 ***

第2章　初級韓国語学習者の学習動機の特徴と学習経験による変化　45

項目	M	(SD)	M	(SD)	t 値
15. 将来、就職や昇進のために［韓国語・英語］の実力が必要となるので［韓国語・英語］の勉強は大切だ。	3.20	(1.20)	4.29	(0.95)	7.07 ***
27. 勉強や仕事等で海外に長期間滞在したいので、［韓国語・英語］を勉強しておくのは大切だ。	2.75	(1.28)	3.07	(1.42)	2.50 *
39. 自分の専門を勉強していくには［韓国語・英語］が必要になると思うので［韓国語・英語］の勉強は大切だ。	2.63	(1.11)	3.17	(1.33)	3.95 ***
47. ［韓国語・英語］ができれば国際的に働くことが出来るので、［韓国語・英語］の勉強は大切だ。	3.53	(1.02)	4.17	(1.00)	4.12 ***

不利益回避性(Instrumentality–Prevention)

項目	M	(SD)	M	(SD)	t 値
8. ［韓国語・英語］の単位をとらないと卒業ができないので［韓国語・英語］の勉強をしなければならない。	3.34	(1.66)	3.80	(1.58)	1.84
20. ［韓国語・英語］の授業で悪い成績を取りたくないので［韓国語・英語］の勉強をしなければばらない。	4.17	(1.05)	4.00	(1.10)	1.65
32. ［韓国語・英語］の勉強をしなければいけない。そうしなければ、将来仕事で成功できないと思う。	2.34	(1.08)	3.17	(1.32)	6.06 ***
44. ［韓国語・英語］の資格試験で低い点数を取ったり不合格になりたくないので勉強する必要がある。	3.95	(1.18)	3.92	(1.19)	.36
49. ［韓国語・英語］ができないと、出来の悪い学生と思われるので［韓国語・英語］の勉強は大切だ。	2.41	(1.10)	2.85	(1.27)	3.43 **

語学学習への自信(Linguistic Self-confidence)

項目	M	(SD)	M	(SD)	t 値
6. もっと努力すれば、［韓国語・英語］を確実に身につけられると思う。	4.25	(1.03)	3.66	(1.28)	4.33 ***
16. このまま勉強を続ければたいていの［韓国語・英語］の文章を読め、理解できるようになると思う。	3.88	(1.10)	3.24	(1.21)	4.28 ***
28. このまま勉強を続けたら、将来楽に［韓国語・英語］を書けると思う。	3.54	(1.24)	3.03	(1.22)	3.09 **
41. 自分には［韓国語・英語］学習の才能があると思う。	2.36	(1.14)	2.00	(1.00)	3.02 **
52. このまま勉強を続けたら、将来楽に［韓国語・英語］で会話ができるようになると思う。	3.24	(1.28)	2.86	(1.14)	2.30 *

外国語学習への態度(Attitudes Toward Learning L2)

項目	M	(SD)	M	(SD)	t 値
10. ［韓国語・英語］の授業の雰囲気が好きだ。	4.02	(1.04)	3.17	(1.28)	5.02 ***
21. ［韓国語・英語］を勉強するのはとても面白い。	4.25	(1.04)	3.24	(1.39)	5.86 ***
33. ［韓国語・英語］の授業をいつも楽しみにしている。	3.58	(1.23)	2.76	(1.24)	4.88 ***
45. ［韓国語・英語］を学ぶのは本当に楽しい。	4.02	(1.14)	3.20	(1.35)	4.88 ***

***p＜.001, **p＜.01, *p＜.05

表2.6　初級韓国語学習者の韓国語学習動機前期調査と英語学習動機調査の平均値（M）、標準偏差（SD）、t値の結果(2)

項目	韓国語 (n＝59)		英語 (n＝59)		t 値
	M	(SD)	M	(SD)	
目標言語圏への旅行志向(Travel Orientation)					
1. 海外旅行をしたいので、［韓国語・英語］の勉強は大切である。	3.78	(1.00)	4.41	(0.95)	4.11 ***
23. ［韓国語・英語］ができなければ、海外旅行をするのに不便なので、［韓国語・英語］の勉強は大切だ。	3.32	(1.21)	4.05	(1.15)	5.43 ***

項目				t
35. ［韓国語・英語］ができれば海外旅行が楽しめるので［韓国語・英語］の勉強をする。	3.76	(1.18)	3.63 (1.30)	1.02

自国文化が侵害される恐怖(Fear of Assimilation)

項目				t
18. ［韓国語・英語］の影響で日本語が乱れていると思う。	1.64	(1.00)	2.00 (1.33)	3.02 **
30. ［韓国語・英語］圏の国々の影響で、日本人のモラルが低下していると思う。	2.00	(1.07)	2.05 (1.15)	1.14
40. ［韓国語・英語］の文化的、芸術的価値観は日本の価値観をだめにすると思う。	1.59	(0.87)	1.61 (0.85)	.57

外国語への関心(Interest in the Second Language)

項目				t
3. ［韓国語・英語］が話されているのを聞くとわくわくする。	3.71	(1.27)	3.31 (1.29)	2.69 **
13. ［韓国語・英語］の会話に興味がある。	4.25	(0.96)	3.66 (1.31)	3.69 ***
24. 日本語と［韓国語・英語］における言葉の使い方の違いは面白いと思う。	4.00	(1.03)	3.59 (1.21)	2.35 *
53. ［韓国語・英語］のリズム感が好きだ。	3.54	(1.22)	3.31 (1.21)	1.59

外国語使用時の不安(L2 Anxiety)

項目				t
9. ［韓国語・英語］でネイティブスピーカーと話をする場合、不安を感じる。	4.00	(1.14)	4.17 (1.12)	1.22
19. ［韓国語・英語］の授業で［韓国語・英語］で発言をする時、不安になったり戸惑ったりする。	3.81	(1.14)	3.85 (1.13)	.28
31. ［韓国語・英語］のネイティブスピーカーと会うと、不安になる。	3.46	(1.30)	3.44 (1.34)	.24
43. 外国人に［韓国語・英語］で道を聞かれると緊張する。	4.24	(1.07)	4.02 (1.22)	1.82

統合性(Integrativeness)

項目				t
56. ［韓国語・英語］圏の人々の文化や芸術をさらに知るためには、［韓国語・英語］学習が大切だ。	3.90	(1.18)	3.80 (1.20)	1.14
59. ［韓国語・英語］圏の人々のようになりたい。	2.97	(1.13)	3.22 (1.27)	1.81
62. ［韓国語・英語］が好きだ。	3.92	(1.02)	3.39 (1.20)	3.71 ***

目標言語圏の文化への関心(Cultural Interest)

項目				t
54. ［韓国語・英語］圏の音楽が好きだ。	3.27	(1.46)	3.78 (1.31)	2.51 *
57. ［韓国語・英語］の映画が好きだ。	3.37	(1.46)	4.27 (1.16)	4.30 ***
60. ［韓国語・英語］圏で作られたドラマが好きだ。	3.42	(1.40)	3.98 (1.11)	3.11 **
63. ［韓国語・英語］圏で作られたテレビ番組が好きだ。	3.14	(1.28)	3.39 (1.27)	1.69
64. ［韓国語・英語］の雑誌や、新聞、あるいは本が好きだ。	2.71	(1.13)	2.95 (1.29)	1.65

目標言語社会への態度(Attitudes Toward L2 Community)

項目				t
38. ［韓国語・英語］圏の人々についてもっと知りたい。	3.78	(1.22)	3.49 (1.34)	2.07 *
55. ［韓国語・英語］圏へ旅行するのが好きだ。	3.51	(1.26)	3.46 (1.28)	.36
58. ［韓国語・英語］圏に住んでいる人々が好きだ。	3.44	(1.07)	3.66 (1.11)	1.66
61. ［韓国語・英語］圏の人々と知り合いになりたい。	3.85	(1.17)	3.81 (1.15)	.42

$***p < .001, **p < .01, *p < .05$

2.2.1　努力基準（Criterion Measures）

ここでは、学習者が目標言語を学ぶためにどの程度努力しているのかを評価する「努力基準（Criterion Measures）」領域についてみていく。前期・後期動機調査の各項目の平均値は図2.1に、変化調査の各項目の平均値は図2.2に示す。

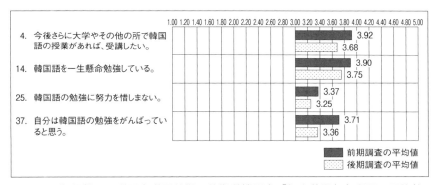

図2.1　初級韓国語学習者学習前期・後期動機調査「努力基準」各項目の平均値

第一に、前期調査の結果についてみていくと、「4. 今後さらに大学やその他の所で韓国語の授業があれば、受講したい。」「14. 韓国語を一生懸命勉強している。」「37. 自分は韓国語の勉強をがんばっていると思う。」の平均値がやや高かった。なお、「25. 韓国語の勉強に努力を惜しまない。」は「どちらともいえない」の範疇であった。

次に、後期調査の結果をみると、前期調査同様、4と14の平均値がやや高く、25が「どちらともいえない」の範疇であった。しかし、前期調査で平均値がやや高かった37は「どちらともいえない」の範疇であった。

さらに、前後期比較をみると、37に5％レベルの統計的有意差がみられ、後期調査の平均値の方が低かったことから、初級韓国語学習者は前期の方が、自分は韓国語の勉強をがんばっていると思っていたことが明らかになった。

以上の前期調査と後期調査の結果から、初級韓国語学習者は、前期、後期を通して、韓国語を一生懸命勉強していることや、今後さらに大学やその他

の所で韓国語の授業があれば受講したい、と考えていることがわかった。しかしその一方で、前後期比較の結果から、後期に比べ、前期の方が、自分は韓国語の勉強をがんばっていたと思っていることが示唆された。

図2.2　初級韓国語学習者動機変化調査「努力基準」各項目の平均値

　第二に、変化調査の結果をみると、4の平均値がやや高かったが、14、25、37の平均値は、「変わらない」の範疇であった。このことから、初級韓国語学習者は前期よりも後期の方が、今後さらに大学やその他の所で韓国語の授業があれば受講したい、と思うようになったと認知しているという結果を得た。
　次に変化調査の結果を前述の前後期比較の結果と比べる。まず、4の結果をみると、変化調査の結果では、前期調査時に比べ後期調査時の方が「4. 今後さらに大学やその他の所で韓国語の授業があれば、受講したい。」と思うように変化したと認知していることが明らかにされたが、前後期比較では統計的有意差がみられなかった。このため、学習者自身は学習を前向きにとらえているが、実際にはあまり変化していないことがわかった。
　次に、37の結果をみると、前後期比較の結果から、前期調査時よりも後期調査時の方が、「37. 自分は韓国語の勉強をがんばっていると思う。」の平均値が低く、学習者自身が、韓国語学習をがんばっている、という意識が低くなっているという結果を得た。しかし、変化調査において、この項目の平均値は「変わらない」の範疇であり、学習者自身は変化を認知していないことがわかった。

以上の結果から、初級韓国語学習者の「努力基準」は高く、学習者が韓国語を一生懸命勉強し、今後も続けたいと思っていることが明らかになったが、前後期比較の結果をみると、実際には前期調査時の方が後期調査時よりも、がんばって韓国語を勉強していると考えていたことがわかった。しかし、変化調査の結果から、前期調査時よりも後期調査時の方がより一層韓国語学習を続けていきたいと考えるようになったことがわかった。このことから、学習者自身は学習に熱意をもって挑んでいると考えているが、実際には後期になり、その前向きな気持ちが少し弱くなったことが明らかになった。

　最後に、この結果を先行研究と比較する。まず、本領域から学習者が学習継続を希望していることが明らかにされたが、この結果は李（2007）が示した4割の学習者が受講を続けたいと考えているという結果と同じ傾向であった。次に、努力についての結果をみると、先行研究では、学習者自身に韓国語学習に対してどの程度努力しているかを尋ねている研究はみられなかったが、前期調査の結果と英語学習調査の結果を比較すると全項目において統計的有意差[5]がみられ、いずれの項目においても、韓国語の方がその平均値が高く、韓国語学習に対する努力基準の高さが示された（図2.3参照）。そのため、本研究によって学習者が韓国語を「一生懸命勉強している」と考えているということが明確になった。

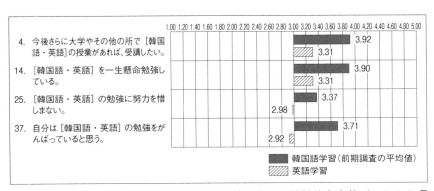

図2.3　「努力基準」において韓国語学習と英語学習で統計的有意差がみられた項目の平均値

2.2.2 外国語における理想自己（Ideal L2 Self）

ここでは、学習者が目標言語を使用する将来の理想自己をどのようにもっているのかに関する「外国語における理想自己（Ideal L2 Self）」領域についてみていく。前期・後期動機調査の各項目の平均値は図 2.4 に、変化調査の各項目の平均値は図 2.5 に示す。

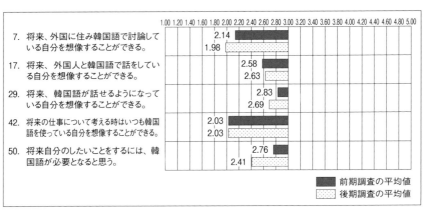

図 2.4　初級韓国語学習者前期・後期動機調査「外国語における理想自己」各項目の平均値

第一に、前期調査と後期調査の結果についてみていく。まず、前期調査の結果をみると、「7. 将来、外国に住み韓国語で討論している自分を想像することができる。」「17. 将来、外国人と韓国語で話をしている自分を想像することができる。」「42. 将来の仕事について考える時はいつも韓国語を使っている自分を想像することができる。」の平均値がやや低かった。なお、「29. 将来、韓国語が話せるようになっている自分を想像することができる。」「50. 将来自分のしたいことをするには、韓国語が必要となると思う。」は「どちらともいえない」の範疇であった。

次に、後期調査の結果をみると、前期調査同様、42 の平均値がやや低く、29 の平均値が「どちらともいえない」の範疇であった。しかし、前期調査と異なり、前期調査で平均値がやや低かった 7 と 17 が後期調査では、7 の平均値は低く、17 の平均値は「どちらともいえない」の範疇であった。また、

前期調査の平均値が「どちらともいえない」の範疇であった50の平均値が後期調査ではやや低かった。

さらに、前後期比較をみると、50に5％レベルの統計的有意差がみられ、後期調査の平均値の方が低かった。このことから、前期調査時の方が後期調査時よりも、将来自分のしたいことをするには韓国語が必要となると思うと、考えていたことがわかった。

以上の前期調査と後期調査の結果から、初級韓国語学習者は、前期、後期を通して、いずれの項目も低く、「外国語における理想自己」をあまりもっていないことが明らかになった。

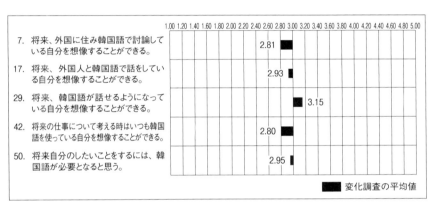

図 2.5　初級韓国語学習者動機変化調査「外国語における理想自己」各項目の平均値

第二に、変化調査の結果をみると、5 項目全てが「変わらない」の範疇であった。このことから、初級韓国語学習者は、「外国語における理想自己」領域は学習経験を通して変化しないと認知していることが示唆された。

次に変化調査の結果を前述の前後期比較の結果と比べる。既に述べたように、変化調査の結果、全ての項目において前期と後期では変化していないと学習者自身は認知しているという結果を得た。しかし、前後期比較の結果、「50. 将来自分のしたいことをするには、韓国語が必要となると思う。」に統計的有意差がみられたことから、後期調査時の方が、前期よりも明確に将来自分がしたいことに韓国語は必要ないだろうと考えるように変化したことが

わかったが、学習者自身はこの変化を認知していないことが明らかになった。

　以上の結果から、初級韓国語学習者が将来の韓国語使用についてどのような理想自己をもっているかに関する「外国語における理想自己」は、韓国語学習動機にはなっていないことが明らかにされた。また、変化調査からは、前期と後期で変化していないと考えているという結果を得たが、前後期比較では、将来したいことと韓国語学習が一層結びつかなくなっていることが明らかになった。これは、日本社会における韓国語の地位が影響しているのかもしれないが、本研究が、専攻科目としてではなく、第二外国語として韓国語を学んでいる学習者を調査対象としているため、学習者自身の未来像と韓国語学習との関係性を見出せないためではないかと思われる。

　最後に、この結果を先行研究と比較する。まず、本領域の結果から、学習者が将来韓国語を使っている姿を想像できない、と考えていることが示唆されたが、この結果は、仕事や勉強に必要であるといった実利的な学習動機づけが弱いことを明らかにした金由那（2006）と同様であった。また、鈴木他（2011）の、教養科目のひとつとして英語を学んでいる学習者を対象とした調査においても、この理想自己領域の平均値は低かった。このことから、目標言語にかかわらず、専門科目ではない語学学習において、目標言語を将来、何らかの形で役立たせようとは思ってはおらず、その学習目的は趣味に近いのではないかと考える。

2.2.3　外国語における社会的にあるべき自己（Ought–To L2 Self）

　ここでは、学習者自身が、親や親しい友人から否定的な評価を得ないために目標言語学習を行うといった、他者からの評価を意識した「社会的にあるべき自己」に関する学習動機である「外国語における社会的にあるべき自己（Ought–To L2 Self）」領域についてみていく。前期・後期動機調査の各項目の平均値は図 2.6 に、変化調査の各項目の平均値は図 2.7 に示す。

　第一に、前期調査と後期調査の結果についてみていく。まず、前期調査の結果をみると、「22. 韓国語を勉強しないと親が残念に思うので、勉強しなければならない。」「34. 私が韓国語を勉強することを周りの人々が期待して

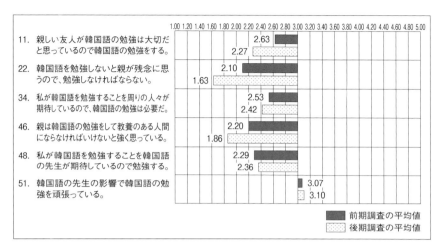

図2.6　初級韓国語学習者前期・後期動機調査「外国語における社会的にあるべき自己」各項目の平均値

いるので、韓国語の勉強は必要だ。」「46. 親は韓国語の勉強をして教養のある人間にならなければいけないと強く思っている。」「48. 私が韓国語を勉強することを韓国語の先生が期待しているので勉強する。」の平均値がやや低かった。なお、「11. 親しい友人が韓国語の勉強は大切だと思っているので韓国語の勉強をする。」と「51. 韓国語の先生の影響で韓国語の勉強を頑張っている。」の平均値は「どちらともいえない」の範疇であった。

次に、後期調査の結果をみると、前期調査同様、34 と 48 の平均値がやや低く、51 の平均値が「どちらともいえない」の範疇であった。しかし、前期調査と異なり、前期調査の平均値が「どちらともいえない」であった 11 の平均値が、後期調査ではやや低かった。また、前期調査の平均値がやや低かった 22 と 46 の平均値が、後期調査では低かった。

さらに、前後期比較をみると、22 に 1％レベルの、11、46 に 5％レベルの統計的有意差がみられ、いずれも後期調査の平均値の方が低かった。このことから、初級韓国語学習者は前期よりも後期のほうが、韓国語を勉強しないと親が残念に思うので勉強しなければならない、親しい友人が韓国語の勉強は大切だと思っているので韓国語の勉強をする、親は韓国語の勉強をして

教養のある人間にならなければいけないと強く思っている、という意識が弱くなったことがわかった。

以上の前期調査と後期調査の結果から、初級韓国語学習者は、前期、後期を通して、韓国語を学ぶことや韓国語力を向上させることが、親や友達からの評価につながるとは考えていないことや、韓国語教師の存在が学習動機に影響を及ぼしていないことが明らかになった。

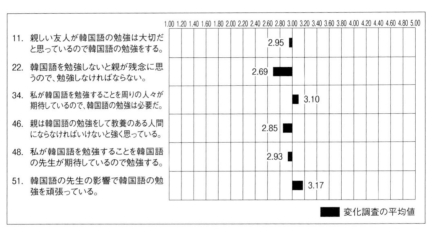

図2.7　初級韓国語学習者動機変化調査「外国語における社会的にあるべき自己」各項目の平均値

第二に、変化調査の結果をみると、6項目全ての平均値が「変わらない」の範疇であった。このことから、学習者は「外国語における社会的にあるべき自己」は、学習経験によって変化しないと認知していることが明らかにされた。

次に変化調査の結果を前述の前後期比較の結果と比べる。すでに述べたとおり、本領域の項目について学習者は変化しないと認知しているという結果を得たが、前後期比較の結果から統計的有意差がみられた項目をみると、前期に比べ、後期調査時の方が「11. 親しい友人が韓国語の勉強は大切だと思っているので韓国語の勉強をする。」「22. 韓国語を勉強しないと親が残念に思うので、勉強しなければならない。」「46. 親は韓国語の勉強をして教養

のある人間にならなければいけないと強く思っている。」という考えに対してより一層否定的に変わったことがわかり、学習者自身はこれらの変化について認知していないことが示唆された。

　以上の結果から、初級韓国語学習者にとって、親や親しい友人から否定的な評価を得ないために言語学習を行うといった、他者からの評価を意識した「外国語における社会的にあるべき自己」は韓国語学習の動機にはなっていないことが明らかになった。また、変化調査の結果から、前期と後期でその意識は変わらないと考えていることがわかったが、前後期比較では、5項目中3項目に統計的有意差がみられ、前期調査時よりも後期調査時の方が、韓国語ができる自分を他者に見せるために韓国語を学んでいるとは考えなくなったという結果を得た。

　前期調査の結果と英語学習の結果を比較すると、「46. 親は［韓国語・英語］の勉強をして教養のある人間にならなければいけないと強く思っている。」に有意差がみられ、英語学習の方がその平均値が高かったが[6]、その平均値は英語が「どちらともいえない」の範疇であり、韓国語は「やや低い」の範疇であったことから、親からのプレッシャーはさほど強くないことがわかった。また、教師の影響に関する「51.［韓国語・英語］の先生の影響で［韓国語・英語］の勉強を頑張っている。」にも有意差がみられ、韓国語の平均値の方が高かったが[7]、両言語の平均値はともに「どちらともいえない」の範疇であり、あまり教師の影響もないといえる。その他の、親の影響に関する11や12、周囲の人や教師の期待に関する項目である34、48には有意差はみられなかった。このことから、目標言語にかかわらず、日本人大学生は、他者に語学が堪能である、という姿を見せるために語学を学ぶ、という意識が低いのではないかと思われる。本調査では、後期になり一層、社会的にあるべき自己が学習動機として弱くなった理由は明らかにできなかったが、ひとつの可能性として、前期に第二外国語を選ぶ際に、親や友人の勧めで韓国語を選択した学習者は、他者の期待に応えなければ、と考えたものの、後期の授業は前期の続きであるために、自らの意志で韓国語の授業を取っているという意識が強くなり、他者からの期待についてあまり考えなくなったのではないかとも思われる。なお、46、51の韓国語学習と英語学習

の平均値は図 2.8 に示した。

　最後に、この結果を先行研究と比較する。韓国語学習に関する先行研究のうち、本領域で扱われている「社会的にあるべき自己」に関するものは、金由那（2006）の学習目的の研究であると思われる。金由那（2006）は、在日韓国人が多く学んでいる韓国学校の調査結果と大学や文化センターで学ぶ日本人の動機・目的調査の結果を比較し、韓国学校の学習目的において、「先祖のことばだから」等の在日韓国人のアイデンティティに関する項目の動機づけが、他よりも高いことを明らかにした。これは、在日韓国人自身が考える「社会的にあるべき自己」が、韓国語ができなければならない自分、であるためではないかと考える。次に、英語学習者を対象とした Taguchi et al.（2009）の結果をみると本研究同様、「社会的にあるべき自己」の平均値が低かった。この結果から、「社会的にあるべき自己」は学習者個人の国籍や環境の影響を受ける領域ではないかと推測される。

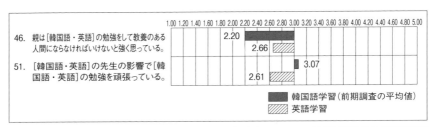

図 2.8　「外国語における社会的にあるべき自己」において韓国語学習と英語学習で統計的有意差がみられた項目の平均値

2.2.4　親の激励や家族の影響（Parental Encouragement / Family Influence）

　ここでは、目標言語学習における親や家族の影響に関する学習動機である「親の激励や家族の影響（Parental Encouragement / Family Influence）」領域についてみていく。前期・後期動機調査の各項目の平均値は図 2.9 に、変化調査の各項目の平均値は図 2.10 に示す。

　第一に、前期調査と後期調査の結果についてみていく。まず、前期調査の結果をみると、「12. 親はあらゆる機会を利用して韓国語を使うようにすす

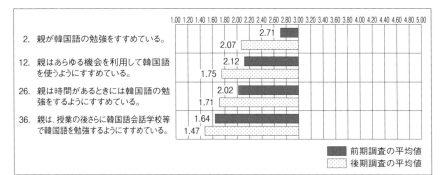

図2.9 初級韓国語学習者前期・後期動機調査「親の激励や家族の影響」各項目の平均値

めている。」「26. 親は時間があるときには韓国語の勉強をするようにすすめている。」の平均値がやや低く、「36. 親は、授業の後さらに韓国語会話学校等で韓国語を勉強するようにすすめている。」の平均値が低かった。なお、「2. 親が韓国語の勉強をすすめている。」の平均値は「どちらともいえない」の範疇であった。

次に、後期調査の結果をみると、前期調査同様、36の平均値が低かった。しかし、前期調査の結果と異なり、前期調査で平均値が「どちらともいえない」の範疇であった2の平均値が後期調査では、やや低かった。また、前期調査で平均値がやや低かった12と26の平均値が後期調査では低かった。

さらに、前後期比較をみると、2に0.1％レベルの、12と26に5％レベルの統計的有意差がみられ、3項目全てで後期調査時の方が平均値が低くなったことがわかった。このことから、前期調査時に比べ後期調査時のほうが、親が韓国語の勉強をすすめている、親はあらゆる機会を利用して韓国語を使うようにすすめている、親は時間がある時には韓国語の勉強をするようにすすめている、とは思わなくなったことが明らかになった。

以上の前期調査と後期調査の結果から、初級韓国語学習者は、前期、後期を通して、韓国語学習を親が勧めているとは考えておらず、さらに、前後期比較の結果から、親が韓国語学習を勧めているとは思っていないという意識は後期になり、さらに強くなることが示唆された。

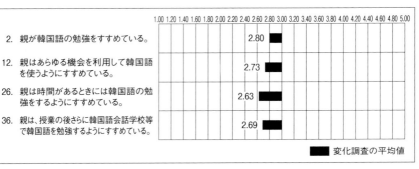

図2.10　初級韓国語学習者動機変化調査「親の激励や家族の影響」各項目の平均値

　第二に、変化調査の結果をみると、全4項目の平均値が「変わらない」の範疇であった。このことから、学習者自身は学習経験によって「親の激励や家族の影響」は変化しないと認知していることがわかった。

　次に変化調査の結果を前述の前後期比較の結果と比べる。既に述べたとおり、変化調査の結果をみると、全項目において変化していないと考えているが、前後期比較では、2、12、26に統計的有意差がみられた。このことから、前期調査時に比べて後期調査時の方が、より一層、親が韓国語学習を勧めているとは思わなくなったという結果を得たが、これらの変化について学習者自身は認知していないことが明らかになった。

　以上の結果から、初級韓国語学習者には「親の激励や家族の影響」がほぼないため、親や家族の影響が韓国語学習の動機づけにはなっていないと思われる。さらに、変化調査では前期と後期で変わらないという結果であったが、前後期比較の結果から、後期調査時の方がより一層、親や家族の影響はないと考えるようになったことが明らかになった。

　親の影響が減少した要因については、学習者が韓国語学習を開始したきっかけが影響しているのではないかと考える。調査において自由記述式で記入してもらった韓国語学習開始動機によれば、調査参加者59名中6名が親の影響と答えている。その影響とは、親が韓国語学習を勧めたのではなく、多くの場合、母親が韓流ドラマをみていたから、という理由である[8]。この人数は平均値に影響を与えるほど多いとはいえないが、間接的とはいえ前期に

は学習開始のきっかけとなるほどの影響があり、親も多少は学習を勧めていると感じていたと思われる。しかし、後期になり韓国語学習が学校生活の一部となることによって親からの影響をほとんど感じなくなったのではないかと推測する。

　最後に、この結果を先行研究と比較する。本領域の結果、親や家族の影響が韓国語学習の動機づけになっていないことがわかったが、この結果は英語学習者を対象とした Taguchi et al.(2009) と同様の結果であった。しかし、本研究で実施した英語学習調査の結果と前期調査結果を比較したところ、5項目全てにおいて統計的有意差がみられ[9]、英語学習の方がその平均値が高かった(図 2.11 参照)。しかし、「2. 親が英語の勉強をすすめている。」の平均値がやや高いの範疇であった以外は、韓国語、英語ともに平均値が低いから「どちらともいえない」の範疇であった。このことから、大学で学んでいる学習者は目標言語とは関係なく、親や家族の影響をあまり受けていないのではないかと考える。

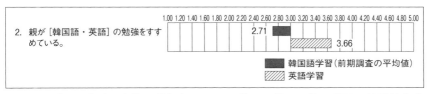

図 2.11　「親の激励や家族の影響」において韓国語学習と英語学習で統計的有意差がみられた項目の平均値

2.2.5　実利性(Instrumentality–Promotion)

　ここでは、目標言語を学ぶことによって良い仕事を得たり、専門知識を学んだりすることができるなど、実利的な成功を得る手段として語学を学ぶ動機である「実利性(Instrumentality–Promotion)」領域についてみていく。前期・後期動機調査の各項目の平均値は図 2.12 に、変化調査の各項目の平均値は図 2.13 に示す。

　第一に、前期調査と後期調査の結果についてみていく。まず、前期調査の結果をみると、「5. 韓国語を勉強すれば良い仕事を得るために役立つと思う

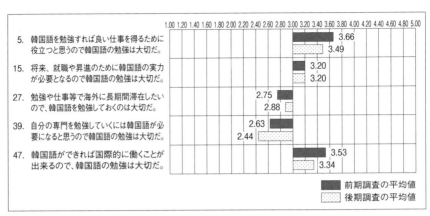

図2.12 初級韓国語学習者前期・後期動機調査「実利性」各項目の平均値

ので韓国語の勉強は大切だ。」[10]「47. 韓国語ができれば国際的に働くことが出来るので、韓国語の勉強は大切だ。」の平均値がやや高かった。なお、「15. 将来、就職や昇進のために韓国語の実力が必要となるので韓国語の勉強は大切だ。」「27. 勉強や仕事等で海外に長期間滞在したいので、韓国語を勉強しておくのは大切だ。」「39. 自分の専門を勉強していくには韓国語が必要になると思うので韓国語の勉強は大切だ。」の平均値はいずれも「どちらともいえない」の範疇であった。

次に、後期調査の結果をみると、前期調査同様、5の平均値がやや高く、15と27の平均値が「どちらともいえない」の範疇であった。しかし、前期調査と異なり、前期調査で「どちらともいえない」の範疇であった39の平均値が後期調査では、やや低かった。また、前期調査で平均値がやや高かった47の平均値が後期調査では「どちらともいえない」の範疇であった。

さらに、前後期比較をみると、全ての項目で統計的有意差がみられなかったことから、「実利性」領域は学習経験によって変化しないことが明らかになった。

以上の前期調査と後期調査の結果から、初級韓国語学習者は、前期、後期を通して、韓国語を勉強すれば良い仕事を得るために役立つと思うので韓国語の勉強は大切だ、韓国語ができれば国際的に働くことができるので韓国語

の勉強は大切だ、と思っていることがわかった。その一方で、学習者の専門の勉強に韓国語が必要になるとは思っていないことや、韓国語の実力が将来必要になるかどうかについては「どちらともいえない」と考えていることが明らかにされた。

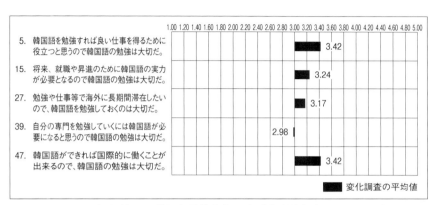

図2.13 初級韓国語学習者動機変化調査「実利性」各項目の平均値

　第二に、変化調査の結果をみると、5と47の平均値がやや高かったが、15、27、39の平均値は「変わらない」の範疇であった。このことから、前期調査時に比べ後期調査時の方が、韓国語を勉強すれば良い仕事を得るために役立つと思うので韓国語の勉強は大切だ、韓国語ができれば国際的に働くことができるので韓国語の勉強は大切だ、という意識が強くなったと認知していることがわかった。

　次に変化調査の結果を前述の前後期比較の結果と比べる。すでに述べたとおり、変化調査の結果から、学習経験を重ねた後期の方が、韓国語を勉強すれば良い仕事を得るために役立つと思うので韓国語の勉強は大切だ、韓国語ができれば国際的に働くことができるので韓国語の勉強は大切だ、と思うようになったことが明らかになった。しかし、前後期比較の結果、全項目において、統計的有意差がみられなかったことから、学習者はポジティブな変化を認知しているものの、実際には変化していないことが明らかにされた。

　以上の結果から、調査参加者である大学生の初級韓国語学習者にとって、

「良い仕事を得るのに役立つ」「国際的に働くことができる」といった、就職活動で成功を得る手段として韓国語を学ぶ「実利性」が動機づけとなっていることがわかった。また、前後期比較では統計的有意差はみられなかったが、変化調査の結果から、後期調査時の方がその意識が強くなっていることが明らかになった。しかし、同じ仕事に関係する項目であっても、「韓国語の実力が必要となる」という文言が入った15の平均値が「どちらともいえない」の範疇であることから、実際に働く時に韓国語力が必要かどうかについては「どちらともいえない」と考えているといえるだろう。

最後に、この結果を先行研究と比較する。「外国語における理想自己」領域(2.2.2)でも触れたが、金由那(2006)の結果同様、将来の仕事や勉強に必要といった事柄が、学習の動機づけになっていないことが明らかになった。また、前期調査結果と英語学習調査の結果を比較すると、全5項目で統計的有意差がみられ、どの項目においても英語の平均値の方が高かった[11](図2.14参照)。特に、韓国語の平均値が「どちらともいえない」であった15や、就職活動への有益性に関する項目である5や47の平均値が「高い」の範疇であることから、大学で韓国語を学ぶ学習者にとって、英語の方が実利性が高い、と考えているのは明白である。しかし、英語学習と比べその平均値が低いとはいえ、大学生にとって最も重要な動機づけとなっているであろう就職活動において韓国語学習経験が有利に働くと考えていることがわかったことは、本研究のひとつの成果であったと思われる。

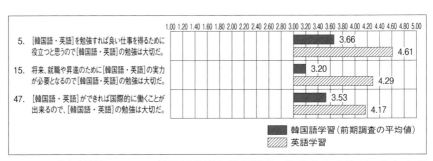

図2.14 「実利性」において韓国語学習と英語学習で統計的有意差がみられた項目の平均値

2.2.6 不利益回避性（Instrumentality–Prevention）

ここでは、目標言語学習に失敗したら学校を卒業できない、将来仕事で成功できない等の不利益につながるのではないかと考え、それを回避するために目標言語を学ぶ動機である「不利益回避性（Instrumentality–Prevention）」領域についてみていく。前期・後期動機調査の各項目の平均値は図 2.15 に、変化調査の各項目の平均値は図 2.16 に示す。

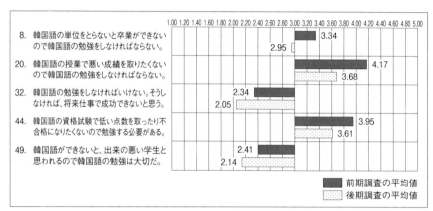

図 2.15　初級韓国語学習者前期・後期動機調査「不利益回避性」各項目の平均値

第一に、前期調査と後期調査の結果についてみていく。まず、前期調査の結果をみると、「20. 韓国語の授業で悪い成績を取りたくないので韓国語の勉強をしなければならない。」の平均値が高く、「44. 韓国語の資格試験で低い点数を取ったり不合格になりたくないので勉強する必要がある。」の平均値がやや高かった。また、「32. 韓国語の勉強をしなければいけない。そうしなければ、将来仕事で成功できないと思う。」「49. 韓国語ができないと、出来の悪い学生と思われるので韓国語の勉強は大切だ。」の平均値がやや低かった。なお、「8. 韓国語の単位をとらないと卒業ができないので韓国語の勉強をしなければならない。」の平均値は「どちらともいえない」の範疇であった。

次に、後期調査の結果をみると、前期調査同様、8 の平均値が「どちらと

もいえない」の範疇であり、44の平均値がやや高く、32と49の平均値がやや低かった。しかし、前期調査と異なり、前期調査で平均値が高かった20の平均値は後期調査では、やや高かった。

さらに、前後期比較をみると、8と20に1％レベルの、32に5％レベルの統計的有意差がみられ、いずれも後期調査の平均値の方が低かった。このことから、前期調査時に比べ、後期調査時の方が韓国語の授業で悪い成績を取りたくないので韓国語の勉強をしなければならない、韓国語の勉強をしなければいけない、そうしなければ将来仕事で成功できないと思う、韓国語の単位をとらないと卒業ができないので韓国語の勉強をしなければならない、という意識が弱くなったことが明らかになった。

以上の前期調査と後期調査の結果から、初級韓国語学習者は、前期、後期を通して、韓国語の授業で悪い成績を取りたくないので韓国語の勉強をしなければならない、韓国語の資格試験で低い点数を取ったり不合格になりたくないので勉強する必要があると思っていることがわかった。また、前後期比較の結果、学習経験を重ねた後期調査時の方が、「悪い成績を取りたくないから韓国語学習をする」という意識が弱くなったこと、韓国語ができないことが将来の仕事や学生としての悪い評価につながるとは考えていないこと、単位のために韓国語を学んでいるという意識が若干低くなったことが明らかにされた。

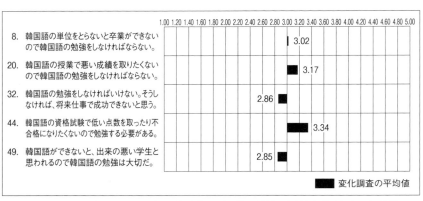

図2.16　初級韓国語学習者動機変化調査「不利益回避性」各項目の平均値

第2章　初級韓国語学習者の学習動機の特徴と学習経験による変化　65

　第二に、変化調査の結果をみると、全ての項目の平均値が「変わらない」の範疇であった。このことから、初級韓国語学習者は学習経験によって「不利益回避性」は変化しないと認知していることが明らかになった。

　次に変化調査の結果を前述の前後期比較の結果と比べる。すでに述べたとおり、変化調査の結果、学習者自身は全項目において変化していないと考えていることがわかった。しかし、前後期比較から3項目に統計的有意差がみられ、後期調査時の方が、韓国語の授業で悪い成績を取りたくないので韓国語の勉強をしなければならない、そうしなければ将来仕事で成功できないと思う、韓国語の単位をとらないと卒業ができないので韓国語の勉強をしなければならない、という意識が弱くなったことが明らかになった。このことから、これらの変化について学習者が認知していないという結果を得た。

　以上の結果から、初級韓国語学習者は、語学学習に失敗することが学習者自身の不利益につながるという「不利益回避性」の中でも、授業で悪い点をとりたくない、資格試験に不合格になりたくない、といった、すぐ目の前にある不利益回避に敏感であり、これが韓国語学習動機を高めていると思われる。その一方で、卒業できないことや、仕事での不成功といった少し先の事柄に関する「不利益回避性」は動機づけになっていないことが明らかにされた。また、変化調査の結果から、この考えは学習経験によって「変わらない」と認知していることがわかったが、前後期比較の結果から、前期調査時に比べ後期調査時の方がより一層、不利益回避性が韓国語学習の動機になっていないことが明らかになった。この、卒業や仕事の成功に関する項目が動機づけにならない理由として、調査参加者の大半が1年生であるため、この単位がなければ卒業できない、という危機感をもって受講したり、仕事での成功が何によって達せられるのか、ということを具体的に考えたりする学生がほとんどいなかったためではないかと推測される。

　最後に、この結果を先行研究と比較する。まず、「単位」が、あまり動機づけになっていないという結果は、学習動機を「単位のため」とした学生が多かったことを明らかにした梁（2010）とは異なる結果となった。これは、調査を実施した学校のシステムや雰囲気などの影響もあるかもしれないが、この差異は5段階尺度法を用いた本研究と、各項目の動機づけの度合いに

ついては尋ねず、当てはまる動機づけを複数回答させる質問紙で調査した梁（2010）との調査法による結果の違いではないかと思われる。これは、英語学習者を対象として調査を行った Taguchi et al.(2009)においても、本研究結果同様、単位に関する項目の平均値が「やや同意する」のレベルであることからも、裏付けられるのではないかと考える。このことから、大学で外国語を学んでいる多くの学習者は必修科目、または選択必修科目として語学の授業を受講しているため、その授業の単位が卒業に必要であるということは大前提としてあるが、それ自体はあまり強い動機づけにはなっていないと思われる。

次に、本研究では、前期調査の結果、韓国語の授業で悪い成績を取りたくないので韓国語の勉強をしなければならない、という動機が強いことがわかったが、後期調査の結果では、それが少し緩和されていることが明らかになった。この結果は、英語学習者を対象としている Taguchi et al.(2009)とは反対の結果となった。この差異は、目標言語が違うために生じる学習経験の違いによるのではないかと考える。既に述べたとおり、本研究の調査参加者は初級韓国語学習者であるため、前期調査の時点で学習者は小テスト以外の韓国語の試験を受けた経験がない。そのため、学習経験が長く、学習方法を既に身につけており、試験を受けた経験が多い英語学習よりも、学習経験が短く、学習方法もあまり身につけていない韓国語学習の方が試験に対する不安が大きく、このような違いが生まれたのではないかと思われる。しかし、前期授業で小テストや期末試験を受けたことによって、試験に対する不安が軽減したために、後期調査では、平均値が低くなったのではないかと推測する。

2.2.7　語学学習への自信（Linguistic Self-confidence）

ここでは、学習者自身が将来どの程度目標言語を習得できる自信があるのかに関する「語学学習への自信（Linguistic Self-confidence）」領域についてみていく。前期・後期動機調査の各項目の平均値は図 2.17 に、変化調査の各項目の平均値は図 2.18 に示す。

第一に、前期調査と後期調査の結果についてみていく。まず、前期調査の

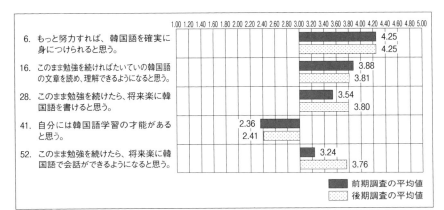

図 2.17 初級韓国語学習者前期・後期動機調査「語学学習への自信」各項目の平均値

結果をみると、「6. もっと努力すれば、韓国語を確実に身につけられると思う。」の平均値が高く、「16. このまま勉強を続ければたいていの韓国語の文章を読め、理解できるようになると思う。」「28. このまま勉強を続けたら、将来楽に韓国語を書けると思う。」の平均値がやや高かった。また、「41. 自分には韓国語学習の才能があると思う。」[12]の平均値がやや低かった。なお、「52. このまま勉強を続けたら、将来楽に韓国語で会話ができるようになると思う。」[13]の平均値は「どちらともいえない」の範疇であった。

次に、後期調査の結果をみると、前期調査同様、6 の平均値が高く、16、28 の平均値がやや高く、41 の平均値がやや低かった。しかし、前期調査と異なり、前期調査の平均値が「どちらともいえない」の範疇であった 52 の平均値が後期調査ではやや高かった。

さらに、前後期比較をみると、52 に 1％レベルの統計的有意差がみられ、後期調査の平均値の方が高かった。このことから、初級韓国語学習者は前期よりも後期の方が、このまま勉強を続けたら将来楽に韓国語で会話ができるようになる、と思うようになったことがわかった。

以上の前期調査と後期調査の結果から、初級韓国語学習者は、前期、後期を通して、このまま勉強を続ければ、たいていの韓国語の文章を読み理解できるようになり、楽に韓国語を書けるようになる、と考えている一方で、自

分には韓国語学習の才能があるとは思っていないことがわかった。また、前後期比較から、後期調査時の方が、将来楽に韓国語で会話ができるようになる、と思うようになったことが明らかになった。

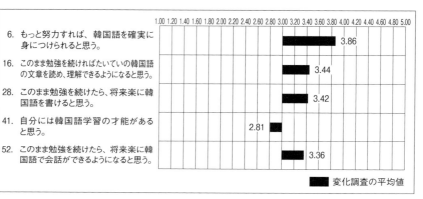

図2.18　初級韓国語学習者動機変化調査「語学学習への自信」各項目の平均値

　第二に、変化調査の結果をみると、6、16、28の平均値がやや高かった。このことから、学習者は、前期調査時よりも後期調査時の方が、もっと努力すれば、韓国語を確実に身につけられると思う、このまま勉強を続ければたいていの韓国語の文章を読め、理解できるようになると思う、このまま勉強を続けたら、将来楽に韓国語を書けると思う、と考えるようになったと変化について認知していることが明らかになった。

　次に変化調査の結果を前述の前後期比較の結果と比べる。既に述べたとおり、変化調査では、6、16、28の平均値がやや高かったが、これら3項目に、統計的有意差がみられた項目はなかった。このことから、学習者自身は韓国語習得に対する自信を高めている、と認知しているにもかかわらず、実際には変化していないという結果がでた。その一方で、「52. このまま勉強を続けたら、将来楽に韓国語で会話ができるようになると思う。」は、変化調査の結果では「変わらない」と考えていることが明らかになったが、1％レベルの統計的有意差がみられ、学習者は認知していないが、前期調査時に比べ後期調査時の方が、韓国語会話の習得に対して自信をもつようになったこと

が示唆された。

以上の結果から、初級韓国語学習者は、将来目標言語を習得できるという「語学学習への自信」があることがわかった。また、前後期比較の結果から、前期調査時よりも、後期調査時の方が、会話の習得について自信をもつようになったことが明らかにされた。さらに、変化調査の結果から、学習経験によって、韓国語の読み書きや韓国語自体の習得について自信をもつように意識が変化したという結果を得た。

この領域の結果から明らかになった韓国語学習に対する自信は、前期調査結果と本調査で実施した英語学習に対する動機調査の結果を比較しても明らかにその平均値が高く、統計的有意差がみられた[14]（図 2.19 参照）。この韓国語学習に対する自信の要因のひとつとして、学習目標の低さがあるのではないかと考える。

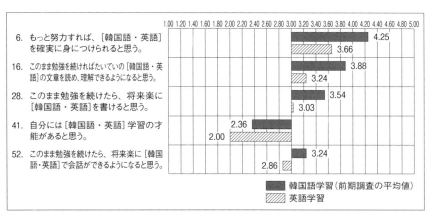

図 2.19 「語学学習への自信」において韓国語学習と英語学習で統計的有意差がみられた項目の平均値

自由記述式で答えてもらった学習目標をみると、ハングル文字を読むことを目標としている調査参加者は 59 名中 22 名に達していた[15]。ハングル文字については、前期の約半分を費やして学ぶため、ハングルに慣れ、読めるようになることが前期授業の大きな目標のひとつであり、学習継続の鍵ともいえる。だがこの目標は言語学習の目標としては決して高い目標とはいえな

いだろう。しかし、自由記述式で韓国語に対するイメージ変化を記入しても
らったところ、前期調査では、ハングル文字が読めるようになった、という
成功体験が大きな自信になっていることがわかった[16]。

さらに、学習目標をみると、59名中12名がメディアを通じたドラマや音
楽の聴取りをあげている[17]。この目標に関する達成度について、どのような
時に、目標を達成したと感じたかを尋ねたところ、前期調査では、学習開始
以前に比べ、ドラマの台詞や歌の歌詞の中に知っている単語や言い回しをみ
つけられるようになった、といった自身の成長を感じている記述も多かった
が、あまり達成度は高くなかった[18]。しかし、後期調査の目標達成について
の記述では、調査参加者59名中8名が自分の韓国語の聴取り力が向上して
いることを感じたと答えていた[19]。

このように、韓国語は文字の導入の難しさと比例した達成感や、メディア
を通じて感じられる韓国語力の向上が学習者の韓国語力に対する自信に繋
がっているのではないかと推測する。Clément, Dörnyei, and Noels（1994）
は、目標言語話者のコミュニティとの接触が頻繁にあり、それが楽しけれ
ば、学習している言葉を使用することに対する自信が育つとしている。そし
て、その「接触」は直接的なものではなく、メディアを通じた間接的なもの
でもよいとしている。上記で示したように、近年、日本では韓国ドラマや
K-POP等、メディアを通じて韓国コミュニティの文化に接触する機会が増
えてきており、それは概ね楽しいものであると考えられる。この背景を考え
ると、学習者の韓国語学習への自信は、メディアを通じた韓国コミュニティ
との頻繁で楽しい接触の影響もあると推測される。

また、韓国語のイメージ変化について自由記述式で述べてもらった項目で
は、前期には、文法について日本語との類似性による学習のしやすさを感じ
たという記述があり、このことも韓国語学習に対する自信を生んでいるので
はないかと考える[20]。後期になり、難易度が上がると、韓国語は難しいと感
じていることが窺える記述も増えるが[21]、学習に対する自信はあまり弱く
なっていないのは、韓国語と日本語の類似性の高さが要因ではないかと思わ
れる。

さらに、Dörnyei（2009）が、目標達成が可能だと思うほど、個人の肯定的

な動機づけの度合いが高くなると指摘していることから、本研究から明らかになった韓国語学習に対する自信は学習者にとって強い動機づけになると考えられる。

2.2.8　外国語学習への態度（Attitudes Toward Learning L2）

　ここでは、言語の学習環境や経験について学習者がどのように感じ、考えているのかに関する「外国語学習への態度（Attitudes Toward Learning L2）」領域についてみていく。前期・後期動機調査の各項目の平均値は図 2.20 に、変化調査の各項目の平均値は図 2.21 に示す。

図 2.20　初級韓国語学習者前期・後期動機調査「外国語学習への態度」各項目の平均値

　第一に、前期調査と後期調査の結果についてみていく。まず、前期調査の結果をみると、「10. 韓国語の授業の雰囲気が好きだ。」「21. 韓国語を勉強するのはとても面白い。」「45. 韓国語を学ぶのは本当に楽しい。」の平均値が高く、「33. 韓国語の授業をいつも楽しみにしている。」の平均値がやや高かった。

　次に、後期調査の結果をみると、前期調査同様、21 と 45 の平均値が高く、33 の平均値がやや高かった。しかし、前期調査と異なり、前期調査で平均値が高かった 10 の平均値が後期調査ではやや高かった。

　さらに、前後期比較をみると、全ての項目において統計的有意差がみられ

た項目はなかったことから、「外国語学習への態度」領域は学習経験によって変化しないことが明らかになった。

　以上の前期調査と後期調査の結果から、初級韓国語学習者は、前期、後期を通して、韓国語の授業の雰囲気が好きだ、韓国語を勉強するのはとても面白い、韓国語の授業をいつも楽しみにしている、韓国語を学ぶのは本当に楽しい、と思っていることがわかった。また、前後期比較の結果、この意識は学習経験によって変化しないことがわかった。

図2.21　初級韓国語学習者動機変化調査「外国語学習への態度」各項目の平均値

　第二に、変化調査の結果をみると、10、21、45の平均値がやや高かった。なお、33の平均値は「変わらない」の範疇であった。このことから、前期調査時よりも後期調査時の方が、韓国語の授業の雰囲気が好きだ、韓国語を勉強するのはとても面白い、韓国語を学ぶのは本当に楽しい、と思うようになったと、その変化を認知していることがわかった。

　次に変化調査の結果を前述の前後期比較の結果と比べる。既に述べたとおり、前後期比較において統計的有意差がみられた項目はなかったものの、変化調査では10、21、45の3項目の平均値がやや高かった。このことから、前期調査時よりも学習経験を重ねた後期調査時の方が、韓国語を学ぶことや授業に対する好意が強くなっていると認知しているにもかかわらず、実際には変化していないことが明らかになった。

　以上の結果から、初級韓国語学習者は、韓国語学習の環境や経験に関して

非常に好意的な「外国語学習への態度」をもっていることがわかった。また、前後期比較の結果では統計的有意差がみられた項目はなかったが、変化調査の結果から、この好意的な態度が学習経験によってさらに好意的に変化することが示唆された。

最後に、英語学習者を対象とした Taguchi et al.(2009)の結果と比較すると、英語学習においても学習者が学習を楽しんでいる傾向にあるということが明らかになっており、本研究と同じ傾向であった。しかし、前期調査結果と本調査で実施した英語学習の結果を比較すると、本領域全ての項目において、韓国語学習についての平均値の方が高く、有意差がみられた[22](図2.22参照)。このことから、韓国語の授業の雰囲気、勉強、授業、学ぶことに対する好意度の方が英語のそれと比べ高いことがわかった。これは、前領域(2.2.7 語学学習への自信(Linguistic Self-confidence))から明らかになった、学習への自信や、韓国語力の向上がメディアを通じて実感できるといった点も影響しているのではないかと推測する。

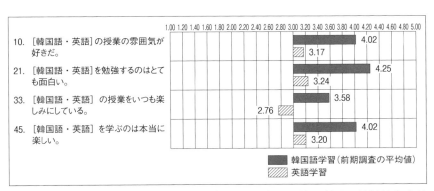

図2.22 「外国語学習への態度」において韓国語学習と英語学習で統計的有意差がみられた項目の平均値

2.2.9　目標言語圏への旅行志向(Travel Orientation)

ここでは、旅行に行くことや、旅先で目標言語が必要になるといった学習動機である「目標言語圏への旅行志向(Travel Orientation)」領域についてみていく。質問項目に「海外旅行」という言葉が出てくるが、本研究では韓国

語学習者を調査対象としているため、この言葉を「海外旅行」と「韓国旅行」の2つの意味で理解することも可能であると考える。前期・後期動機調査の各項目の平均値は図2.23に、変化調査の各項目の平均値は図2.24に示す。

図2.23　初級韓国語学習者前期・後期動機調査「目標言語圏への旅行志向」各項目の平均値

　第一に、前期調査と後期調査の結果についてみていく。まず、前期調査の結果をみると、「1. 海外旅行をしたいので、韓国語の勉強は大切である。」「35. 韓国語ができれば海外旅行が楽しめるので韓国語の勉強をする。」の平均値がやや高かった。なお、「23. 韓国語ができなければ、海外旅行をするのに不便なので、韓国語の勉強は大切だ。」の平均値は「どちらともいえない」の範疇であった。

　次に、後期調査の結果をみると、前期調査同様、35の平均値がやや高く、23の平均値が「どちらともいえない」の範疇であった。しかし、前期調査と異なり、前期調査で平均値がやや高かった1の平均値が、後期調査時には高かった。

　さらに、前後期比較をみると、全3項目において統計的有意差がみられる項目はなく、「目標言語圏への旅行志向」領域は、学習経験によって変化しないことが明らかになった。

　以上の前期調査と後期調査の結果から、初級韓国語学習者は、前期、後期を通して、海外旅行をしたいので韓国語の勉強は大切である、韓国語ができれば海外旅行が楽しめるので韓国語の勉強をする、と考えていることがわかった。また、前後期比較の結果、この領域は学習経験によって変化しない

ことがわかった。

図 2.24　初級韓国語学習者動機変化調査「目標言語圏への旅行志向」各項目の平均値

　第二に、変化調査の結果をみると、1 と 35 の平均値がやや高かった。このことから、前期調査時に比べ後期調査時の方が、海外旅行をしたいので韓国語の勉強は大切である、韓国語ができれば海外旅行が楽しめるので韓国語の勉強をする、と考えるようになったと認知していることが明らかになった。

　次に変化調査の結果を前述の前後期比較の結果と比べる。既に述べたとおり、変化調査では 1 と 35 の平均値がやや高かったが、前後期比較では、統計的有意差がみられた項目はなかった。このことから、学習者自身は後期調査時の方が「目標言語圏への旅行志向」が高まっていると認知しているが、実際には変化していないことが明らかになった。

　以上の結果から、初級韓国語学習者は、旅行に行くことや旅先で目標言語が必要になるといった「目標言語圏への旅行志向」が、強い韓国語学習の動機づけとなっていることがわかった。また、統計的有意差がみられる項目はなかったものの、変化調査の結果から、学習経験によって、前期よりも後期の方がより一層旅行のために韓国語が必要であると意識するようになったことが明らかになった。

　最後に、この結果を先行研究と比較すると、金由那（2006）、金泰虎（2006）、梁（2010）で明らかになった、学習動機や目的の上位に「韓国旅行」への希望や経験に関する項目が挙げられており、本研究の結果と同じ傾向で

あったといえる。このことから、韓国語学習者にとって韓国旅行は非常に強い動機づけとなっていることが明らかになった。

　この韓国語学習と韓国旅行の関係性は自由記述式の質問項目にもみられた。例えば、韓国語学習開始動機として韓国旅行への希望[23]や、韓国旅行の経験から学習を決めた学習者も少なくなかった[24]。さらに、後期調査で実施した、学習経験を通して新たな学習目標ができたか、という質問に対して、韓国旅行にいくことをあげた学習者もいた。その一方で、韓国語学習動機や学習目標として、韓国への留学や将来の仕事で役立てる、といった回答はあまりなかった。このことから、大学で韓国語を学んでいる学習者のうち、韓国人の知人がいない学習者が、韓国語を実際に使用する場面として、最も現実的なシチュエーションが韓国への旅行であるため、旅行志向が強いのではないか、と考えられる。また、前期調査結果と本調査で実施した英語学習調査の結果を比較すると、「1.海外旅行をしたいので、[韓国語・英語]の勉強は大切である。」「23.[韓国語・英語]ができなければ、海外旅行をするのに不便なので、[韓国語・英語]の勉強は大切だ。」には統計的有意差がみられ[25]、英語の方が平均値が高かったが、「35.[韓国語・英語]ができれば海外旅行が楽しめるので[韓国語・英語]の勉強をする。」では英語学習と韓国語学習の平均値が「やや高い」の範疇であり、統計的有意差はみられなかった。英語使用地域の方が韓国語使用地域よりも多いにもかかわらず、35において統計的有意差がみられなかったことは、初級韓国語学習者の韓国への旅行志向の高さを明白にしているといえるだろう。なお1、23、

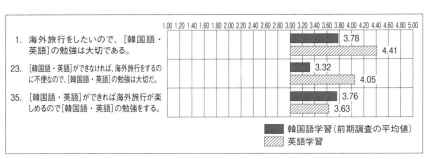

図2.25　「目標言語圏への旅行志向」において韓国語学習と英語学習の平均値

35 の英語学習と韓国語学習の平均値は図 2.25 参照のこと。

2.2.10 自国文化が侵害される恐怖（Fear of Assimilation）

ここでは、他国で使われている言語を学習したり、自国が国際化したりすることによって、自国の言葉や文化が侵害されるのではないかという恐れに関する「自国文化が侵害される恐怖（Fear of Assimilation）」領域についてみていく。前期・後期動機調査の各項目の平均値は図 2.26 に、変化調査の各項目の平均値は図 2.27 に示す。

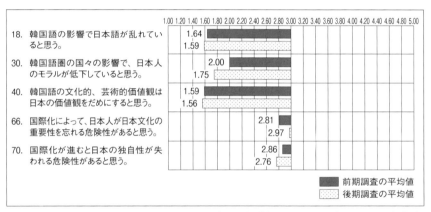

図 2.26　初級韓国語学習者前期・後期動機調査「自国文化が侵害される恐怖」各項目の平均値

第一に、前期調査と後期調査の結果についてみていく。まず、前期調査の結果をみると、「18. 韓国語の影響で日本語が乱れていると思う。」「30. 韓国語圏の国々の影響で、日本人のモラルが低下していると思う。」「40. 韓国語の文化的、芸術的価値観は日本の価値観をだめにすると思う。」の平均値が低かった。なお、「66. 国際化によって、日本人が日本文化の重要性を忘れる危険性があると思う。」「70. 国際化が進むと日本の独自性が失われる危険性があると思う。」の平均値は「どちらともいえない」の範疇であった。

次に、後期調査の結果をみると、前期調査結果と異なる項目はなかった。さらに、前後期比較でも、全ての項目で統計的有意差はみられなかった。

以上の前期調査と後期調査の結果から、初級韓国語学習者は、前期、後期を通して、韓国語や韓国語学習による「自国文化が侵害される恐怖」をもっておらず、学習経験を経ても変化しないことがわかった。

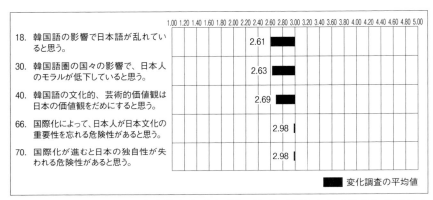

図 2.27　初級韓国語学習者動機変化調査「自国文化が侵害される恐怖」各項目の平均値

　第二に、変化調査の結果をみると、全ての項目の平均値が「変わらない」の範疇であった。変化調査の結果を前述の前後期比較の結果と比べると、変化調査、前後期比較ともに変化はみられないことから、「自国文化が侵害される恐怖」領域は学習経験によって変化しないことが明らかになった。

　以上の結果から、初級韓国語学習者は、韓国の言葉や文化、または、日本の国際化によって「自国文化が侵害される恐怖」は感じていないことが明らかになった。また、前後期比較と変化調査の結果から、学習経験を重ねても変化しないことがわかった。

　前期調査結果と英語学習を比較すると、「18.［英語・韓国語］の影響で日本語が乱れていると思う。」において、韓国語学習と英語学習で統計的有意差がみられ、英語の方が高かった。しかし、英語学習の平均値も韓国語学習同様に低かった。また、他の項目では統計的有意差はみられなかった。このことから、語学を学んでいる日本人大学生は、目標言語の違いにかかわらず、外国語が自国の文化を侵略するとは考えてはいないことが明らかになっ

た。

　最後に、この結果をフランスにおける英語の現状と比較する。本研究の結果から韓国語学習者は韓国語学習や国際化によって日本文化が侵略されるという恐怖を感じていないことがわかった。しかし、英語が世界共通語になっている現状について仏語保護・普及協会のサンロベール会長は「フランス語を弱体化させている責任は指導層にある。グローバリズムに傾倒し、まるで米国人や英国人のように振る舞っている。言語を守ることは、アイデンティティを守ることなのだ」と訴えている(稲田, 2012)。また、フランス人で、グロービッシュ(global と English を融合させた造語で、シンプルな英語のことであり、ネリエール曰く、「シェークスピアを楽しむには十分ではないが、トヨタと契約を結ぶには十分な英語」)の提唱者であるネリエール(2012)は「グロービッシュを話すことで、英語による文化的な侵略から自分たちの文化を守ることができる」としている。このように、世界の共通語のひとつである仏語の力が弱まり、英語の力が強くなったことによってフランスの文化が侵略されるのではないかという恐怖が強くなっていることがわかる。この考えは、本研究の結果とは異なっており、この違いが目標言語の違いによるものなのか、フランスと日本の自国文化または他文化への姿勢の違いなのかはわからないが、日本の英語教育分野において英語学習による文化侵略についてあまり議論されていないところをみると、日仏の他文化受容への態度の違いなのではないかと考える。

2.2.11　自民族中心主義(Ethnocentrism)

　ここでは、自己の文化に最大の価値をおき、どこよりも優れているとする考えであるエスノセントリズム(自民族中心主義)に関する「自民族中心主義(Ethnocentrism)」領域についてみていく。前期・後期動機調査の各項目の平均値は図 2.28 に、変化調査の各項目の平均値は図 2.29 に示す。

　第一に、前期調査と後期調査の結果についてみていく。まず、前期調査の結果をみると、「71. 日本人であることを誇りに思っている。」の平均値が高く、「65. 異文化の価値観や習慣にとても関心がある。」「68. 自分は他の文化の価値観や習慣を尊重している。」の平均値がやや高かった。また、「69. あ

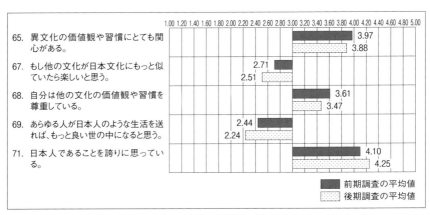

図2.28　初級韓国語学習者前期・後期動機調査「自民族中心主義」各項目の平均値

らゆる人が日本人のような生活を送れば、もっと良い世の中になると思う。」の平均値がやや低かった。なお、「67. もし他の文化が日本文化にもっと似ていたら楽しいと思う。」の平均値は「どちらともいえない」の範疇であった。

次に、後期調査の結果をみると、前期調査同様、71の平均値が高く、65と68の平均値がやや高く、69の平均値がやや低かった。しかし、前期調査と異なり、前期調査で平均値が「どちらともいえない」の範疇であった67の平均値が後期調査ではやや低かった。

さらに、前後期比較をみると、統計的有意差がみられた項目はなかったことから、「自民族中心主義」領域は学習経験によっては変化しないことがわかった。

以上の前期調査と後期調査の結果から、初級韓国語学習者は、前期、後期を通して、異文化の価値観や習慣にとても関心があり、他の文化の価値観や習慣を尊重していること、さらに、日本人であることを誇りに思っていることがわかった。また、異文化に比べて日本文化や日本人のような暮らしの方が優れているという考えに対しては否定的であることが明らかにされた。

第二に、変化調査の結果をみると、65と71の平均値がやや高かった。このことから、前期調査時よりも、後期調査時の方が、より一層異文化に関心

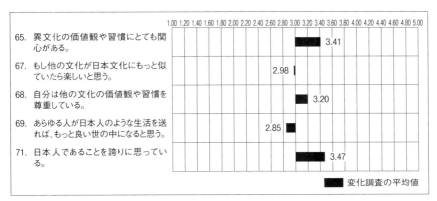

図2.29　初級韓国語学習者動機変化調査「自民族中心主義」各項目の平均値

をもつようになったり、日本人であることに誇りをもつようになったと認知していることがわかった。

次に変化調査の結果を前述の前後期比較の結果と比べる。既に述べたとおり、変化調査の結果、65と71の平均値がやや高かったものの、前後期比較から統計的有意差がみられた項目はなかった。このことから、学習者自身は後期調査時には、前期調査時よりも異文化に関心をもつようになったり、日本人であることに誇りをもつようになったと認知しているが実際には変化していないことが明らかになった。

以上の結果から、初級韓国語学習者は、「自民族中心主義」的ではなく、異文化に関心をもち、尊重していることがわかった。また、統計的有意差がみられた項目はなかったものの、変化調査の結果から、学習者は後期調査時の方が、異文化の価値観や習慣を尊重するようになり、さらに、日本人であることに一層誇りをもつようになったと認知していることがわかった。

最後に、この結果を先行研究と比較する。本研究では、韓国語学習者は異文化に対して関心があることがわかったが、Yashima(2009)は、英語学習者の「国際的な態度」が動機づけに強い影響を与える「外国語における理想自己」に反映されているとした。このことから、韓国語学習者の異文化に対して関心をもち、それを尊重する態度は語学学習の動機づけにつながっていると推測される。

2.2.12　外国語への関心（Interest in the Second Language）

ここでは、目標言語に対してどの程度興味や関心があるかに関する「外国語への関心（Interest in the Second Language）」領域についてみていく。前期・後期動機調査の各項目の平均値は図 2.30 に、変化調査の各項目の平均値は図 2.31 に示す。

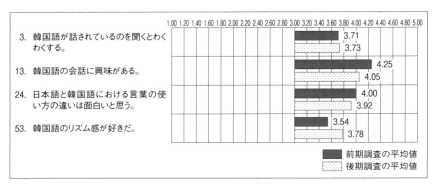

図 2.30　初級韓国語学習者前期・後期動機調査「外国語への関心」各項目の平均値

第一に、前期調査と後期調査の結果についてみていく。まず、前期調査の結果をみると、「13. 韓国語の会話に興味がある。」と「24. 日本語と韓国語における言葉の使い方の違いは面白いと思う。」の平均値が高く、「3. 韓国語が話されているのを聞くとわくわくする。」と「53. 韓国語のリズム感が好きだ。」の平均値がやや高かった。

次に、後期調査の結果をみると、前期調査同様、13 の平均値が高く、3 と 53 の平均値がやや高かった。また、前期調査で平均値が高かった 24 の平均値が後期調査ではやや高かった。

さらに、前後期比較をみると、統計的有意差がみられた項目はなかったことから、「外国語への関心」領域は学習経験によって変化しないことがわかった。

以上の前期調査と後期調査の結果から、初級韓国語学習者は、前期、後期を通して、韓国語が話されているのを聞くとわくわくする、韓国語の会話に興味がある、日本語と韓国語における言葉の使い方の違いは面白いと思う、

韓国語のリズム感が好きだ、と感じていることがわかった。また、前後期比較の結果、この領域は学習経験によって変化しないことがわかった。

図2.31　初級韓国語学習者動機変化調査「外国語への関心」各項目の平均値

　第二に、変化調査の結果をみると、3、13、24の平均値がやや高かったが、53の平均値は「変わらない」の範疇であった。このことから、前期調査時よりも後期調査時の方が、韓国語の会話に興味がある、日本語と韓国語における言葉の使い方の違いは面白いと思う、韓国語が話されているのを聞くとわくわくする、と思うようになったと認知していることがわかった。

　次に変化調査の結果を前述の前後期比較の結果と比べる。既に述べたとおり、変化調査の結果、3、13、24の平均値がやや高かったが、前後期比較の結果、統計的有意差がみられた項目はなかった。このことから、前期調査時よりも後期調査時の方がより一層、韓国語が話されているのを聞くとわくわくしたり、韓国語の会話に興味があると感じたり、日本語と韓国語の違いが面白いと感じるようになったと認知していることがわかったが、実際には変化していないことが明らかにされた。

　以上の結果から、初級韓国語学習者は「外国語への関心」が非常に高く、この関心の高さが韓国語の学習動機を高めていると考えられる。また、統計的有意差がみられた項目はなかったものの、変化調査の結果から、前期調査時よりも、後期調査時の方がより一層、韓国語への関心が高まったと認知していることがわかった。

最後に、この結果を先行研究と比較する。本研究の結果、韓国語学習者は韓国語に対して強い関心があることがわかったが、金由那(2006)、林・姜(2007)、梁(2010)をみると、多くの学習者が韓国語学習の動機や目的として、面白そうだから、韓国語に興味があるから、という理由をあげている。このことから、韓国語自体への興味によって韓国語学習を開始した学習者も多いことがわかった。また、この結果から、韓国語への興味は学習の開始動機にも継続動機にもなるのではないかと考える。

　前期調査結果と本調査で実施した英語学習動機の同じ領域を比較すると、3、13、24 で韓国語の平均値の方が高く、統計的有意差がみられた[26](図 2.32 参照)。このことから、言語学習に対する関心は英語学習よりも韓国語学習のほうが高いことがわかった。さらに、韓国語学習による変化について自由記述で答えてもらう質問項目の回答から、授業以外の時間に学習者自ら積極的に韓国語会話を耳にする機会を得ようとしていることが明らかになった[27]。このような努力は、韓国語及び韓国語会話への関心や興味の強さを満足させるだけでなく、自分自身の能力向上に気がついたり、興味をもつきっかけとなっていると考えられる。そして、韓国語への関心の強さが、さらなる関心につながっているのではないかと推測する。

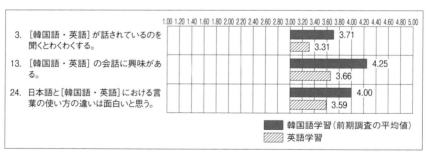

図 2.32　「外国語への関心」において韓国語学習と英語学習で統計的有意差がみられた項目の平均値

2.2.13 外国語使用時の不安（L2 Anxiety）

ここでは、言語学習者が目標言語を使っている時に感じる不安に関する「外国語使用時の不安（L2 Anxiety）」領域についてみていく。前期・後期動機調査の各項目の平均値は図 2.33 に、変化調査の各項目の平均値は図 2.34 に示す。

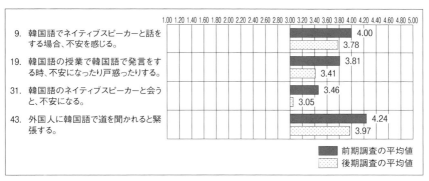

図 2.33 初級韓国語学習者前期・後期動機調査「外国語使用時の不安」各項目の平均値

第一に、前期調査と後期調査の結果についてみていく。まず、前期調査の結果をみると、「9. 韓国語でネイティブスピーカーと話をする場合、不安を感じる。」[28]「43. 外国人に韓国語で道を聞かれると緊張する。」の平均値が高く、「19. 韓国語の授業で韓国語で発言をする時、不安になったり戸惑ったりする。」「31. 韓国語のネイティブスピーカーと会うと、不安になる。」の平均値がやや高かった。

次に、後期調査の結果をみると、前期調査同様、19 の平均値がやや高かった。しかし、前期調査と異なり、前期調査で平均値が高かった 9 と 43 の平均値が後期調査ではやや高く、前期調査で平均値がやや高かった 31 の平均値が後期調査では、「どちらともいえない」の範疇であった。

さらに、前後期比較をみると、19 と 31 に 5％レベルの統計的有意差がみられ、どちらの平均値も後期調査の方が低かった。このことから、前期調査時よりも後期調査時の方が、韓国語の授業中に韓国語で発言をする時、不安

になったり戸惑ったりする、韓国語のネイティブスピーカーと会うと、不安になる、といった不安感が軽減したことが明らかになった。

以上の前期調査と後期調査の結果から、初級韓国語学習者は、前期、後期を通して、ネイティブスピーカーと韓国語で話すことに不安を感じているが、後期になり、授業内で韓国語の発話をすることや、ネイティブスピーカーと会うことへの不安が少し解消傾向になることがわかった。

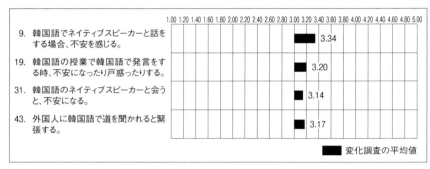

図2.34　初級韓国語学習者動機変化調査「外国語使用時の不安」各項目の平均値

第二に、変化調査の結果をみると、全ての項目の平均値は「変わらない」の範疇であった。このことから、初級韓国語学習者は「外国語使用時の不安」領域は学習経験によっては変化していないと考えていることがわかった。

次に変化調査の結果を前述の前後期比較の結果と比べる。既に述べたように、変化調査の結果、学習者はいずれの項目においても「変わらない」と考えていることがわかったが、前後期比較の結果、19と31に統計的有意差がみられた。このことから、実際には韓国語会話に対する不安が軽減されているにもかかわらず、学習者自身は前期も後期も同じように不安であると感じていることがわかった。

以上の結果から、初級韓国語学習者は、韓国語を使用する際に「外国語使用時の不安」を感じていることがわかった。また、変化調査の結果から、この不安感は前期も後期も変わらないと学習者は考えているが、前後期比較の結果から、授業内での会話や、韓国語のネイティブスピーカーと会うことへ

の不安は若干解消されていることがわかった。

　ネイティブスピーカーに会うことや、授業で韓国語で発話することへの不安解消は、調査実施大学で会話の授業を担当しているネイティブスピーカーである韓国人教師の影響があるのではないかと考える。これは、韓国語学習による韓国人イメージ変化について自由記述式で答えてもらう質問項目の回答に、韓国人教師のイメージを記入している調査参加者がいたことからも明らかであろう[29]。つまり、学習者にとって、実際に韓国語で話す機会のあるネイティブスピーカーの代表である韓国語教師の人柄や授業スタイルによって、韓国語会話に対する不安が解消されたのではないかと推測する。このことは、韓国語を教える現場におけるネイティブスピーカーの役割が、韓国語や韓国文化を教授することだけでなく、学習者がもっている「ネイティブスピーカー」そのものに対する不安感を和らげ、イメージを向上させるといった役割があることも明らかにしたのではないかと考える。

　また、韓国語学習の前期調査における「外国語使用時の不安」領域の結果と英語学習の結果を比較したところ、統計的有意差がみられる項目はなかった。さらに、「43. 外国人に［英語・韓国語］で道を聞かれると緊張する。」のように、実際におこり得る確率としては、英語の方が高いと考えられるような項目においても、統計的有意差がみられず、両言語ともその平均値は高かった。このことから、外国語学習における不安は目標言語の違いや、実際に起こり得るシチュエーションかどうかとはあまり関連性がないことが明らかになった。

　最後に、この結果を先行研究と比較する。本研究から、韓国語学習者は韓国語で話すことを不安に思っていることがわかったが、Horwitz, Horwitz, and Cope（1986）によれば、スピーキング活動は四技能の中でもっとも不安を感じやすいとされており、白畑他（2009）によれば、一般的に、言語習得における不安は学習を阻害するといわれているため、韓国語学習者が会話に対してもっている不安感が若干でも解消されたことは、韓国語学習にとって肯定的な影響があるのではないかと考える。

2.2.14 統合性（Integrativeness）

ここでは、目標言語話者、目標言語そのもの、目標言語圏の文化に対する好印象や憧れによって目標言語を学ぶ統合的動機づけである、「統合性（Integrativeness）」領域についてみていく。前期・後期動機調査の各項目の平均値は図 2.35 に、変化調査の各項目の平均値は図 2.36 に示す。

図 2.35　初級韓国語学習者前期・後期動機調査「統合性」各項目の平均値

第一に、前期調査と後期調査の結果についてみていく。まず、前期調査の結果をみると、「56. 韓国語圏の人々の文化や芸術をさらに知るためには、韓国語学習が大切だ。」「62. 韓国語が好きだ。」の平均値がやや高かった。なお、「59. 韓国語圏の人々のようになりたい。」の平均値は「どちらともいえない」の範疇であった。

次に、後期調査の結果をみると、前期調査同様、59 の平均値が「どちらともいえない」の範疇であった。しかし、前期調査と異なり、前期調査で平均値がやや高かった 56 と 62 の平均値が後期調査では高かった。

さらに、前後期比較をみると、統計的有意差がみられた項目はひとつもなかった。このことから、「統合性」領域は学習経験によっては変化しないことがわかった。

以上の前期調査と後期調査の結果から、初級韓国語学習者は、前期、後期を通して、韓国語圏の人々の文化や芸術をさらに知るためには韓国語学習が大切だ、韓国語が好きだ、と思っていることがわかった。また、前後期比較の結果、この領域は学習経験によって変化しないことがわかった。

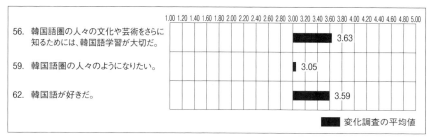

図 2.36　初級韓国語学習者動機変化調査「統合性」各項目の平均値

　第二に、変化調査の結果をみると、56 と 62 の平均値がやや高かった。このことから、学習者は前期調査時よりも後期調査時の方が、韓国語圏の人々の文化や芸術をさらに知るためには、韓国語学習が大切だ、韓国語が好きだ、と思うようになったと、認知していることがわかった。

　次に変化調査の結果を前述の前後期比較の結果と比べる。既に述べたように、変化調査の結果から、56 と 62 の平均値がやや高かったが、前後期比較の結果、統計的有意差はみられなかった。このことから、学習者自身は、後期調査時の方が、韓国語圏の文化や芸術を知るためには韓国語学習が大切だ、韓国語が好きだ、と思うようになったが、実際には変化していないことがわかった。

　以上の結果から、初級韓国語学習者が「統合性」において、韓国文化や韓国語に対して好印象をもっていることがわかった。また、前後期比較では統計的有意差はみられなかったが、変化調査の結果から、文化と言葉に対する好印象は学習経験によって一層強化されることがわかった。このことが、韓国語学習動機を高めているのではないかと考えられる。

　最後に、この結果を先行研究と比較する。まず、韓国語学習者を対象とした研究をみると、韓国語学習動機および目的として、金由那（2006）では「韓国が好きだから」、林・姜（2007）では「韓国文化を理解するため」という答えがあげられていることがわかった。本研究の結果は、これらの研究結果と同じ傾向にあり、「統合性」が動機づけになっていることが明らかになった。前期調査結果と本研究で実施した英語学習調査の結果を比較すると、「56. ［韓国語・英語］圏の人々の文化や芸術をさらに知るためには、［韓国語・英

語］学習が大切だ。」には統計的有意差はみられなかった[30]。このことから、目標言語が違っていても、韓国語圏や英語圏の文化を理解するためには韓国語や英語が必要である、という考えが言語学習の動機づけとなっていることが示唆された。しかし、目標言語そのものに対する好意に関する「62.［韓国語・英語］が好きだ。」[31]においては統計的有意差がみられ、韓国語の方が好きだと考えているという結果を得た。また、英語学習者を対象としたTaguchi et al.(2009)をみると、本研究結果同様、目標言語話者のようになりたい、という項目の平均値が、他の文化や言語に関する質問項目よりも低かった。この結果は本研究で実施した英語学習調査の結果と同様であり、「59.［韓国語・英語］圏の人々のようになりたい。」では統計的有意差はみられなかった[32]。このことから、日本人学習者は目標言語の違いにかかわらず、目標言語の使用されている地域の文化を知るためには、目標言語を学ばなければならないと考えているものの、目標言語話者のようになりたい、とは思っていないことが明らかにされた。なお56、59、62の英語学習と韓国語学習の平均値は図2.37に示した。

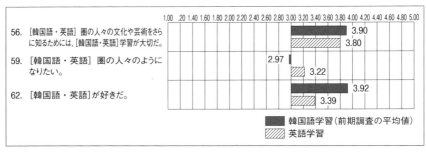

図2.37　「統合性」の韓国語学習と英語学習の項目の平均値

2.2.15　目標言語圏の文化への関心（Cultural Interest）

　ここでは、目標言語圏の音楽、テレビ、雑誌、映画といった文化に対する興味に関する「目標言語圏の文化への関心（Cultural Interest）」領域についてみていく。前期・後期動機調査の各項目の平均値は図2.38に、変化調査の各項目の平均値は図2.39に示す。

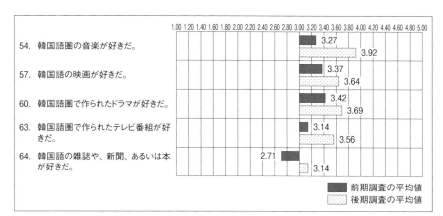

図 2.38　初級韓国語学習者前期・後期動機調査「目標言語圏の文化への関心」各項目の平均値

　第一に、前期調査と後期調査の結果についてみていく。まず、前期調査の結果をみると、「60. 韓国語圏で作られたドラマが好きだ。」の平均値がやや高かった。なお、「54. 韓国語圏の音楽が好きだ。」「57. 韓国語の映画が好きだ。」「63. 韓国語圏で作られたテレビ番組が好きだ。」「64. 韓国語の雑誌や、新聞、あるいは本が好きだ。」は「どちらともいえない」の範疇であった。

　次に、後期調査の結果をみると、前期調査同様、60 の平均値がやや高く、64 の平均値が「どちらともいえない」の範疇であった。しかし、前期調査と異なり、前期調査で平均値が「どちらともいえない」の範疇であった 54、57、63 の平均値が、後期調査ではやや高かった。

　さらに、前後期比較をみると、54 に 0.1% レベルの、63 と 64 に 1% レベルの、60 に 5% レベルの統計的有意差がみられ、いずれも後期調査の平均値の方が高かった。このことから、後期調査時の方が前期調査時に比べ、韓国語圏の音楽、テレビ番組、ドラマが好きだ、韓国語の雑誌や、新聞、あるいは本が好きだ、と思うようになったことが明らかになった。

　以上の前期調査と後期調査の結果から、初級韓国語学習者は、前期、後期を通して、韓国語圏で作られたドラマが好きだ、と感じていたが、後期調査時にはドラマ以外にも、音楽、映画、テレビ番組が好きだ、と考えるようになったことがわかった。

図 2.39　初級韓国語学習者動機変化調査「目標言語圏の文化への関心」各項目の平均値

　第二に、変化調査の結果をみると、54 の平均値がやや高かったが、57、60、63、64 の平均値は「変わらない」の範疇であった。このことから、後期調査時の方が前期調査時に比べて、韓国語圏の音楽が好きだ、と考える様になったと認知していることがわかった。

　次に変化調査の結果を前述の前後期比較の結果と比べると、変化調査と前後期比較の両方の結果が共通していたのは 54 のみであった。このことから、学習者の認知のとおり、韓国の音楽に関心が高くなったことが明らかになった。また、ドラマ、テレビ番組については、変化調査では「変わらない」という結果であったが、前後期比較では統計的有意差がみられたことから、学習者がその変化を認知してはいないものの、後期調査時の方が関心が高くなっていることがわかった。一方、「64. 韓国語の雑誌や、新聞、あるいは本が好きだ。」には、統計的有意差がみられたが、両学期ともにその平均値は「どちらともいえない」の範疇であったため、これらにはあまり関心がないと思われる。

　以上の結果から、初級韓国語学習者は、音楽、映画、ドラマ、といった紙媒体以外の「目標言語圏の文化への関心」が高く、この文化への関心の高さが、韓国語学習の動機づけになっていると考えられる。また、前後期比較では 5 項目中 4 項目で統計的有意差がみられ、後期調査結果の方が平均値が

高く、変化調査でも音楽に関する項目において前期よりも後期の方が好意的になったと答えていることから、学習経験を重ねることによって文化への関心と好意度が高まることがわかった。

最後に、この結果を先行研究と比較する。まず、金由那(2006)では、映画やドラマ等のメディア関連の動機づけは弱く、本研究の結果と異なっていた。しかし、梁(2010)では「ドラマをみるため」「K-POP をきくため」が学習動機・目的の上位にきており、本研究の結果と同じ傾向であった。この先行研究の結果の違いは、研究方法や調査対象者の違いの影響もあると思うが、それ以上に、近年の日本における韓国文化の一般化が急激に進んでいるという社会的背景の変化も研究結果に影響を与えているのではないかと考える。次に、前期調査結果と本研究で実施した英語学習調査の結果を比較すると、英語の音楽、映画、ドラマに対する関心の高さは韓国語のそれよりも高く、統計的有意差がみられた[33](図 2.40 参照)。しかし、Taguchi et al.(2009)や本研究で実施した英語学習調査の結果においても、韓国語学習に対する調査の結果同様、映画や音楽、ドラマに比べ、雑誌や新聞といった紙媒体の文化に対する関心はあまり高くないことが明らかにされている。このことから、大学で語学を学んでいる学習者は目標言語にかかわらず、紙媒体の文化にはあまり関心がないのではないかと思われる。

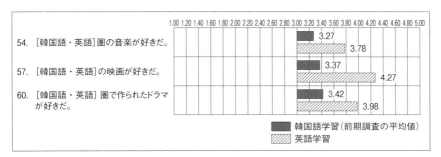

図 2.40 「目標言語圏の文化への関心」において韓国語学習と英語学習で統計的有意差がみられた項目の平均値

2.2.16 目標言語社会への態度(Attitudes Toward L2 Community)

ここでは、目標言語使用地域や目標言語話者の人々に対する態度に関する

「目標言語社会への態度（Attitudes Toward L2 Community）」領域についてみていく。前期・後期動機調査の各項目の平均値は図 2.41 に、変化調査の各項目の平均値は図 2.42 に示す。

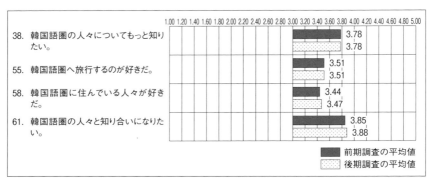

図 2.41　初級韓国語学習者前期・後期動機調査「目標言語社会への態度」各項目の平均値

　第一に、前期調査と後期調査の結果についてみていく。まず、前期調査の結果をみると、本領域の全ての項目である「38. 韓国語圏の人々についてもっと知りたい。」[34]「55. 韓国語圏へ旅行するのが好きだ。」「58. 韓国語圏に住んでいる人々が好きだ。」「61. 韓国語圏の人々と知り合いになりたい。」[35] の平均値がやや高かった。

　次に、後期調査の結果をみると、前期調査と異なる項目はなかった。さらに、前後期比較をみると、いずれの項目においても統計的有意差はみられなかった。このことから、「目標言語社会への態度」領域は学習経験によっては変化しないことがわかった。

　以上の前期調査と後期調査の結果から、初級韓国語学習者は、前期、後期を通して、韓国語圏の人々についてもっと知りたい、韓国語圏へ旅行するのが好きだ、韓国語圏に住んでいる人々が好きだ、韓国語圏の人々と知り合いになりたい、と考えていることがわかった。また、前後期比較の結果、この領域は学習経験によって変化しないことがわかった。

　第二に、変化調査の結果をみると、38 と 61 の平均値がやや高かった。こ

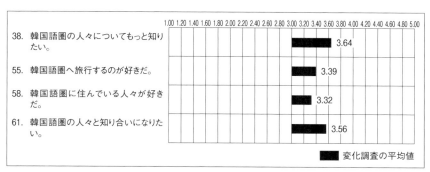

図 2.42 初級韓国語学習者動機変化調査「目標言語社会への態度」各項目の平均値

のことから、前期調査時よりも後期調査時の方が、韓国語圏の人々についてもっと知りたい、韓国語圏の人々と知り合いになりたい、と考えるようになったと認知していることがわかった。

次に変化調査の結果を前述の前後期比較の結果と比べる。すでに述べたとおり、変化調査から、学習経験を重ねることによって、前期調査時よりも後期調査時の方がより一層、韓国語圏の人々についてもっと知りたい、彼らと知り合いになりたいと考えるようになったと認知していることがわかった。しかし、前後期比較の結果、統計的有意差はみられなかったことから、学習者の変化に対する認知と、実際の変化の間に差があることがわかった。

以上の結果から、初級韓国語学習者の「目標言語社会への態度」は好意的であることがわかり、この韓国語圏の社会に対する態度が韓国語学習動機を高めていると考えられる。また、前後期比較の結果では統計的有意差がみられた項目はなかったものの、変化調査の結果から、韓国語圏の人々についてもっと知りたい、もっと知り合いになりたい、と思うようになったと認知していることが明らかにされた。Dörnyei(2009)は、目標言語話者に対する態度が肯定的であるほど、The L2 Motivational Self System 理論の構成要素である「未来自己ガイドとしての理想自己」が魅力的なものとなるとしている。このことから、本研究で示唆された目標言語社会への肯定的な態度は強い動機づけとなるといえるだろう。

最後に、この結果を先行研究と比較する。まず、梁(2010)では、韓国語

を専攻している学生と専攻していない学生の両方から、韓国語の学習動機または目的として「韓国人と交流するため」という理由があげられた。前期調査結果と本研究で実施した英語学習調査の結果を比較したところ、「38.［韓国語・英語］圏の人々についてもっと知りたい。」では統計的有意差がみられ[36]、韓国語の平均値の方が高かったことからも、韓国人との交流が強い動機づけとなっていることがわかった。また、英語学習者を対象として研究を行った Taguchi et al.(2009) においても本領域の平均値が高かった。これは本研究で実施した英語学習調査の結果と同様であり、「61.［韓国語・英語］圏の人々と知り合いになりたい。」では韓国語と英語の間に統計的有意差な差はみられず[37]、いずれの項目の平均値もやや高いの範疇であった。このことから、目標言語にかかわらず、日本人学習者は目標言語話者への関心が高く、それが肯定的であり、目標言語話者と知り合いになりたいと考えていることが明らかにされたが、目標言語話者について知りたいかどうか、については目標言語によって差があるという結果を得た。なお 38 と 61 の英語学習と韓国語学習の平均値は図 2.43 に示した。

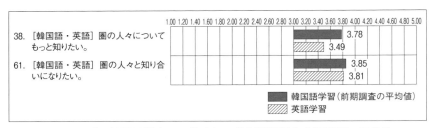

図 2.43 「目標言語社会への態度」の韓国語学習と英語学習の平均値

2.2.17 前後期比較と変化調査で明らかになった変化の傾向

ここでは、2.2.1 から 2.2.16 で明らかにされた変化を、①前後期比較と変化調査の両方で変化がみられた領域と項目、②前後期比較でのみ変化がみられた領域と項目、③変化調査でのみ変化がみられた領域と項目、④前後期比較と変化調査の両方で変化がみられなかった領域の 4 つに分類し、その傾向についてみていく。

〈①前後期比較と変化調査の両方で変化がみられた領域と項目〉

　前後期比較と変化調査の両方で変化がみられた領域は、努力基準領域、語学学習への自信領域、目標言語圏の文化への関心領域の3領域であった。項目ごとにみると、前後期比較と変化調査の両方で変化がみられたのは、目標言語圏の文化への関心領域における「54. 韓国語圏の音楽が好きだ。」のみであった。このことから、学習者の実際の変化と認知している変化に違いがあることがわかった。

〈②前後期比較でのみ変化がみられた領域と項目〉

　前後期比較でのみ変化がみられた領域は、外国語における理想自己領域、外国語における社会的にあるべき自己領域、親の激励や家族の影響領域、不利益回避性領域、外国語使用時の不安領域の5領域であった。このことから、この5領域は韓国語学習経験によって変化するが、その変化を学習者自身は認知していないことがわかった。

　項目ごとの平均値をみると、前後期比較でのみ変化がみられた項目は17項目であった。それぞれの平均値をみると、17項目中13項目の平均値が前期よりも後期の方が低かった。このことから、学習者にとって、前期に比べ後期の方が学習動機とならなくなった、というネガティブな変化は、認知しづらいのではないかと推測される。ただし、「語学学習への自信」領域の「52.このまま勉強を続けたら、将来楽に韓国語で会話ができるようになると思う。」や、「目標言語圏の文化への関心」領域の「60. 韓国語圏で作られたドラマが好きだ。」「63. 韓国語圏で作られたテレビ番組が好きだ。」「64. 韓国語の雑誌や、新聞、あるいは本が好きだ。」のように、前期に比べ後期の方が平均値が高く、新たに学習動機となる可能性がある項目の変化についてなぜ学習者が認知していないのかに関しては更なる調査研究が必要であるといえる。

〈③変化調査でのみ変化がみられた領域と項目〉

　変化調査でのみ変化がみられた領域は、外国語学習への態度領域、自民族中心主義領域、外国語への関心領域、統合性領域、目標言語社会への態度領

域、実利性領域、目標言語圏への旅行志向領域の 7 領域であった。これら 7
領域の変化の大半はポジティブな方向への変化であった。項目ごとに見る
と、変化調査のみで変化がみられた項目は 19 項目であった。これらの平均
値をみると 19 項目中 18 項目の平均値が前期、後期を通して「高い」から「や
や高い」の範疇であった。このことから、学習者は、前期、後期ともに、そ
の項目について高い数値を答えているため、統計的有意差はみられないが、
学習者自身は前期よりも後期の方が、それらの項目について「そう思うよう
になった」と認知しているために、変化調査のみに変化がみられたのではな
いかと考える。

〈④前後期比較と変化調査の両方で変化がみられなかった領域と項目〉
　前後期比較と変化調査の両方で変化がみられなかった領域は、自国文化が
侵害される恐怖領域のみであった。このことから、この領域は学習経験に
よって変化しないことが明らかになった。また、項目ごとにみると、全 61
項目中 33 項目で変化がみられなかったことから、初級韓国語学習者の学習
動機の約半分は学習経験を経ても変化しないことがわかった。

　以上の結果から、The L2 Motivational Self System 理論の 16 領域中 15 領
域で変化がみられ、韓国語学習者の動機づけや態度は学習経験によって変化
することが明らかになった。また、ひとつの領域のなかで、前後期比較、変
化調査の両方の調査で変化が明らかになった領域は 3 領域のみであり、変
化がみられた残りの 12 領域は、前後期比較か変化調査のどちらか一方での
み変化が明らかになった。このことから、変化の傾向が領域ごとに異なるこ
とが明らかにされた。

2.2.18　The L2 Motivational Self System 理論の 3 つの要素による分析
　ここでは、調査結果を The L2 Motivational Self System 理論を構成する、
①未来自己ガイドとしての理想自己、②未来自己ガイドとしての社会的にあ
るべき自己、③外国語学習経験の 3 つの要素の側面からみていく。なおカッ
コ内は領域名である。

〈①未来自己ガイドとしての理想自己〉

　「未来自己ガイドとしての理想自己」とは、既に述べたとおり、外国語に特化した理想的な自己であり、その構成要素は統合的動機づけと内面化された道具的動機づけなどである。

　まず、前期調査の結果の、「韓国語圏の人々の文化や芸術をさらに知るためには、韓国語学習が大切だ。」（統合的）、「韓国語圏で作られたドラマが好きだ。」（目標言語圏の文化への関心）、「韓国語圏の人々についてもっと知りたい、韓国語圏に住んでいる人々が好きだ、韓国語圏の人々と知り合いになりたい。」（目標言語社会への態度）の平均値から、初級韓国語学習者は、韓国文化や韓国人に対して肯定的で関心があることがわかった。また、「韓国語圏へ旅行するのが好きだ。」（目標言語社会への態度）、「海外旅行をしたいので、韓国語の勉強は大切である、韓国語ができれば海外旅行が楽しめるので韓国語の勉強をする。」（目標言語圏への旅行志向）、の結果から、韓国旅行への関心が高いことがわかった、さらに、「韓国語を勉強すれば良い仕事を得るために役立つと思うので韓国語の勉強は大切だ、韓国語ができれば国際的に働くことができるので、韓国語の勉強は大切だ。」（実利性）、といった項目の結果から、就職活動への関心が高いことがわかった。このことから、前期調査時にもっている韓国語を学習することによって叶えたいと考えている理想自己は、韓国文化に関心があり文化について詳しい自分、韓国人と親しくする自分、韓国旅行に行く自分、就職活動で成功する自分、であると思われる。

　次に、前後期比較の結果、「韓国語圏で作られたドラマが好きだ、韓国語圏の音楽が好きだ、韓国語の映画が好きだ、韓国語圏で作られたテレビ番組が好きだ。」（目標言語圏の文化への関心）の平均値から、前期調査時に比べ、後期調査時の方が、韓国の音楽、ドラマ、テレビ番組、雑誌や本への関心が高くなったことが明らかにされた。このことから、後期調査時に「未来自己ガイドとしての理想自己」が、韓国ドラマに親しんでいる自分から、ドラマだけでなく幅広い韓国文化について詳しい自分、に変化したことがわかった。

　さらに、変化調査の結果から、前期調査で明らかになった、韓国語、韓国文化、韓国人に対する好意的な態度が、さらに好意的な方向に変化したこと

が明らかにされた。このことから、「未来自己ガイドとしての理想自己」が、韓国の音楽が好きな自分、韓国語圏の文化や芸術を知っている自分、異文化の価値観や習慣に関心がある自分、韓国人について知っている自分、韓国人と知り合いになる自分、韓国語を利用して就職活動に成功する自分、韓国旅行に行く自分、韓国語学習を続けている自分、といったポジティブな方向に変化したことがわかった。

　以上の結果から、韓国語学習者の「未来自己ガイドとしての理想自己」が、韓国文化や韓国人に関する項目と、就職活動に関するものであること、そして、それらが学習経験によって、ポジティブな方向に変化したことがわかった。

〈②未来自己ガイドとしての社会的にあるべき自己〉
　「未来自己ガイドとしての社会的にあるべき自己」とは、既に述べたように、外国語に特化した他者からの期待に応えようとする自己であると同時に、他者からの非難を避けるための自己イメージでもある。

　まず、前期調査の、「韓国語の授業で悪い成績を取りたくないので韓国語の勉強をしなければならない、韓国語の資格試験で低い点数を取ったり不合格になりたくないので勉強する必要がある。」(不利益回避性)の結果から、他者からの期待に応え、他者からの非難を避けるための自己イメージは、授業やテストで悪い成績をとらない自分や、資格試験で不合格にならない自分、であると考えられる。

　次に、前後期比較の結果では、韓国語の授業で悪い成績を取りたくないので韓国語を勉強しなければならない、という動機づけが、前期調査時に比べ、後期調査時の方が弱くなっていた。このことから、「未来自己ガイドとしての社会的にあるべき自己」としての、授業で悪い成績をとらない自分、が弱くなったことがわかった。

　なお、変化調査で明らかになった変化には、「未来自己ガイドとしての社会的にあるべき自己」にあてはまる項目がなかったことから、この自己における変化について学習者は認知していないことがわかった。

　以上の結果から、「未来自己ガイドとしての社会的にあるべき自己」は、

韓国語の授業のテストや成績、資格試験で不合格にならないといった身近な試験の成績や合否に関するものであったが、それらは学習経験によって弱まることがわかった。また、「外国語における社会的にあるべき自己」領域や「親の激励や家族の影響」領域の項目に含まれる、親や友人といった身近な人からの評価は韓国語学習者の「未来自己ガイドとしての社会的にあるべき自己」に影響を与えていないことも明らかになった。

〈③外国語学習経験〉
　「外国語学習経験」とは、既に述べたように、過去に直接経験した、教師の影響、カリキュラム、勉強仲間、成功体験などの学習環境や学習体験による動機づけである。
　まず、前期調査の、「韓国語でネイティブスピーカーと話をする場合、不安を感じる、外国人に韓国語で道を聞かれると緊張する、韓国語の授業で韓国語で発言をする時、不安になったり戸惑ったりする、韓国語のネイティブスピーカーと会うと不安になる。」(外国語使用時の不安)の結果、韓国語会話について不安を感じていることがわかった。しかし、「韓国語の授業の雰囲気が好きだ、韓国語を勉強するのはとても面白い、韓国語を学ぶのは本当に楽しい、韓国語の授業をいつも楽しみにしている。」(外国語学習への態度)、や「もっと努力すれば、韓国語を確実に身につけられると思う、このまま勉強を続ければたいていの韓国語の文章を読め、理解できるようになると思う、このまま勉強を続けたら、将来楽に韓国語を書けると思う。」(語学学習への自信)、さらに、「韓国語が好きだ。」(統合的)の結果から、韓国語会話に関しては不安を感じているが、韓国語学習に対して、一生懸命取り組み、関心や自信もあり、学習環境や経験に関して好意的に思っており、学習経験については概ね肯定的にとらえていることがわかった。
　次に、前後期比較の結果から、後期調査時の方が、会話の習得について自信をもつようになったこと、授業内での会話や、韓国語のネイティブスピーカーと会うことへの不安が若干解消されていることが明らかになった。このことから、「外国語学習経験」では、自信向上や不安解消といったポジティブな方向への動機づけとなる変化がみられた。その一方で、「韓国語を一生

懸命勉強している。」(努力基準)の結果から、前期に比べ後期の方が韓国語学習をがんばっているとは思わなくなったことが明らかになった。このことから、一部の「外国語学習経験」は動機づけを弱くしている側面もあることがわかった。

　さらに、変化調査の結果から、後期調査時の方が、今後さらに大学やその他の所で韓国語の授業があれば、受講したい(努力基準)と思うようになったこと、韓国語の読み書きや韓国語自体の習得について自信をもつようになったこと(語学学習への自信)、韓国語の授業の雰囲気が好きだ(外国語学習への態度)、韓国語学習は面白い、韓国語を学ぶことは本当に楽しい、韓国語を聞くとわくわくする、韓国語会話に興味がある、日本語と韓国語の違いが面白い(外国語への関心)と思うようになったことがわかった。

　以上の結果から、初級韓国語学習者の「外国語学習経験」の大半が肯定的であることがわかった。その上、前後期比較や変化調査の結果から、学習を重ねることによって、学習をより一層好意的にとらえるようになったり、学習継続意欲が増したり、学習に対して自信がついたり、不安が解消されたりしていることが明らかになった。このことから、「外国語学習経験」が韓国語学習の強い動機づけになることがわかった。

　以上の The L2 Motivational Self System 理論を構成する 3 つの要素の側面からの分析の結果、韓国語学習者の韓国語学習における「未来自己ガイドとしての理想自己」は、その大半が韓国文化や韓国人に関するものであり、それらは学習経験によって、一層ポジティブな方向に変化すること、「未来自己ガイドとしての社会的にあるべき自己」は、韓国語の授業のテストや成績、資格試験で不合格にならないといった身近な試験の成績や合否に関するものであり、それらは学習経験によって緩和されること、「外国語学習経験」の大半が肯定的であり、学習を重ねることによって一層肯定的になることが明らかになった。

2.3　まとめ

　本章では The L2 Motivational Self System 理論における「可能自己」の概

念を用いて、初級韓国語学習者の学習動機の特徴と、学習経験による学習動機の変化について明らかにすることを目的とし、調査研究を行った。ここでは、前期調査結果、前後期比較結果、変化調査結果、領域ごとの変化の傾向の順に分析結果を述べていく。なお、下記のカッコ内は領域名である。

　第一に、前期調査の結果から明らかになった初級韓国語学習者の学習動機、学習態度、韓国の社会や文化に対する態度の特徴を述べる。また、ここでは、前期調査と英語学習動機調査の比較結果についても述べていく。

〈学習動機〉
・韓国語学習は就職活動に役立つが、英語の方がより役立つと考えている（実利性）
・韓国語学習においても、英語学習においても、授業で悪い点をとりたくない、資格試験に不合格になりたくないと考えている（不利益回避性）
・韓国への旅行願望、旅先での韓国語の必要性が動機となっているが、英語の方がその動機づけは高い。しかし、韓国語・英語が出来れば海外旅行が楽しめる、という項目では差がみられない（目標言語圏への旅行志向）

〈学習態度〉
・英語よりも、韓国語を一生懸命勉強し、今後も続けたいと思っている（努力基準）
・英語よりも、将来韓国語を習得できるという自信がある（語学学習への自信）
・英語よりも、韓国語学習の環境や経験に関して好意的に思っている（外国語学習への態度）
・英語よりも、韓国語への関心が高い（外国語への関心）
・韓国語も英語も使用する際に不安を感じている（外国語使用時の不安）

〈韓国語圏と英語圏の社会や文化に対する態度〉
・韓国語、英語を使用した文化を知るためには韓国語、英語が必要である（統合性）

・英語よりも、韓国語の方が好きだ（統合性）
・韓国の音楽、映画、ドラマへの関心が高いが、英語圏の文化への関心の方がより高い（目標言語圏の文化への関心）
・英語圏の人々よりも、韓国語圏の人々についてもっと知りたい（目標言語社会への態度）
・韓国語圏、英語圏の人々と知り合いになりたい（目標言語社会への態度）

　これらの前期調査の結果を、The L2 Motivational Self System 理論の3つの要素の側面から分析した結果、以下のことが明らかになった。まず、「未来自己ガイドとしての理想自己」は、韓国文化が好きで関心をもつ自分、韓国人と親しくする自分、韓国旅行に行く自分、就職活動で成功する自分、であると思われる。次に、「未来自己ガイドとしての社会的にあるべき自己」は、テストで悪い成績をとらない自分や、資格試験で不合格にならない自分、であると考えられる。そして「外国語学習経験」では、韓国語会話に関しては不安を感じているが、韓国語学習に対して一生懸命取り組み、関心や自信もあり、学習環境や経験に関して好意的に思っていることがわかった。
　なお、前期調査の結果から、学習動機とならないものも明らかになった。具体的な項目は次のとおりである。

〈学習動機とならない項目〉
・外国語を使用する将来の理想の自己を想像する（外国語における理想自己）
・親や親しい友人から否定的な評価を得ないために韓国語学習を行う（外国語におけるあるべき自己）
・親や家族の影響（親の激励や家族の影響）
・韓国語や韓国文化によって、日本語、日本文化が侵略される恐怖（自国文化が侵害される恐怖）
・自己の文化に最大の価値をおき、どこよりも優れているという考え（自民族中心主義）

　第二に、前後期比較の結果から明らかにされた初級韓国語学習者の学習態

度の変化の特徴は以下のとおりである。なお、ここで明らかにされた変化
は、前期調査結果と後期調査結果の平均値の統計的有意差により明らかに
なった変化であるため、学習者自身が認知していない変化も含まれていると
いえる。

〈前期と比べ変化した学習動機〉
・後期の方が、韓国語の授業で悪い成績を取りたくないので韓国語を勉強し
　なければならないと思わなくなった(不利益回避性)

〈前期と比べ変化した学習態度〉
・後期の方が、会話の習得について自信をもつようになった(語学学習への
　自信)
・後期の方が、授業内での会話や、韓国語のネイティブスピーカーと会うこ
　とへの不安が若干解消された(外国語使用時の不安)
・後期の方が、がんばって韓国語を勉強しているという考えが弱くなった
　(努力基準)

〈前期と比べ変化した韓国の社会や文化に対する態度〉
・後期の方が、韓国の音楽、ドラマ、テレビ番組、雑誌や本への関心が高く
　なった(目標言語圏の文化への関心)

　これらの前後期比較の結果を、The L2 Motivational Self System 理論の3
つの要素の側面から分析した結果、以下のことが明らかになった。まず、「未
来自己ガイドとしての理想自己」が、韓国ドラマ以外の文化にも幅広く親し
んでいる自分に変化したことが明らかになった。次に、「未来自己ガイドと
しての社会的にあるべき自己」の、韓国語の試験に失敗しない自分、他者か
ら悪い評価を受けない自分、が前期調査時よりも弱くなったことがわかっ
た。そして「外国語学習経験」では、前期調査時の方が、がんばって韓国語
を勉強していたと考えていたことが明らかにされたが、後期調査時の方が、
韓国人と話したり、会ったりすることへの不安が解消されていることが示唆

された。

　なお、前後期比較から明らかになった変化には、前期調査と後期調査の両方で平均値が低かったり、「どちらともいえない」の範疇であったりして前期でも後期でも学習動機づけとはなっていないと思われるが、後期調査時の方がより一層動機づけとならなくなったことが明らかにされた項目も含まれていた。具体的には、将来したいことを叶えるため（外国語における理想自己）、卒業できない、将来の仕事における失敗等の不利益回避のため（不利益回避性）、韓国語ができる自分を親しい友人や親に見せるため（外国語における社会的にあるべき自己）、親が韓国語学習を特別に勧めてはいないという考え（親の激励や家族の影響）、である。

　第三に、変化調査から明らかになった変化の特徴は以下のとおりである。なお、ここで明らかにされた変化は、学習者自身が「変化した」と答えた調査の結果に基づいているため、学習者が認知している変化であるといえる。

〈学習者が認知している学習動機変化〉
・後期の方が、韓国語学習が就職活動に役立つと思うようになった（実利性）
・後期の方が、旅行をしたい、海外旅行を楽しみたいという理由から、韓国語学習が大切であると思うようになった（目標言語圏への旅行志向）

〈学習者が認知している学習態度変化〉
・後期の方が、韓国語が好きだと思うようになった（統合性）
・後期の方が、韓国語の読み書きや韓国語自体の習得について自信をもつようになった（語学学習への自信）
・後期の方が、韓国語を聞くとわくわくする、韓国語会話に興味がある、日本語と韓国語の違いは面白いと思うようになった（外国語への関心）
・後期の方が、韓国語の授業の雰囲気が好きだ、韓国語学習は面白い、韓国語を学ぶことは本当に楽しい、と思うようになった（外国語学習への態度）
・後期の方が、韓国語の学習を続けていきたいと考えるようになった（努力基準）

〈学習者が認知している韓国の社会や文化に対する態度変化〉

・後期の方が、韓国語圏の文化や芸術を知るためには韓国語学習が大切だと思うようになった（統合性）

・後期の方が、異文化の価値観や習慣に興味があり、韓国の音楽が好きになった（目標言語圏の文化への関心）

・後期の方が、韓国語圏の人々についてもっと知りたい、もっと知り合いになりたいと思うようになった（目標言語社会への態度）

　以上のように、変化調査で明らかになった変化は全てポジティブな方向への変化であった。このことから、韓国語学習者は韓国語学習経験によって、学習者自身の韓国語学習への取り組みや、韓国、韓国人に対する態度がポジティブな方向に変化していると認知していることがわかった。この結果は、韓国語の学習経験が動機づけをさらに強くすることを示唆していると考えられる。

　これらの変化調査の結果を、The L2 Motivational Self System 理論の3つの要素の側面から分析した結果、以下のことが明らかになった。まず、「未来自己ガイドとしての理想自己」では、後期の方が、韓国語が好きな自分、韓国の音楽が好きな自分、異文化の価値観や習慣に関心がある自分、韓国語圏の文化や芸術を知っている自分、韓国人について知っている自分、韓国人と知り合いになる自分、韓国語を利用して就職活動に成功する自分、韓国に旅行に行く自分、が前期に比べて一層強くなっていることがわかった。次に、「外国語学習経験」では、後期の方が、韓国語の読み書きや韓国語自体の習得への自信がついたり、韓国語の授業や学習を楽しみ、興味をもつようになったり、韓国語学習を続けたいという気持ちが強くなったりした、と感じていることがわかった。なお、変化調査で変化がみられた項目に「未来自己ガイドとしての社会的にあるべき自己」に関する項目がなく、この自己における変化について学習者は認知していないことがわかった。

　第四に、前後期比較と変化調査の結果から明らかになった変化を The L2 Motivational Self System 理論の16領域ごとにみた。その結果、前後期比較と変化調査の両方で変化がみられたのは、「努力基準」領域、「語学学習への

自信」領域、「目標言語圏の文化への関心」領域の3領域であり、前後期比較でのみ変化がみられたのは、「外国語における理想自己」領域、「外国語における社会的にあるべき自己」領域、「親の激励や家族の影響」領域、「不利益回避性」領域、「外国語使用時の不安」領域の5領域で、変化調査でのみ変化がみられたのは、「外国語学習への態度」領域、「自民族中心主義」領域、「外国語への関心」領域、「統合性」領域、「目標言語社会への態度」領域、「実利性」領域、「目標言語圏への旅行志向」領域の7領域であった。なお、前後期比較と変化調査の両方で変化がみられなかったのは「自国文化が侵害される恐怖」領域のみであった。このことから、変化の傾向は領域ごとに異なることが明らかにされた。また、前後期比較と変化調査の両方で変化がみられた3領域の変化を項目ごとにみると、前後期比較と変化調査の両方で変化がみられた項目は「54. 韓国語圏の音楽が好きだ。」のみであったことから、学習者が認知している変化と認知していない実際の変化は異なることがわかった。また、学習者が認知していない変化には、会話への自信向上や不安解消といった学習者がそれを認知することが学習動機づけになることが期待される肯定的な変化も含まれていた。

　本研究の結果から、初級韓国語学習者の動機づけや態度は、学習経験によって変化することが明らかになった。またその学習態度は、前期調査時点ですでに肯定的であり、これらが学習経験によってさらに肯定的に変化すること等が明らかになった。この学習者の変化の中には、学習者本人が改めて認知することによって学習がさらに動機づけられると考えられるものもあるが、韓国語教師がこの変化について知ることによって、学習者の変化に合わせて授業内容や教材を変えていくことが出来るため、韓国語教育にとって意義のあることであるといえる。そこで、どのように授業内容や教材を変えていくのかについての提言を、Dörnyei（2005）の The L2 Motivational Self System 理論における3つの可能自己の側面の変化過程のまとめと考察とともに述べる。

　まず、外国語に特化した理想的な自己であり、その構成要素は、統合的動機づけと内面化された道具的動機づけなどである「未来自己ガイドとしての理想自己」の変化過程は下記のとおりである。

〈前期の未来自己ガイドとしての理想自己（前期調査結果）〉

・韓国人と親しくする自分

・韓国旅行に行く自分

・就職活動で成功する自分

〈前期に比べ変化した未来自己ガイドとしての理想自己（前後期比較結果）〉

・後期になり、韓国文化に親しんでいる自分へと理想自己が変化した

〈学習者が認知している未来自己ガイドとしての理想自己の変化（変化調査結果）〉

・後期になり、韓国語が好きな自分、韓国の音楽が好きな自分、異文化の価値観や習慣に関心がある自分、韓国語圏の文化や芸術を知っている自分、韓国人について知っている自分、韓国人と知り合いになる自分、韓国語を利用して就職活動に成功する自分、韓国旅行に行く自分、という自己になりたいという理想自己へ変化した

　以上の変化過程から、韓国語学習者は、前期から後期にかけて韓国旅行や韓国文化、さらに、韓国人について詳しい自分になりたいという気持ちが強くなっていることが明らかになった。これは、「2.2.15 目標言語圏文化への関心」でも述べたように、近年の日本における韓国文化の一般化が急激に進んでいるという社会的背景や、「2.2.9 目標言語圏への旅行志向」で述べたように、大学で韓国語を学んでいる学習者にとって、韓国語を実際に使用する場面として、最も現実的なシチュエーションが韓国への旅行であるといったことが、このような理想自己を生み出しているのではないかと推測する。これらの研究結果から、韓国語を教える際、文化や旅行などに焦点をあてた教材を使用したり、また、就職活動でアピールできるような内容を取り入れ、学習者の理想自己を叶えるような授業構成をすることが有効であるという点が示唆された。

　次に、外国語に特化した他者からの期待に応えようとする自己であると同時に、他者からの非難を避けるための自己イメージでもある「未来自己ガイ

ドとしての社会的にあるべき自己」の変化過程は下記のとおりである。

〈前期の未来自己ガイドとしての社会的にあるべき自己（前期調査結果）〉
・テストで悪い成績をとらない自分
・資格試験で不合格にならない自分

〈前期に比べ変化した未来自己ガイドとしての社会的にあるべき自己（前後期比較結果）〉
・後期になり、韓国語の試験で失敗したくない、他者から悪い評価を受けたくないという自己が弱まった

　なお、変化調査結果から、学習者が認知している未来自己ガイドとしての社会的にあるべき自己の変化にあたる項目はみられなかった。
　以上の変化過程から、学習経験によって、韓国語学習に失敗することへの恐れから韓国語を学ぼうとする気持ちが弱くなったといえる。これは、「2.2.6 不利益回避性」でも述べたが、本調査参加者である大学生の学習者はテストや資格試験での失敗といった目前にある不利益を回避することに敏感であるが、後期になり、学習経験を重ねたことによって、韓国語の学習方法も身につけたために、不利益回避動機が弱まったのではないかと推測する。この研究結果から、韓国語を教える際、前期授業時にテストへの心構えや勉強方法などをあらかじめ教えることによって未来自己ガイドとしての社会的にあるべき自己を叶えることができるのではないか、という点が示唆された。
　そして、過去に直接経験した、教師の影響、カリキュラム、勉強仲間、成功体験などの学習環境や学習体験による動機づけである「外国語学習経験」の変化過程は下記のとおりである。

〈前期の外国語学習経験（前期調査結果）〉
・韓国語学習に対して、一生懸命取り組み、関心や自信もあり、学習環境や経験に関して好意的である

第2章　初級韓国語学習者の学習動機の特徴と学習経験による変化　111

・韓国語会話に不安を感じている

〈前期に比べ変化した外国語学習経験（前後期比較結果）〉
・後期になり、韓国人と話したり、会ったりすることへの不安が若干解消されたものの、韓国語の勉強をがんばっていると思う、という意識は弱くなった

〈学習者が認知している外国語学習経験の変化（変化調査結果）〉
・後期になり、韓国語の読み書きや韓国語自体の習得への自信がついたり、韓国語の授業や学習を楽しみ、興味をもつようになったり、韓国語学習への継続希望が強くなった

　この変化過程から、前期よりも後期の方が、自信をもつようになったり、不安が解消されたり、学習を楽しむようになったと認知していることがわかったが、前後期比較から、前期調査時の方ががんばって韓国語を勉強していたと考えていたことが明らかにされた。
　以上の初級韓国語学習者の学習動機と学習経験による変化に関する研究から、学習者の動機づけが学習経験によって変化することを明らかにした。しかし、既に述べたように、学習者が認知していない変化には、会話への自信向上や不安解消といったポジティブな変化と、学習意欲の減退のようなネガティブな変化が含まれていたが、なぜこれらの変化について学習者が認知していないのかについては明らかにすることができなかった。この点については今後研究を進めていきたいと思っている。

〈授業への提案〉
　ここでは、学習動機研究の結果から示唆された授業への提案のうち、ここまで述べられていない授業への提案について述べる。
　学習態度が好意的であることについての要因は「2.2.12 外国語への関心」でも述べたが、韓国語や韓国への好意や関心が学習開始動機となっている学習者が多いことが要因であると考えられる。また、自信については、「2.2.7

語学学習への自信」「2.2.12 外国語への関心」でも述べたが、学習経験を重ねることによって、日本語と韓国語の類似性に気がついたり、韓国のドラマの台詞や音楽の歌詞が少しでも聞き取れたという経験が自信に繋がっていることから、初級韓国語学習者は授業以外の時間に自信を高めるような経験をしていると思われる。さらに、韓国人と話したり会ったりすることに対する不安の軽減については「2.2.13 外国語使用時の不安」でも述べたが、調査を実施した調査実施大学の韓国語母語話者の影響が大きく、彼らの学習者に対する態度によって不安感が若干ではあるが解消されたのではないかと推測される。この研究結果から、前期よりも高まった学習への自信や不安解消をいかし、さらに実際には低下したやる気を高められるように、学習者が積極的に参加できるペアワークや、発表などの課題を与え、学習者の自信や学習意欲をさらに高め、韓国語学習がより一層促進される授業を行うことが有効ではないかと考える。

註

1　自己決定理論とは心理学の動機づけ研究において大きな影響を与えている動機づけ理論であり、動機づけを内発的動機づけと外発的動機づけに分類している。

2　Dörnyei and Ottó(1998)は、語学学習の動機づけが学習過程においてどのように変化しているのかを「L2 教室における学習動機づけのプロセス・モデル(Process Model of L2 Motivation)」によって説明している。この研究の詳細については第 1 章で詳しく触れたので、ここでは省略する。

3　本調査で用いる Dörnyei with Taguchi(2010)の質問紙の他にも、言語学習動機の質問紙として Gardner(1985)の Attitude Motivation Test Battery(AMTB)等がある。

4　「60. 韓国語圏で作られたドラマが好きだ。」以外にも、「30. 韓国語圏の国々の影響で、日本人のモラルが低下していると思う。」「38. 韓国語圏の人々についてもっと知りたい。」「54. 韓国語圏の音楽が好きだ。」「55. 韓国語圏へ旅行するのが好きだ。」「56. 韓国語圏の人々の文化や芸術をさらに知るためには、韓国語学習が大切だ。」「58. 韓国語圏に住んでいる人が好きだ。」「59. 韓国語圏の人々のようになりたい。」「61. 韓国語圏の人々と知り合いになりたい。」「63. 韓国語圏で作られたテレビ番組が好き

だ。」で「韓国語圏」という表現が用いられている。この「韓国語圏」という言葉は、一般的には韓国と朝鮮民主主義人民共和国（以下「北朝鮮」）を指していると考えられる。しかし、本調査参加者は、韓国の大衆文化や、韓国への旅行へは親しみがあるが、北朝鮮の大衆文化等に触れる機会はあまりないため、「韓国語圏」は韓国を指す言葉として理解していると考える。

5　「4. 今後さらに大学やその他の所で［韓国語・英語］の授業があれば、受講したい。」の英語学習の平均値は 3.31（$SD = 1.34$）で「どちらともいえない」の範疇であり、韓国語学習との間に統計的有意差がみられた（$t(58) = 3.29, p < .01$）。

　「14.［韓国語・英語］を一生懸命勉強している。」の英語学習の平均値は 3.31（$SD = 1.39$）で「どちらともいえない」の範疇であり、韓国語学習との間に統計的有意差がみられた（$t(58) = 3.69, p < .001$）。

　「25.［韓国語・英語］の勉強に努力を惜しまない。」の英語学習の平均値は 2.98（$SD = 1.17$）で「どちらともいえない」の範疇であり、韓国語学習との間に統計的有意差がみられた（$t(58) = 2.69, p < .01$）。

　「37. 自分は［韓国語・英語］の勉強をがんばっていると思う。」の英語学習の平均値は 2.92（$SD = 1.24$）で「どちらともいえない」の範疇であり、韓国語学習との間に統計的有意差がみられた（$t(58) = 4.62, p < .001$）。

6　「46. 親は［韓国語・英語］の勉強をして教養のある人間にならなければいけないと強く思っている。」の英語学習の平均値は 2.66（$SD = 1.48$）で「どちらともいえない」の範疇であり、韓国語学習との間に統計的有意差がみられた（$t(58) = 3.33, p < .01$）。

7　「51.［韓国語・英語］の先生の影響で［韓国語・英語］の勉強を頑張っている。」の英語学習の平均値は 2.61（$SD = 1.07$）で「どちらともいえない」の範疇であり、韓国語学習との間に統計的有意差がみられた（$t(58) = 3.62, p < .01$）。

8　実際の記述としては、「お母さんたちとよく韓国ドラマを見ていたので。」「両親が韓流ドラマにはまっていて、何かわからないことがあれば、教えてあげようと思ったから。」「母が韓国ドラマをよく見ていたから。」等があった。

9　「2. 親が［韓国語・英語］の勉強をすすめている。」の英語学習の平均値は 3.66（$SD = 1.46$）で「やや高い」の範疇であり、韓国語学習との間に統計的有意差がみられた（$t(58) = 5.32, p < .001$）。

10　「5. 韓国語を勉強すれば良い仕事を得るために役立つと思うので韓国語の勉強は大切だ。」に似た項目としてビリーフの質問項目「23. 韓国語を学習したら、良い仕事のチャンスがあるだろう。」があるが、双方の Pearson の相関係数を算出したところ、前期、後期ともに有意なやや強い正の相関がみられた。前期調査：$r = .52$（$p < .001$）後期調査：$r = .45$（$p < .001$）

11 「5.［韓国語・英語］を勉強すれば良い仕事を得るために役立つと思うので［韓国語・英語］の勉強は大切だ。」の英語学習の平均値は4.61($SD = 0.56$)で「高い」の範疇であり、韓国語学習との間に統計的有意差がみられた($t(58) = 7.24, p < .001$)。

「15. 将来、就職や昇進のために［韓国語・英語］の実力が必要となるので［韓国語・英語］の勉強は大切だ。」の英語学習の平均値は4.29($SD = 0.95$)で「高い」の範疇であり、韓国語学習との間に統計的有意差がみられた($t(58) = 7.07, p < .001$)。

「47.［韓国語・英語］ができれば国際的に働くことが出来るので、［韓国語・英語］の勉強は大切だ。」の英語学習の平均値は4.17($SD = 1.00$)で「高い」の範疇であり、韓国語学習との間に統計的有意差がみられた($t(58) = 4.12, p < .001$)。

12 「41. 自分には韓国語学習の才能があると思う。」に似た項目としてビリーフ調査項目の「4. 私は韓国語を学習する特別な能力を持っている。」があるが、Pearson の相関係数を算出したところ前期、後期ともに有意やや強い相関がみられた。前期調査：$r = .55(p < .001)$後期調査：$r = .57(p < .001)$

13 「52. このまま勉強を続けたら、将来楽に韓国語で会話ができるようになると思う。」に似た項目として、ビリーフの質問項目「7. 私は韓国語を今以上に、上手に話せるようになると思う。」があるが、双方の Pearson の相関係数を算出したところ、前期調査では有意やや強い相関が、後期調査では有意やや弱い相関がみられた。前期調査：$r = .44(p < .01)$後期調査：$r = .34(p < .01)$

14 「6. もっと努力すれば、［韓国語・英語］を確実に身につけられると思う。」の英語学習の平均値は3.66($SD = 1.28$)で「やや高い」の範疇であり、韓国語学習との間に統計的有意差がみられた($t(58) = 4.33, p < .001$)。

「16. このまま勉強を続ければたいていの［韓国語・英語］の文章を読め、理解できるようになると思う。」の英語学習の平均値は3.24($SD = 1.21$)で「どちらともいえない」の範疇であり、韓国語学習との間に統計的有意差がみられた($t(58) = 4.28, p < .001$)。

「28. このまま勉強を続けたら、将来楽に［韓国語・英語］を書けると思う。」の英語学習の平均値は3.03($SD = 1.22$)で「どちらともいえない」の範疇であり、韓国語学習との間に統計的有意差がみられた($t(58) = 3.09, p < .01$)。

「41. 自分には［韓国語・英語］学習の才能があると思う。」の英語学習の平均値は2.00($SD = 1.00$)で「低い」の範疇であり、韓国語学習との間に統計的有意差がみられた($t(58) = 3.02, p < .01$)。

「52. このまま勉強を続けたら、将来楽に［韓国語・英語］で会話ができるようになると思う。」の英語学習の平均値は2.86($SD = 1.14$)で「どちらともいえない」の範疇であり、韓国語学習との間に統計的有意差がみられた($t(58) = 2.30, p < .05$)。

15 実際の記述には「韓国語が読めるようになりたい。」「韓国旅行に行って看板とか読め

るようになる！」等があった。

16　実際の記述には、「韓国語は、記号みたいで難しくてややこしいイメージがあったけど、組み合わせて字を作るという、意外に単純だったので勉強しやすいと思った。」「英語などとは違う独特の幾何学模様みたいな感じが良いです。」「勉強するまで暗号にしか見えなかったハングルが今なら文字に見えるようになった。」「読み方を知ったことで、全くわけのわからない文字が少し身近に感じられるようになった。また、ちゃんとした法則によってハングルが作られていることにも面白みを感じました。」「一生読めなさそう、わからなそうなイメージから勉強することで楽しいイメージになった。」等があった。

17　実際の記述には、「韓国ドラマを観て何を言っているのかだいたいはわかるようになりたい。」「韓国ドラマを吹き替えではなく、字幕で見たい（聞きとりたい）。」「韓国語の歌を翻訳をみないで、聴き取れるようになりたい」「音楽を聴いて大体の意味がわかるようになりたい。」等があった。

18　実際の記述には、「単語が分かった時や、意味は分からなくても、聴き取れるようになった。」「韓国ドラマを見ていて、まだまだわからない台詞が出てきたりするが、たまに知っている単語が出てきたりするから。」「曲を聞いていて、単語がわかるようになったのは少し達成したと感じています。」等があった。

19　実際の記述には、「ドラマを見ていて、少しだが意味が分かる単語がでてきた。」「ドラマを見ていて単語でわかる時がある。」「以前よりも歌とかセリフを聞きとれるようになった。」「ドラマやバラエティ、歌を聞いていると最近何の単語でどんな意味かわかるようになった。」等があった。

20　実際の記述には、「難しいと思っていたが、文の並び方とかが日本語ににているので意外と簡単でおもしろかった。」「主に英語を学習してきたが、英語とちがい、音や文法に親近感が沸いた。」「日本語と文法が近い事を知って楽しんで学べて良かった。」等があった。

21　実際の記述には、「前期は学ぶのが楽しかったが、今はついていけていなかった。」「より難しくなって大変だった。」「ちょっとむずかしくなり、ついていくのにいっぱいいっぱいだった。」等があった。

22　「10.［韓国語・英語］の授業の雰囲気が好きだ。」の英語学習の平均値は3.17（$SD=$1.28）で「どちらともいえない」の範疇であり、韓国語学習との間に統計的有意差がみられた（$t(58)=5.02, p<.001$）。

　　「21.［韓国語・英語］を勉強するのはとても面白い。」の英語学習の平均値は3.24（$SD=1.39$）で「どちらともいえない」の範疇であり、韓国語学習との間に統計的有意差がみられた（$t(58)=5.86, p<.001$）。

「33.［韓国語・英語］の授業をいつも楽しみにしている。」の英語学習の平均値は2.76（$SD = 1.24$）で「どちらともいえない」の範疇であり、韓国語学習との間に統計的有意差がみられた（$t(58) = 4.88, p < .001$）。

「45.［韓国語・英語］を学ぶのは本当に楽しい。」の英語学習の平均値は3.20（$SD = 1.35$）で「どちらともいえない」の範疇であり、韓国語学習との間に統計的有意差がみられた（$t(58) = 4.88, p < .001$）。

23　実際の記述には「旅行に行ってみたいから。」等があった。

24　実際の記述には「初めて行った海外旅行が、韓国で、韓国が好きになった。」「旅行してみてもっと話せたらと思ったから。」等があった。

25　「1. 海外旅行をしたいので、［韓国語・英語］の勉強は大切である。」の英語学習の平均値は4.41（$SD = 0.95$）で「高い」の範疇であり、韓国語学習との間に統計的有意差がみられた（$t(58) = 4.11, p < .001$）。

「23.［韓国語・英語］ができなければ、海外旅行をするのに不便なので、［韓国語・英語］の勉強は大切だ。」の英語学習の平均値は4.05（$SD = 1.15$）で「高い」の範疇であり、韓国語学習との間に統計的有意差がみられた（$t(58) = 5.43, p < .001$）。

26　「3.［韓国語・英語］が話されているのを聞くとわくわくする。」の英語学習の平均値は3.31（$SD = 1.29$）で「どちらともいえない」の範疇であり、韓国語学習との間に統計的有意差がみられた（$t(58) = 2.69, p < .01$）。

「13.［韓国語・英語］の会話に興味がある。」の英語学習の平均値は3.66（$SD = 1.31$）で「やや高い」の範疇であり、韓国語学習との間に統計的有意差がみられた（$t(58) = 3.69, p < .001$）。

「24. 日本語と［韓国語・英語］における言葉の使い方の違いは面白いと思う。」の英語学習の平均値は3.59（$SD = 1.21$）で「やや高い」の範疇であり、韓国語学習との間に統計的有意差がみられた（$t(58) = 2.35, p < .05$）。

27　実際の記述には「聴き取れるよう意識するようになった。」「韓国のTVなどを見るとき、分かる単語や文法を探すようになったし、気付く回数も増えた。」等があった。

28　「9. 韓国語でネイティブスピーカーと話をする場合、不安を感じる。」に似た項目としてビリーフの質問項目「20. 私は、他の人と韓国語を話す事に不安を感じて臆病になる。」があるが、双方のPearsonの相関係数を算出したところ、前期では有意なやや弱い正の相関がみられ、後期には有意なやや強い正の相関がみられた。前期調査：$r = .32$（$p < .05$）後期調査：$r = .57$（$p < .001$）

29　実際の記述には「もっときついイメージがあったが、ネイティブの先生と関わったりして、とても優しくて楽しかった。」「○○先生（会話の授業を担当している韓国人教師）は良い人でした!!」等があった。

30 「56.［韓国語・英語］圏の人々の文化や芸術をさらに知るためには、［韓国語・英語］学習が大切だ。」の英語学習の平均値は 3.80（$SD = 1.20$）で「やや高い」の範疇であり、韓国語学習との間に統計的有意差はみられなかった（$t(58) = 1.14$, n.s.）。

31 「62.［韓国語・英語］が好きだ。」の英語学習の平均値は 3.39（$SD = 1.20$）で「どちらともいえない」の範疇であり、韓国語学習との間に統計的有意差がみられた（$t(58) = 3.71$, $p < .001$）。

32 「59.［韓国語・英語］圏の人々のようになりたい。」の英語学習の平均値は 3.22（$SD = 1.81$）で「どちらともいえない」の範疇であり、韓国語学習との間に統計的有意差はみられなかった（$t(58) = 3.69$, n.s.）。

33 「54.［韓国語・英語］圏の音楽が好きだ。」の英語学習の平均値は 3.78（$SD = 1.31$）で「やや高い」の範疇であり、韓国語学習との間に統計的有意差がみられた（$t(58) = 2.51$, $p < .05$）。

「57.［韓国語・英語］の映画が好きだ。」の英語学習の平均値は 4.27（$SD = 1.16$）で「高い」の範疇であり、韓国語学習との間に統計的有意差がみられた（$t(58) = 4.30$, $p < .001$）。

「60.［韓国語・英語］圏で作られたドラマが好きだ。」の英語学習の平均値は 3.98（$SD = 1.11$）で「やや高い」の範疇であり、韓国語学習との間に統計的有意差がみられた（$t(58) = 3.11$, $p < .01$）。

34 「38. 韓国語圏の人々についてもっと知りたい。」に似た項目としてビリーフの質問項目「22. 私が韓国語を学習するのは、韓国語圏の人をもっと理解したいからだ。」があるが、双方の Pearson の相関係数を算出したところ、前期調査と後期調査の間に有意なやや強い正の相関がみられた。前期調査：$r = .65$（$p < .001$）後期調査：$r = .60$（$p < .001$）

35 「61. 韓国語圏の人々と知り合いになりたい。」に似た項目としてビリーフの質問項目「25. 私は韓国語圏出身の友達が欲しい。」があるが、双方の Pearson の相関係数を算出したところ、前期、後期ともに有意な強い正の相関がみられた。前期調査：$r = .72$（$p < .001$）後期調査：$r = .71$（$p < .001$）

36 「38.［韓国語・英語］圏の人々についてもっと知りたい。」の英語学習の平均値は 3.49（$SD = 1.34$）で「やや高い」の範疇であり、韓国語学習との間に統計的有意差がみられた（$t(58) = 2.07$, $p < .05$）。

37 「61.［韓国語・英語］圏の人々と知り合いになりたい。」の英語学習の平均値は 3.81（$SD = 1.15$）で「やや高い」の範疇であり、韓国語学習との間に統計的有意差がみられなかった（$t(58) = .42$, n.s.）。

第3章
初級韓国語学習者の学習ビリーフの特徴と
学習経験による変化

3.1 序

3.1.1 はじめに

　韓国語学習者の学習ビリーフおよび学習意識に関する研究には、林・姜（2007）、齊藤良子（2008a, 2009）、梁（2010）がある。これらの学習ビリーフ研究によって、韓国語学習者が韓国語学習はやさしいと思っていることが明らかにされた。ただし、これらの研究のうち、林・姜（2007）と梁（2010）は、初級韓国語学習者を対象としているが、ビリーフを網羅的に研究しているものではなく、学習動機や学習態度の調査の一部としてビリーフが調査されているため、質問項目が限定的で、初級韓国語学習者のビリーフの全体像がみえづらいという問題点がある。齊藤良子（2008a, 2009）では、調査対象者が中級韓国語学習者であるため、初級韓国語学習者の特徴は明らかにされていない。

　また、学習ビリーフに関する調査には、研究者がそれぞれの研究目的に沿って独自に作成した質問紙が用いられることが多いが、本研究では、Horwitz（1987, 2008）の開発した外国語学習ビリーフ質問紙である Beliefs About Language Learning Inventory （BALLI）を基とした質問紙を用いた。BALLI は、外国語学習者のビリーフを網羅的に調査する質問紙であり、目標言語や学習歴の長短にかかわらず、多くの外国語学習者を対象として使用され、様々な背景をもった外国語学習者の特徴を明らかにしてきている（E. Horwitz, 1987; Keith, 1993; 齊藤, 2008a, 2009）[1]。そのため、BALLI は本研

究で明らかにしようとする、初級韓国語学習者のもつ学習ビリーフの特徴と
学習経験によるその変化を客観的にとらえ、さらに、他の研究結果と比較し
ながら韓国語学習者の特徴をより明確にするといった分析に最も適した質問
紙であると考えた。この韓国語学習に関するビリーフ調査の結果の特徴をよ
り明確にするために、英語学習の学習ビリーフと比較し、両言語の学習ビ
リーフがどのように異なるのかも明らかにしていく。

　本章では、3.1.2 で先行研究について、3.2 で調査と分析の方法について、
3.3 で学習ビリーフ調査の結果と考察について述べ、3.4 で本章のまとめに
ついて述べる。

3.1.2　先行研究

　ここでは、BALLI について、BALLI を用いた先行研究、韓国語学習のビ
リーフ研究の先行研究について言及し、さらに先行研究の問題点についても
述べる。

3.1.2.1　BALLI について

　BALLI は、Horwitz(1987, 2008)が、学生の外国語学習に関する意見を調
べるために開発した評定尺度を用いた質問紙である。この質問紙は 25 項
目、5 領域で構成されている。5 領域は、それぞれ「言語学習の適性」「言
語学習の難易度」「言語学習の性質」「コミュニケーション・ストラテジー」
「言語学習の動機」である。「言語学習の適性」は、学習者自身の年齢や性別、
生まれもった外国語学習に関する才能についての考え方を調査する領域であ
る。「言語学習の難易度」は、言語学習の難易度についての意識と、学習者
自身への期待度を調査する領域である。「言語学習の性質」は、目標言語の
学習にどのような学習態度で臨んでいるのかを調査する領域である。「コ
ミュニケーション・ストラテジー」は、具体的な目標言語の学習方法と授業
中に自発的に行われるコミュニケーションの練習について調査する領域であ
る。「言語学習の動機」は、学習者の言語学習に対する動機について調査す
る領域である。

3.1.2.2　BALLI を用いた先行研究

　BALLI を用いた研究の中でも特に本研究と関連があるものに、BALLI を開発した Horwitz(1987, 2008)、日本人学習者を対象とした研究に、英語学習者を調査対象者とした Keith(1993)、中級韓国語学習者を対象とした齊藤良子(2008a, 2009)がある。

　Horwitz(1987)は、自身が開発した BALLI を実際に使用し、テキサス大学でドイツ語、フランス語、スペイン語を学ぶ 141 名の学習者のビリーフを調査した。その結果、3 つの言語グループのパターンを分析し、グループ間に差異はみられないことを明らかにした。

　Horwitz(2008)は、語学教師が知っているべき語学教育の知識として、四技能の教え方に関する知識や授業計画の立て方など、教室で実際に使える知識を具体的に記している。さらに、語学教師志望者自身がどのような語学学習ビリーフをもち、どのようなビリーフを学生に望んでいるのかを自覚するための課題として BALLI を掲載している。

　学習経験の長さによるビリーフの違いについては、英語学習者を対象とした Keith(1993)がある。Keith(1993)は、東北学院大学の英文科の学生と東北大学で必修の英語の授業を受講している学生、計 175 名を対象とし BALLIに独自の質問項目を加えた質問紙を用い、英語学習者のビリーフを調査した。東北学院大学と東北大学の結果の比較に加え、両大学の結果を大学 1 〜 2 年生のグループと 3 〜 4 年生のグループで比較し、学年ごとの英語学習に対するビリーフの違いを明らかにした。その結果、1 〜 2 年生のグループの方が 3 〜 4 年生のグループよりも学習者自身の英語学習に対する能力について楽観的にとらえていること、3 〜 4 年生のグループの方が単語や文法の学習が大切だと思っていること、また、3 〜 4 年生のグループの方が英会話練習に対し不安を感じている等の違いを明らかにした。この研究の調査対象者は英語学習者であるが、本研究同様、学習歴による違いを明らかにしているため、本研究で明らかにしようとしている韓国語学習ビリーフの学習経験による変化と比較することによって、本研究の結果が韓国語学習の特徴なのか、他の外国語学習にもみられる特徴なのかを明らかにすることができると考える。

　韓国語学習については既に述べたとおり、齊藤良子(2008a, 2009)があ

る。齊藤良子（2008a）は、BALLIを用い、中級韓国語学習者を対象に、韓国語と英語、両言語の学習に対するビリーフを調査、比較し、韓国語学習者のビリーフの特徴を明らかにした。その結果、韓国語学習と英語学習ともに、ネイティブ・スピーカーと学習するのは楽しいと感じていることや、具体的な学習方法に関するビリーフには共通した傾向がみられたが、難易度においては、韓国語は簡単だが、英語は難しいと考えていることが明らかにされた。また、動機については、日本人は韓国語を話すことは大切ではないと考えているが、英語は大切な言葉であると考えていること等を明らかにした。

　齊藤良子（2009）は、韓国語学習者を対象にBALLIを用い、韓国語学習に対する好意度が高い学習者と低い学習者の学習ビリーフを比較した。その結果、好意度が高い学習者は韓国文化や韓国人に対する関心が高く、韓国語学習に関する具体的な目標があり、学習や上達方法について考えていることがわかった。その一方で、好意度が低い学習者は韓国語を話すことに不安を感じていることが明らかにされた。この調査から、好意度が高い学習者は低い学習者に比べ、学習に対し、より積極的、肯定的、楽観的であることがわかった。

　以上の齊藤良子（2008a, 2009）と、本研究で扱う初級韓国語学習者の学習ビリーフの特徴を比較することによって、初級韓国語学習者の特徴をより明らかにできると考える。

3.1.2.3　韓国語の学習ビリーフに関する先行研究

　BALLI以外の質問紙を用い、日本人韓国語学習者のビリーフを調査、研究した先行研究として、既に述べたとおり、林・姜（2007）、梁（2010）等がある。

　林・姜（2007）は、2005年12月に広島修道大学で韓国語を受講している学生340名を対象に、韓国語学習者の学習意識に関するアンケート調査を実施した。学習体験に対する感想では、韓国語は「思ったとおり難しい」「思ったより難しい」と35.1％が答えたのに対し、「思ったとおりやさしい」「思ったよりやさしい」と答えた学生は43.7％であったことから、学習者は韓国語はやさしいと考えていることがわかった。また、学習時の難点として

は、「発音」が 50.9% と最も高く、続いて、「単語暗記」31.4%、「聞き取り」15.1%、「書き取り」12.1% の順であった。その一方で、「文法」は 5.3% と低く、学習の難点とは思っていないことが明らかにされた。この研究により、初級韓国語学習者の学習難易度や学習の難点についての学習ビリーフが明らかにされたが、この研究は学習者のもつ韓国語や韓国のイメージ、学習動機などの限られた学習ビリーフに関する調査研究であるため、学習ビリーフの一部しか明らかにされていないといえる。そのため、さらに網羅的な調査研究により初級韓国語学習者の学習ビリーフを明らかにする必要があると考える。

梁(2010)は、2010 年 7 月に、N 大学と J 大学の 2 つの大学で韓国語を履修している学習者 114 名(学習歴は 1 ～ 3 ヶ月未満 32 名、3 ～ 6 ヶ月未満 39 名、6 ヶ月～ 1 年未満 6 名、1 ～ 2 年未満 37 名)を対象として、韓国語学習者の意識および認識に関するアンケート調査を実施した。この調査で、韓国語学習経験に対する感想を尋ねたところ、J 大学では「思った通り難しい」14%、「思ったより難しい」73% と全体的に難しいと感じており、また N 大学でも「思った通り難しい」10%、「思ったより難しい」53% と全体的に難しいと感じていることがわかった。また、韓国語学習の難しい点については、「発音変化」「発音」「聞き取り」の順であった。その一方で、文法を難しい点として挙げる学習者は少なかったことが明らかにされた。この研究によって、韓国語学習者の学習難易度や学習の難点について明らかにされたが、調査対象者の学習歴が統一されていないため、学習段階による学習ビリーフの特徴は明らかにされていない。

3.2 方法

3.2.1 質問紙

本研究で用いたビリーフ調査質問紙および、ビリーフ変化調査質問紙は、Horwitz(1987)が開発したビリーフ質問紙の BALLI をベースとして齊藤良子(2008a)が独自に作成した質問紙を基にし、さらに、韓国語学習へのビリーフ、およびビリーフの変化について尋ねるために項目数や言葉遣いを若

干変更したが、基本理念や質問意図は BALLI を踏襲している。すでに述べたとおり、本質問紙は 25 項目、5 領域で構成されている。

　前期調査質問紙は質問紙 3.1 に、後期調査質問紙、および変化調査質問紙は質問紙 3.2 に示した。また、各質問紙の詳細は各節で述べる。なお、調査方法、調査時期、調査対象者は「1.3 方法」に、評定尺度は「1.3.5 質問紙」に示した。

質問紙 3.1　ビリーフ前期調査

学習意識について
以下に、韓国語学習、英語学習についての考えが並んでいます。下記の基準に沿って、各項目についてどの程度、賛成か反対かを考え 1 〜 5 の数値で答えて下さい。各項目ごと、韓・英・韓・英の順で答え、それぞれの欄に空白をつくらないように答えて下さい。現在、英語を定期的に学習していない場合は、以前の経験を思い出して答えてください。

```
  1 ------------------ 2 ------------------ 3 ------------------ 4 ------------------ 5
反対する          やや反対する    どちらともいえない    やや賛成する      賛成する
```

			韓国語	英語
1	大人より子どもの方が［韓国語・英語］を学習するのはやさしい。	1		
2	［韓国語・英語］を学習する特別な能力を持っている人がいる。	2		
3	日本人は［韓国語・英語］の学習が得意だ。	3		
4	私は［韓国語・英語］を学習する特別な能力を持っている。	4		
5	だれでも［韓国語・英語］が話せるようになる。	5		
6	［韓国語・英語］は、簡単なことばだ。	6		
7	私は［韓国語・英語］を今以上に、上手に話せるようになると思う。	7		
8	［韓国語・英語］を話すことは、聞くことよりやさしい。	8		
9	［韓国語・英語］は、話したり聞いたりするより、読んだり書いたりする方がやさしい。	9		
10	［韓国語・英語］は、難しい言語だ。	10		
11	［韓国語・英語］学習で大切なのは、単語の学習だ。	11		
12	［韓国語・英語］学習で大切なのは、文法の学習だ。	12		

第3章　初級韓国語学習者の学習ビリーフの特徴と学習経験による変化　125

		1 ·········· 2 ·········· 3 ·········· 4 ·········· 5 反対する　　　やや反対する　　どちらともいえない　　やや賛成する　　　賛成する		韓国語	英語
13		［韓国語・英語］学習で大切なのは、日本語からの翻訳の方法を学ぶ事だ。	13		
14		［韓国語・英語］は［英語圏・韓国語圏］で学習するのが良い方法である。	14		
15		［韓国語・英語］を話すためには、その国の［韓国語・英語］の文化について知る必要がある。	15		
16		［韓国語・英語］圏のネイティブ・スピーカーとその言葉を学習をするのは楽しい。	16		
17		［韓国語・英語］でわからない言葉があったら、自分で意味を推測してもいい。	17		
18		［韓国語・英語］を繰り返し練習することは重要だ。	18		
19		CD等オーディオ機器を使い、［韓国語・英語］を練習することは大切だ。	19		
20		私は、他の人と［韓国語・英語］を話す事に不安を感じて臆病になる。	20		
21		日本人は、［韓国語・英語］を話すことは重要だと思っている。	21		
22		私が［韓国語・英語］を学習するのは、［韓国語・英語］圏の人をもっと理解したいからだ。	22		
23		［韓国語・英語］を学習したら、良い仕事のチャンスがあるだろう。	23		
24		私は［韓国語・英語］が上手に話せるようになりたい。	24		
25		私は［韓国語・英語］圏出身の友達が欲しい。	25		

質問紙 3.2　ビリーフ後期調査およびビリーフ変化調査質問紙

学習意識について

下記に、韓国語学習についての考えが並んでいます。各項目について現在どのように思っているのかを、〈「現在」についての基準〉に沿って、「現在」の解答欄に 1 ～ 5 の数値で答えて下さい。また、「前期と比べて」の解答欄には、前期と比較して、どのように変化したかを考え、下記の〈「前期と比較」についての基準〉に沿って 1 ～ 5 の数値で答えて下さい。

〈「現在」についての基準〉

1	2	3	4	5
反対する	やや反対する	どちらともいえない	やや賛成する	賛成する

〈「前期と比較」についての基準〉

1	2	3	4	5
反対するようになった	やや反対するようになった	変わらない	やや賛成するようになった	賛成するようになった

			現在	前期と比べて
1	大人より子どもの方が韓国語を学習するのはやさしい。	1		
2	韓国語を学習する特別な能力を持っている人がいる。	2		
3	日本人は韓国語の学習が得意だ。	3		
4	私は韓国語を学習する特別な能力を持っている。	4		
5	だれでも韓国語が話せるようになる。	5		
6	韓国語は、簡単なことばだ。	6		
7	私は韓国語を今以上に、上手に話せるようになると思う。	7		
8	韓国語を話すことは、聞くことよりやさしい。	8		
9	韓国語は、話したり聞いたりするより、読んだり書いたりする方がやさしい。	9		
10	韓国語は、難しい言語だ。	10		
11	韓国語学習で大切なのは、単語の学習だ。	11		
12	韓国語学習で大切なのは、文法の学習だ。	12		
13	韓国語学習で大切なのは、日本語からの翻訳の方法を学ぶ事だ。	13		
14	韓国語は韓国語圏で学習するのが良い方法である。	14		
15	韓国語を話すためには、その国の韓国語の文化について知る必要がある。	15		

第3章　初級韓国語学習者の学習ビリーフの特徴と学習経験による変化　　127

〈「現在」についての基準〉

1 ········· 2 ········· 3 ········· 4 ········· 5
反対する　　　　やや反対する　　どちらともいえない　　やや賛成する　　賛成する

〈「前期と比較」についての基準〉

1 ········· 2 ········· 3 ········· 4 ········· 5
反対するようになった　やや反対するようになった　変わらない　やや賛成するようになった　賛成するようになった

			現在	前期と比べて
16	韓国語圏のネイティブ・スピーカーとその言葉を学習をするのは楽しい。	16		
17	韓国語でわからない言葉があったら、自分で意味を推測してもいい。	17		
18	韓国語を繰り返し練習することは重要だ。	18		
19	CD 等オーディオ機器を使い、韓国語を練習することは大切だ。	19		
20	私は、他の人と韓国語を話す事に不安を感じて臆病になる。	20		
21	日本人は、韓国語を話すことは重要だと思っている。	21		
22	私が韓国語を学習するのは、韓国語圏の人をもっと理解したいからだ。	22		
23	韓国語を学習したら、良い仕事のチャンスがあるだろう。	23		
24	私は韓国語が上手に話せるようになりたい。	24		
25	私は韓国語圏出身の友達が欲しい。	25		

3.2.2　分析方法

　本研究では、Horwitz（1987）の提示した「言語学習の適性」「言語学習の難易度」「言語学習の性質」「コミュニケーション・ストラテジー」「言語学習の動機」の 5 領域に従い、分析していく。具体的な分析方法は「1.3.6 分析方法」に示した。

3.3　結果と考察

　ここでは、学習ビリーフの前期調査、後期調査、変化調査の結果を項目ごとに平均値と標準偏差を算出した。以下、その結果を BALLI の 5 領域に分

類し、分析を行っていく。各項目の平均値と標準偏差の結果を、前期調査と後期調査の結果は表 3.1 に、変化調査の結果は表 3.2 に示す。また、各領域の前期調査、後期調査、変化調査の平均値は各節で示すが、その際、前期調査と後期調査の平均値は「前期・後期ビリーフ調査」として、ひとつの図に示す。さらに、前期の韓国語学習ビリーフ調査と英語学習ビリーフ調査の比較の結果を表 3.3 に示す。この英語学習と韓国語学習の比較結果は、各領域の考察の中で特徴的な部分のみ言及していく。

表 3.1　初級韓国語学習者のビリーフ前期調査とビリーフ後期調査の結果の平均値（*M*）、標準偏差（*SD*）、*t* 値、有意差

項目	前期調査 (*n* = 59)		後期調査 (*n* = 59)		*t* 値
	M	(*SD*)	*M*	(*SD*)	
言語学習の適性					
1. 大人より子どもの方が韓国語を学習するのはやさしい。	3.81	(.84)	3.61	(1.03)	1.49
2. 韓国語を学習する特別な能力を持っている人がいる。	2.78	(1.08)	2.56	(1.12)	1.17
3. 日本人は韓国語の学習が得意だ。	3.53	(1.07)	3.59	(.97)	.50
4. 私は韓国語を学習する特別な能力を持っている。	1.92	(1.09)	2.05	(1.15)	.93
5. だれでも韓国語が話せるようになる。	3.95	(.92)	3.78	(.98)	1.24
言語学習の難易度					
6. 韓国語は、簡単なことばだ。	2.66	(1.31)	2.98	(1.03)	2.07 *
7. 私は韓国語を今以上に、上手に話せるようになると思う。	3.85	(1.00)	3.44	(1.13)	2.97 **
8. 韓国語を話すことは、聞くことよりやさしい。	3.07	(1.14)	3.39	(1.20)	2.21 *
9. 韓国語は、話したり聞いたりするより、読んだり書いたりする方がやさしい。	3.42	(1.13)	3.46	(1.13)	.18
10. 韓国語は、難しい言語だ。	3.46	(1.10)	3.08	(1.04)	2.97 **
言語学習の性質					
11. 韓国語学習で大切なのは、単語の学習だ。	4.08	(.92)	3.95	(.97)	1.16
12. 韓国語学習で大切なのは、文法の学習だ。	3.93	(.83)	3.92	(.82)	.13
13. 韓国語学習で大切なのは、日本語からの翻訳の方法を学ぶ事だ。	3.37	(.95)	3.34	(.84)	.27
14. 韓国語は韓国語圏で学習するのが良い方法である。	3.97	(1.02)	3.90	(1.03)	.44
15. 韓国語を話すためには、その国の韓国語の文化について知る必要がある。	3.56	(1.12)	3.66	(1.09)	.69
コミュニケーション・ストラテジー					
16. 韓国語圏のネイティブ・スピーカーとその言葉を学習をするのは楽しい。	3.53	(1.21)	3.54	(1.13)	.13
17. 韓国語でわからない言葉があったら、自分で意味を推測してもいい。	3.37	(1.08)	3.36	(1.03)	.12
18. 韓国語を繰り返し練習することは重要だ。	4.73	(.52)	4.24	(.82)	5.02 ***
19. CD 等オーディオ機器を使い、韓国語を練習することは大切だ。	4.08	(.84)	4.03	(.95)	.35

20. 私は、他の人と韓国語を話す事に不安を感じて臆病に なる。	3.36	(1.13)	3.12	(1.15)	2.03	*
言語学習の動機						
21. 日本人は、韓国語を話すことは重要だと思っている。	3.15	(.94)	2.75	(1.04)	2.62	*
22. 私が韓国語を学習するのは、韓国語圏の人をもっと理 解したいからだ。	3.39	(1.16)	3.31	(1.26)	.64	
23. 韓国語を学習したら、良い仕事のチャンスがあるだろう。	3.78	(.91)	3.37	(1.08)	2.84	*
24. 私は韓国語が上手に話せるようになりたい。	4.49	(.82)	4.25	(.92)	2.08	*
25. 私は韓国語圏出身の友達が欲しい。	3.88	(1.26)	3.68	(1.18)	1.32	

$^{***}p < .001, ^{**}p < .01, ^{*}p < .05$

表 3.2　初級韓国語学習者のビリーフ変化調査の結果の平均値(M) と標準偏差(SD)

	$n = 59$	
項目	M	(SD)
言語学習の適性の変化		
1. 大人より子どもの方が韓国語を学習するのはやさしい。	3.24	(.57)
2. 韓国語を学習する特別な能力を持っている人がいる。	3.02	(.60)
3. 日本人は韓国語の学習が得意だ。	3.25	(.60)
4. 私は韓国語を学習する特別な能力を持っている。	2.92	(.62)
5. だれでも韓国語が話せるようになる。	3.34	(.82)
言語学習の難易度の変化		
6. 韓国語は、簡単なことばだ。	3.12	(.79)
7. 私は韓国語を今以上に、上手に話せるようになると思う。	3.31	(.81)
8. 韓国語を話すことは、聞くことよりやさしい。	3.36	(.83)
9. 韓国語は、話したり聞いたりするより、読んだり書いたりする方がやさしい。	3.27	(.83)
10. 韓国語は、難しい言語だ。	3.00	(.56)
言語学習の性質の変化		
11. 韓国語学習で大切なのは、単語の学習だ。	3.49	(.84)
12. 韓国語学習で大切なのは、文法の学習だ。	3.47	(.75)
13. 韓国語学習で大切なのは、日本語からの翻訳の方法を学ぶ事だ。	3.17	(.56)
14. 韓国語は韓国語圏で学習するのが良い方法である。	3.41	(.75)
15. 韓国語を話すためには、その国の韓国語の文化について知る必要がある。	3.36	(.78)
コミュニケーション・ストラテジーの変化		
16. 韓国語圏のネイティブ・スピーカーとその言葉を学習をするのは楽しい。	3.41	(.70)
17. 韓国語でわからない言葉があったら、自分で意味を推測してもいい。	3.17	(.75)
18. 韓国語を繰り返し練習することは重要だ。	3.53	(.80)
19. CD 等オーディオ機器を使い、韓国語を練習することは大切だ。	3.47	(.75)
20. 私は、他の人と韓国語を話す事に不安を感じて臆病になる。	3.17	(.67)
言語学習の動機の変化		
21. 日本人は、韓国語を話すことは重要だと思っている。	3.07	(.52)
22. 私が韓国語を学習するのは、韓国語圏の人をもっと理解したいからだ。	3.24	(.80)

		23. 韓国語を学習したら、良い仕事のチャンスがあるだろう。	3.31	（.68）
		24. 私は韓国語が上手に話せるようになりたい。	3.68	（.88）
		25. 私は韓国語圏出身の友達が欲しい。	3.51	（.82）

表3.3　初級韓国語学習者の韓国語学習ビリーフ前期調査と英語学習ビリーフ調査の平均値（*M*）、標準偏差（*SD*）、*t*値、有意差

	韓国語 （*n*=59）		英語 （*n*=59）		
	M	（*SD*）	*M*	（*SD*）	*t*値
言語学習の適性					
1. 大人より子どもの方が［韓国語・英語］を学習するのはやさしい。	3.81	.84	4.02	.92	1.94
2. ［韓国語・英語］を学習する特別な能力を持っている人がいる。	2.78	1.08	2.80	1.17	.19
3. 日本人は［韓国語・英語］の学習が得意だ。	3.53	1.07	2.61	1.07	5.34 ***
4. 私は［韓国語・英語］を学習する特別な能力を持っている。	1.92	1.09	1.73	.96	2.10 *
5. だれでも［韓国語・英語］が話せるようになる。	3.95	.92	3.68	1.17	2.46 *
言語学習の難易度					
6. ［韓国語・英語］は、簡単なことばだ。	2.66	1.31	1.95	.99	4.84 ***
7. 私は［韓国語・英語］を今以上に、上手に話せるようになると思う。	3.85	1.00	3.29	1.18	4.14 ***
8. ［韓国語・英語］を話すことは、聞くことよりやさしい。	3.07	1.14	2.75	1.24	2.81 **
9. ［韓国語・英語］は、話したり聞いたりするより、読んだり書いたりする方がやさしい。	3.42	1.13	3.17	1.18	2.08 *
10. ［韓国語・英語］は、難しい言語だ。	3.46	1.10	4.22	.87	5.03 ***
言語学習の性質					
11. ［韓国語・英語］学習で大切なのは、単語の学習だ。	4.08	.92	4.02	.96	.75
12. ［韓国語・英語］学習で大切なのは、文法の学習だ。	3.93	.83	4.14	.78	2.19 *
13. ［韓国語・英語］学習で大切なのは、日本語からの翻訳の方法を学ぶ事だ。	3.37	.95	3.27	.93	1.35
14. ［韓国語・英語］は［英語圏・韓国語圏］で学習するのが良い方法である。	3.97	1.02	4.05	1.02	1.40
15. ［韓国語・英語］を話すためには、その国の［韓国語・英語］の文化について知る必要がある。	3.56	1.12	3.49	1.14	1.16
コミュニケーション・ストラテジー					
16. ［韓国語・英語］圏のネイティブ・スピーカーとその言葉を学習をするのは楽しい。	3.53	1.21	3.54	1.21	.24
17. ［韓国語・英語］でわからない言葉があったら、自分で意味を推測してもいい。	3.37	1.08	3.49	1.09	2.18 *
18. ［韓国語・英語］を繰り返し練習することは重要だ。	4.73	.52	4.75	.48	.57
19. CD等オーディオ機器を使い、［韓国語・英語］を練習することは大切だ。	4.08	.84	4.29	.77	2.69 **
20. 私は、他の人と［韓国語・英語］を話す事に不安を感じて臆病になる。	3.36	1.13	3.61	1.17	2.66 *
言語学習の動機					
21. 日本人は、［韓国語・英語］を話すことは重要だと思っている。	3.15	.94	4.51	.77	8.48 ***

22. 私が［韓国語・英語］を学習するのは、［韓国語・英語］圏の人をもっと理解したいからだ。	3.39	1.16	3.24	1.18	1.42	
23. ［韓国語・英語］を学習したら、良い仕事のチャンスがあるだろう。	3.78	.91	4.46	.70	5.45	***
24. 私は［韓国語・英語］が上手に話せるようになりたい。	4.49	.82	4.58	.70	1.04	
25. 私は［韓国語・英語］圏出身の友達が欲しい。	3.88	1.26	3.92	1.28	.47	

***$p < .001$, **$p < .01$, *$p < .05$

3.3.1 言語学習の適性

　ここでは、学習者自身の年齢や性別、生まれもった外国語学習に関する才能についての考え方を調査する領域である「言語学習の適性」についてみていく。前期・後期ビリーフ調査の各項目の平均値は図3.1 に、変化調査の各項目の平均値は図3.2 に示す。

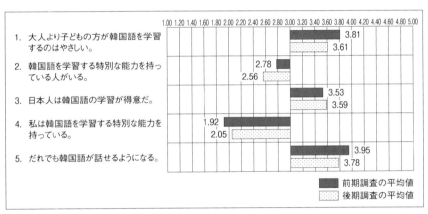

図3.1　初級韓国語学習者前期・後期ビリーフ調査「言語学習の適性」各項目の平均値

　第一に、前期調査と後期調査の結果についてみていく。まず、前期調査の結果をみると、「1. 大人より子どもの方が韓国語を学習するのはやさしい。」「3. 日本人は韓国語の学習が得意だ。」「5. だれでも韓国語が話せるようになる。」の平均値がやや高く、「4. 私は韓国語を学習する特別な能力を持っている。」[2] の平均値が低かった。なお、「2. 韓国語を学習する特別な能力を持っている人がいる。」の平均値は「どちらともいえない」の範疇であった。

次に、後期調査の結果をみると、前期調査同様、1、3、5の平均値がやや高かった。しかし、前期調査と異なり、前期調査で平均値が「どちらともいえない」の範疇であった2と、平均値が低かった4の平均値が後期調査ではやや低かった。

さらに、前後期比較をみると、統計的有意差がみられる項目はひとつもなかったため、「言語学習の適性」領域は学習経験によって変化しないことが明らかになった。

このことから、前期、後期を通して、初級韓国語学習者は、大人より子供の方が韓国語を学習するのはやさしい、日本人は韓国語の学習が得意で、誰でも韓国語が話せるようになると考えていることがわかった。その一方で、学習者自身は特別な能力をもっていないが、特別な能力をもっている人がいるかどうかは、わからないと考えていることが明らかになった。また、前期と後期で変化しないことも明らかになった。

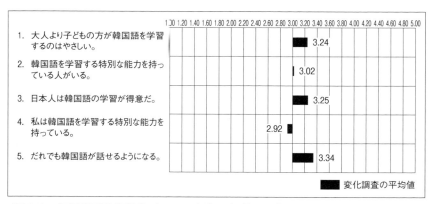

図3.2 初級韓国語学習者ビリーフ変化調査「言語学習の適性」各項目の平均値

第二に、変化調査の結果をみていくと、全5項目の平均値がいずれも「変わらない」の範囲であったことから、学習者は、言語学習の適性が前期と比較して変化しなかったと考えていることが明らかになった。次に変化調査の結果を前述の前後期比較の結果と比べると、この領域に統計的有意差がみられる項目がなかったことから、学習者自身の変化に関する認知と前後期比較

の結果が一致していることがわかった。

　以上の結果から、初級韓国語学習者は、前期、後期を通して、大人より子供の方が韓国語を学習するのはやさしい、日本人は韓国語の学習が得意である、誰でも韓国語が話せるようになると考えていることがわかった。また、前後期比較と変化調査の両方で変化がみられなかったことから、「言語学習の適性」領域は学習経験によっては変化しないことが明らかになった。

　最後に、この結果を先行研究と比較しながら考察を述べる。まず、初級韓国語学習者は、だれでも韓国語が話せるようになる、と考えていることが明らかになったが、これは英語学習者を調査対象としたKeith(1993)と同じ傾向であった。このことから、目標言語の違いにかかわらず、大学生の外国語学習者は楽観的に外国語を学んでいると推測される。この項目の韓国語学習と英語学習の比較結果をみると、本研究で実施した英語学習調査と前期調査の比較結果と、齊藤良子(2008a)の両方で、「3. 日本人は［韓国語・英語］の学習が得意だ。」「5. だれでも［韓国語・英語］が話せるようになる。」の平均値が韓国語の方が高く統計的有意差[3]がみられた（図3.3参照）。このことから、初級韓国語学習者は、英語に比べ韓国語の方がより習得しやすい言語であると考えていることがわかった。これは、英語に比べ韓国語の方が学習者の母語である日本語との共通点が多いことから、韓国語の方が話しやすいと感じるためではないかと考えられる。

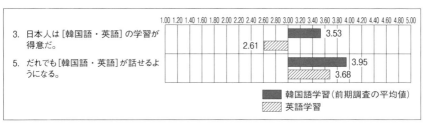

図3.3　「言語学習の適性」において韓国語学習と英語学習で統計的有意差がみられた項目の平均値

　次に、初級韓国語学習者は、大人より子どもの方が韓国語を学習するのはやさしい、と考えていることが明らかになったが、この結果は、英語学習者

を調査対象としたKeith(1993)と同じ傾向であった。さらに、本研究で実施した、前期調査結果と英語学習の比較におけるこの項目の結果でも統計的有意差はみられなかった[4]。このことから、初級韓国語学習者にとって、外国語学習は子供の方が得意であるというビリーフは目標言語の性質にかかわらず共通した認識であることが明らかになった。しかし、中級韓国語学習者を調査対象とした齊藤良子(2008a)では、韓国語学習者が、韓国語学習に比べ英語学習の方が幼児期に学んだ方が有利である、と考えていることが明らかになった。このことから、年齢による有利性ついてのビリーフは、本研究で比較対象とした前期と後期よりもさらに長い時間をかけて変化するのではないかと推測される。

3.3.2 言語学習の難易度

ここでは、言語学習の難易度についての意識と、学習者自身への期待度を調査する領域である「言語学習の難易度」についてみていく。前期・後期ビリーフ調査の各項目の平均値は図3.4に、変化調査の各項目の平均値は図3.5に示す。

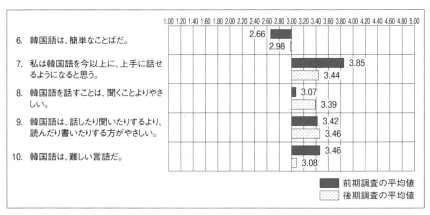

図3.4 初級韓国語学習者前期・後期ビリーフ調査「言語学習の難易度」各項目の平均値

第一に、前期調査と後期調査の結果についてみていく。まず、前期調査の

結果をみると、「7. 私は韓国語を今以上に、上手に話せるようになると思う。」[5]「9. 韓国語は、話したり聞いたりするより、読んだり書いたりする方がやさしい。」「10. 韓国語は、難しい言語だ。」の平均値がやや高かった。なお、「6. 韓国語は、簡単なことばだ。」「8. 韓国語を話すことは、聞くことよりやさしい。」については、「どちらともいえない」と考えていることが明らかになった。

　次に、後期調査の結果をみると、前期調査同様、7と9の平均値はやや高く、6と8の平均値は「どちらともいえない」の範疇であった。しかし、前期調査と異なり、前期調査で平均値がやや高かった10の平均値は「どちらともいえない」の範疇であった。

　さらに、前後期比較をみると、6、7、8、10において統計的有意差がみられた。このうち、後期調査の平均値の方が高かった項目は6と8であり、前期調査の方が平均値が高かった項目は7と10であった。まず、「6. 韓国語は、簡単なことばだ。」は、5％レベルの統計的有意差がみられ、後期調査時の方が平均値が高いことが明らかになったことから、前期と比べ、韓国語は簡単な言葉であると思うようになったことがわかった。次に、「7. 私は韓国語を今以上に、上手に話せるようになると思う。」では、1％レベルの統計的有意差がみられ、前期調査の平均値の方が高いことが明らかになったことから、前期に比べ後期の方が学習者自身が今以上に上手に韓国語を話せるようになると思わなくなったことが明らかになった。また、「8. 韓国語を話すことは、聞くことよりやさしい。」では、5％レベルの統計的有意差がみられ、後期の方がその平均値が高いことが明らかになったことから、前期と比べ、韓国語は話すことは、聞くことよりやさしい、と一層思うようになったことがわかった。さらに、「10. 韓国語は、難しい言語だ。」は、1％レベルの統計的有意差がみられ、前期の方が平均値が高かったことから、前期よりも後期の方が韓国語は難しい言語であるという意識が弱くなったことが明らかになった。

　このことから、前期、後期を通して、初級韓国語学習者は、韓国語を今以上に上手に話せるようになると思う、韓国語は話したり聞いたりするより、読んだり書いたりする方がやさしい、と考えていることがわかった。また、

前後期比較の結果から、後期調査時には前期調査時と比べて、韓国語は難しい言語ではなく、韓国語は簡単な言葉で、韓国語を話すことは聞くことよりやさしいと思うようになったことがわかった。しかし、その一方で、「私は韓国語を今以上に、上手に話せるようになると思う。」については若干否定的になったことが明らかになった。また、「言語学習の難易度」領域では、5項目中4項目で統計的有意差がみられたことから、この領域は学習経験によって変化しやすいことがわかった。

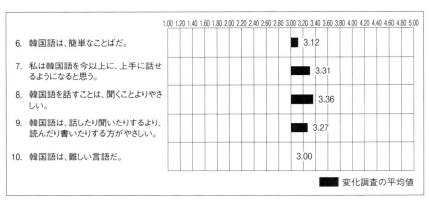

図3.5　初級韓国語学習者ビリーフ変化調査「言語学習の難易度」各項目の平均値

　第二に、変化調査の結果をみていくと、全5項目の平均値がいずれも「変わらない」の範囲であったことから、学習者が「言語学習の難易度」領域は変化しなかった、と考えていることがわかった。

　次に変化調査の結果を前述の前後期比較の結果と比べると、「9. 韓国語は、話したり聞いたりするより、読んだり書いたりする方がやさしい。」の結果は前後期比較の結果、統計的有意差がみられず、学習者の認知同様、変化しなかったことがわかった。しかし、「6. 韓国語は、簡単なことばだ。」「7. 私は韓国語を今以上に、上手に話せるようになると思う。」「8. 韓国語を話すことは、聞くことよりやさしい。」「10. 韓国語は、難しい言語だ。」の前後期比較の結果では統計的有意差がみられ、変化したことが明らかになった。このことから、言語学習の難易度は実際には変化しているにもかかわら

ず、学習者自身にはその自覚がないことが明らかになった。

　以上の結果から、前期、後期を通して、初級韓国語学習者は、韓国語は話したり聞いたりするより、読んだり書いたりする方がやさしい、と考えており、前後期比較から、後期調査時には前期調査時と比べて、韓国語は難しい言語ではなく、韓国語は簡単な言葉で、韓国語を話すことは聞くことよりやさしいと思うようになったことがわかった。このことから、韓国語は学習経験によって、簡単な言葉であると考えるようになることが明らかになった。しかし、「7. 私は韓国語を今以上に、上手に話せるようになると思う。」については、前期、後期を通して肯定的であるが、前後期比較の結果、後期になり若干否定的になった。このことから、学習経験によって、学習に対して楽観的になっていくものの、この項目のように、悲観的に変化する部分もあることがわかった。また、本領域では、5項目中4項目で統計的有意差がみられたことから、この領域は学習経験によって変化しやすいということがわかったが、変化調査では、全5項目の平均値がいずれも「変わらない」の範囲であった。このことから、学習者の変化に対する認知が実際の変化と異なっていることがわかった。

　最後に、この結果を先行研究と比較しながら考察を述べる。まず、前期に韓国語を難しいと感じ、前期よりも後期の方が簡単であると感じているという結果がでたが、前期に韓国語を難しいと感じているという結果は、梁（2010）と同様の結果であった。しかしこれは、林・姜（2007）の韓国語は簡単な語学であると感じているという結果とは異なる結果となったため、同じ初級韓国語学習であっても、授業内容や進度などによって難易度についての考えが異なる可能性があるといえる。本研究で調査を実施した大学では、前期にハングル文字の読み書きを学び終えると、最も丁寧な終結語尾（ハムニダ体）の現在形と過去形を学習する。しかし、韓国語の過去形の活用規則は複雑なため、多くの初級韓国語テキストでは、過去形を後期に学ぶように構成している。つまり、調査実施大学では、初級学習者にとって難関のひとつであるハングル文字に加え、複雑な過去形を学ぶため、前期の内容が難しいと感じるのではないかと推測される。そして、後期では、前期に学んだ過去形の知識を活かせる終結語尾（ヘヨ体）や文法を学ぶため、前期に比べやさし

いと感じるのではないかと思われる。

　また、後期の方が韓国語は簡単であると考えていることが明らかになったが、齊藤良子（2008a）では、中級韓国語学習者は、韓国語は英語よりもやさしいと考えていることが明らかにされた。この結果から、韓国語学習は学習を重ねることによって、韓国語を簡単な言葉だと思うようになると推測される。

　次に、林・姜（2007）、梁（2010）から、韓国語学習で難しいのは聴解であり、簡単なのは文法であると学習者が感じているという結果がでたが、本研究でも、「韓国語は、話したり聞いたりするより、読んだり書いたりする方がやさしい。（言語学習の難易度）」の平均値がやや高かったことから、先行研究と同じように聴解は難しく、文法力がより必要となる読み書きの方がやさしいと感じていることがわかり、同じ傾向であったといえる。これは、韓国語の発音規則が影響しているのではないかと考える。韓国語では、音節末の子音が次の音節の最初の母音と結びつき発音されるため、書いてある文字とその発音が大きく異なることが多い[6]。そのため、発音規則に不慣れな初級韓国語学習者の場合、黙読で理解できる文や、自分で規則を考えながら発話することができる言葉であっても、耳で聞くと全く理解出来ないということもある。「8. 韓国語を話すことは、聞くことよりやさしい。」では統計的有意差がみられ、前期よりも後期の方が、このビリーフが強くなっていることがわかったが、これも、発音規則によるためではないかと推測される。また、これは、韓国語を書く時と話す時も同様で、簡単に書くことができる文章であっても、その文の発音規則を正確に判断しながら発話することは容易ではない。そのため、初級韓国語学習者は話したり聞いたりするより、読んだり書いたりする方がやさしいと感じるのではないかと考える。また、前期調査結果と本研究で実施した英語学習調査の比較をみると、英語学習の「英語を話すことは、聞くことよりやさしい。」「英語は、話したり聞いたりするより、読んだり書いたりする方がやさしい。」の平均値は「どちらともいえない」の範疇であり、韓国語学習との間に統計的有意差がみられ、韓国語学習の方が平均値が高かった[7]（図 3.6 参照）。このことから、初級韓国語学習者は英語よりも韓国語の方が、話すことは聞くことよりもやさしい、話した

り聞いたりするより読んだり書いたりする方がやさしいというビリーフをもっており、特に、話したり聞いたりするより読んだり書いたりする方がやさしいというビリーフは初級韓国語学習の特徴ではないかと思われる。

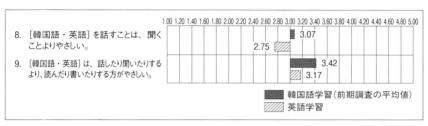

図3.6 「言語学習の難易度」において韓国語学習と英語学習で統計的有意差がみられた項目の平均値

さらに、本研究では、前期に比べ、上手に話せるようになると思う、という考えが弱くなっていることが明らかになったが、これはKeith（1993）で、明らかになった、1〜2年生のグループの方が3〜4年生のグループよりも学習者自身の英語学習に対する能力について楽観的にとらえているという結果と同じ傾向であったことから、目標言語が異なっていても、学習初期には語学学習に対して大きな可能性を感じながら学習を行うが、学習経験を重ねることによってその可能性に限界を感じるようになるのではないかと考えられる。

3.3.3 言語学習の性質

ここでは、目標言語の学習にどのような学習態度で臨んでいるのかを調査する領域である「言語学習の性質」についてみていく。前期・後期ビリーフ調査の各項目の平均値は図3.7に、変化調査の各項目の平均値は図3.8に示す。

第一に、前期調査と後期調査の結果についてみていく。まず、前期調査の結果をみると、「11. 韓国語学習で大切なのは、単語の学習だ。」の平均値が高く、「12. 韓国語学習で大切なのは、文法の学習だ。」「14. 韓国語は韓国語圏で学習するのが良い方法である。」「15. 韓国語を話すためには、その国の

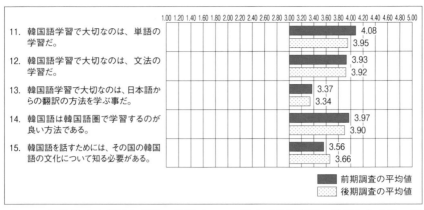

図 3.7　初級韓国語学習者前期・後期ビリーフ調査「言語学習の性質」各項目の平均値

韓国語の文化について知る必要がある。」の平均値がやや高かった。なお、「13. 韓国語学習で大切なのは、日本語からの翻訳の方法を学ぶ事だ。」については「どちらともいえない」と考えていることがわかった。

　次に、後期調査の結果をみると、前期調査同様、12、14、15 の平均値がやや高かった。なお、前期調査同様 13 の平均値は「どちらともいえない」の範疇であった。しかし、前期調査と異なり、前期調査で平均値が高かった 11 の平均値はやや高かった。

　さらに、前後期比較をみると、統計的有意差がみられる項目はひとつもないことから、「言語学習の性質」は学習経験によってあまり変化しないことが明らかになった。

　このことから、前期、後期を通して、初級韓国語学習者は、韓国語学習における単語と文法の学習、文化の知識の重要性を認識しており、さらに韓国語圏での韓国語学習が良い方法であると考えていることが明らかになった。しかし、その一方で、翻訳の重要性については、どちらともいえないと思っていることがわかった。また、前後期比較の結果から、「言語学習の性質」領域は学習経験によって変化しないことが明らかになった。

　第二に、変化調査の結果をみていくと、11、12、14、15 の 4 項目の平均値がやや高かったことから、初級韓国語学習者は前期と比較して、単語学

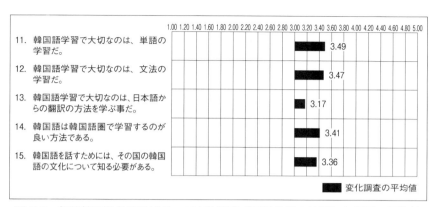

図 3.8　初級韓国語学習者ビリーフ変化調査「言語学習の性質」各項目の平均値

習、文法学習、韓国語圏での学習、韓国文化の知識の重要性について一層認識するようになったと学習者自身が認知していることがわかった。なお、13の平均値は「変わらない」の範疇であった。

　次に変化調査の結果を前述の前後期比較の結果と比べると、前後期比較の結果では「言語学習の性質」の領域において統計的有意差がみられる項目はひとつもなかったことから、学習者自身は単語や文法学習の大切さや韓国語圏での学習の有益さなどをより意識するようになったと感じているが、実際には変化していないことが明らかになった。

　以上の結果から、前期、後期を通して、初級韓国語学習者は、韓国語学習における単語と文法の学習、文化の知識の重要性を認識しており、さらに韓国語圏での韓国語学習が良い方法であると考えていることが明らかになった。また、変化調査の結果、5項目中4項目で変化したと考えていることが明らかにされたが、前後期比較の結果では、「言語学習の性質」領域は学習経験によって変化しないという結果を得た。このことから、学習者自身が認知している変化と実際の変化が異なっていることがわかった。

　最後に、この結果を先行研究と比較しながら考察を述べる。本研究から、初級韓国語学習者は、単語や文法の学習、さらに韓国文化に対する知識が大切である、と考えていることが示唆されたが、その一方で翻訳方法については、「どちらともいえない」と考えていることがわかった。この結果は、英

語学習者を調査対象としたKeith (1993) でも同じ傾向であり、また、前期調査と本研究で実施した英語学習調査の比較でも、5項目中4項目で統計的有意差がみられず、ほぼ同じ傾向であった[8]。このことから、「言語学習の性質」領域は目標言語が異なっていても同じ傾向を示すことが明らかにされた。これは、初級韓国語学習者が中学、高校で学んできた英語学習を通して身につけた外国語習得に対するビリーフを韓国語学習にも反映させているためではないかと推測される。しかし、「12. [韓国語・英語] 学習で大切なのは、文法の学習だ。」においてのみ韓国語と英語の有意差がみられ[9]、英語の方がその平均値が高かったことから (図3.9参照)、韓国語よりも、英語の文法学習の方が大切であると学習者が考えていることがわかった。これは、英語よりも韓国語の方が日本語文法との類似性が高いことから、韓国語の文法学習も大切であるが、英語の方がより一層大切であると考えているのではないかと思われる。

図3.9 「言語学習の性質」において韓国語学習と英語学習で統計的有意差がみられた項目の平均値

3.3.4 コミュニケーション・ストラテジー

ここでは、具体的な目標言語の学習方法と授業中に自発的に行われるコミュニケーションの練習について調査する領域である「コミュニケーション・ストラテジー」についてみていく。前期・後期ビリーフ調査の各項目の平均値は図3.10に、変化調査の各項目の平均値は図3.11に示す。

第一に、前期調査と後期調査の結果についてみていく。まず、前期調査の結果をみると、「18. 韓国語を繰り返し練習することは重要だ。」「19. CD等オーディオ機器を使い、韓国語を練習することは大切だ。」の平均値が高く、「16. 韓国語圏のネイティブ・スピーカーとその言葉を学習をするのは楽し

第 3 章　初級韓国語学習者の学習ビリーフの特徴と学習経験による変化　143

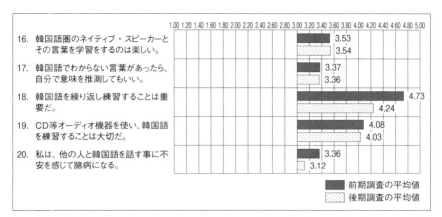

図 3.10　初級韓国語学習者前期・後期ビリーフ調査「コミュニケーション・ストラテジー」各項目の平均値

い。」の平均値がやや高かった。なお、「17. 韓国語でわからない言葉があったら、自分で意味を推測してもいい。」「20. 私は、他の人と韓国語を話す事に不安を感じて臆病になる。」[10] の 2 項目の平均値は「どちらともいえない」の範疇であった。

　次に、後期調査の結果をみると、前期調査の結果と異なる傾向の項目はなく、全項目が前期調査の結果と同じ傾向であった。

　さらに、前後期比較をみると、18 と 20 で統計的有意差がみられた。まず、「18. 韓国語を繰り返し練習することは重要だ。」では、前期、後期を通して平均値が 4 以上と高く、繰り返し練習することは大切だと思っているものの、0.1％レベルの統計的有意差がみられ、後期の平均値の方が低いことから、繰り返し練習の重要性の程度が低くなっているということがわかった。次に「20. 私は、他の人と韓国語を話す事に不安を感じて臆病になる。」では、5％レベルの統計的有意差がみられ、後期の平均値の方が前期に比べて低かったことから、後期調査時の方が前期調査時に比べ韓国語を話すことに対する不安感が薄れていることが明らかになった。また、「コミュニケーション・ストラテジー」領域は、5 項目中 2 項目で統計的有意差がみられたことから、学習経験によってやや変化しやすい領域であるといえるだろう。

　このことから、初級韓国語学習者は、前期、後期を通して、韓国語を繰り

返し練習することやオーディオ機器を用いた学習の重要性を認識しており、韓国語のネイティブ・スピーカーとの学習を楽しいと感じていることがわかった。しかし、前後期比較の結果から、後期になり、繰り返し練習が重要であると考える程度が低くなっていることや、韓国語を話すことに対する不安感が薄れていることが明らかになった。

図3.11　初級韓国語学習者ビリーフ変化調査「コミュニケーション・ストラテジー」各項目の平均値

　第二に、変化調査の結果をみていくと、16、18、19の平均値がやや高いことから、学習者は、前期と比較してネイティブ・スピーカーとの学習の楽しさや、繰り返し学習とオーディオ機器を使用した学習の重要性を一層認識したと学習者が考えていることが明らかになった。なお、20と17の平均値はどちらも「変わらない」の範疇であった。

　次に変化調査の結果を前述の前後期比較の結果と比べると、「18. 韓国語を繰り返し練習することは重要だ。」の前後期比較の結果は変化調査と反対の結果であった。つまり、変化調査では、繰り返し学習することについて、より一層「賛成」するようになったという結果がでたが、前後期比較の結果では、前期調査よりも後期調査の平均値の方が低く、前期調査と比べて、繰り返し学習への重要性が薄れているという結果がでた。また、変化調査では「16. 韓国語圏のネイティブ・スピーカーとその言葉を学習をするのは楽し

い。」「19. CD 等オーディオ機器を使い、韓国語を練習することは大切だ。」の平均値がやや高かったが、前後期比較の結果、それらの項目では統計的有意差はみられず、実際には変化していないことがわかった。さらに、「20. 私は、他の人と韓国語を話す事に不安を感じて臆病になる。」において、変化調査では変化していないという結果であったが、前後期比較の結果、統計的有意差がみられ、前期よりも後期の方が韓国語会話に対する不安感が薄れたという結果がでた。これらの結果から、コミュニケーション・ストラテジー領域における変化は、学習者の認知と実際の変化に差があり、項目によっては変化調査と前後期比較の結果が反対の傾向を示すことが明らかになった。

　以上の結果から、初級韓国語学習者は、前期、後期を通して、オーディオ機器を用いた学習の重要性を認識しており、韓国語のネイティブ・スピーカーとの学習を楽しいと感じていることがわかった。また、前後期比較の結果から、後期になり、韓国語を話すことに対する不安感が和らいだことが明らかになった。さらに、変化調査の結果から学習者は、前期と比較してネイティブ・スピーカーとの学習の楽しさを一層認識したと学習者が考えていることが明らかになった。このことから、コミュニケーション・ストラテジー領域は学習経験によって肯定的に変化していくことが明らかになった。

　その一方で、前後期比較と変化調査の両方で「変化した」という結果になった「18. 韓国語を繰り返し練習することは重要だ。」をみると、変化調査の結果、学習者自身はその重要度が増したと認知しているが、前後期比較の結果をみると、実際には、繰り返し練習が重要であると考える程度が低くなっていることが明らかになった。つまり、学習者自身が認知している変化と実際の変化が反対の傾向である項目があることが明らかになった。このことから、学習者自身も自分の変化について、正しく認知することは大変難しいことであることがわかった。

　最後に、この結果を先行研究と比較しながら考察を述べる。本調査の結果、後期の方が韓国語会話に対する不安感が薄れたという結果がでており、また、中級韓国語学習者を対象とした齊藤良子(2008a)でも、本研究結果同様、韓国語会話に不安感をもっていないことが明らかになった。しかし、英

語学習者を対象としたKeith(1993)によれば、1～2年生のグループよりも学習経験の長い3～4年生のグループの方が英会話練習に対し不安を感じているという結果がでており、本研究結果とは異なるものであった。また、前期調査と本研究で実施した英語学習調査の結果を比較した結果、「20. 私は、他の人と［韓国語・英語］を話す事に不安を感じて臆病になる。」に統計的有意差がみられ[11]、初級韓国語学習者は韓国語よりも学習歴の長い英語を話すことへの不安の方が強いことが明らかになっている。このことから、どの目標言語であっても学習歴が長くなれば、不安感が薄れるわけではないが、韓国語の場合は、韓国語を学び始めた当初は会話に不安を感じるものの、その後はあまり不安を感じないのではないかと推測される。これは、学習者の母語と目標言語の類似性が関係している可能性もあるが、なぜ目標言語によって会話に対する不安感が異なるのかについては明らかに出来なかった。この点は今後の課題としたい。

3.3.5 言語学習の動機

ここでは、学習者の言語学習に対する動機について調査する領域である「言語学習の動機」についてみていく。前期・後期ビリーフ調査の各項目の平均値は図3.12に、変化調査の各項目の平均値は図3.13に示す。

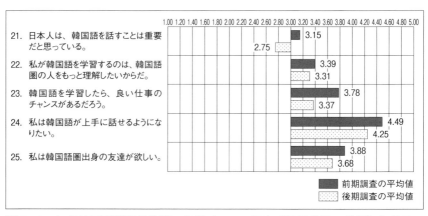

図3.12 初級韓国語学習者前期・後期ビリーフ調査「言語学習の動機」各項目の平均値

第3章　初級韓国語学習者の学習ビリーフの特徴と学習経験による変化　147

　第一に、前期調査と後期調査の結果についてみていく。まず、前期調査の結果をみると、「24. 私は韓国語が上手に話せるようになりたい。」の平均値が高く、「23. 韓国語を学習したら、良い仕事のチャンスがあるだろう。」[12]「25. 私は韓国語圏出身の友達が欲しい。」[13] の平均値がやや高かった。なお、「21. 日本人は、韓国語を話すことは重要だと思っている。」「22. 私が韓国語を学習するのは、韓国語圏の人をもっと理解したいからだ。」[14] の2項目はその平均値から「どちらともいえない」と考えていることがわかった。

　次に、後期調査の結果をみると、前期調査同様、24 の平均値が高く、25 の平均値がやや高く、21 と 22 の平均値はいずれも「どちらともいえない」の範疇であった。しかし、前期調査と異なり、前期調査で平均値がやや高かった 23 の平均値は、「どちらともいえない」の範疇であった。

　さらに、前後期比較をみると、21、23、24 で統計的有意差がみられた。まず、「21. 日本人は、韓国語を話すことは重要だと思っている。」をみると、5％レベルの統計的有意差がみられ、前期調査の平均値の方が高かったことから、後期調査時は前期調査時に比べ、日本人にとって韓国語を話すことは重要であるという意識が低くなったことがわかった。次に、「23. 韓国語を学習したら、良い仕事のチャンスがあるだろう。」をみると、1％レベルの統計的有意差がみられ、前期調査時の平均値の方が後期に比べ高かったことから、韓国語を学習したら良い仕事のチャンスがあるだろうとあまり思わなくなったことがわかった。また、「24. 私は韓国語が上手に話せるようになりたい。」をみると、前期、後期ともにその平均値が高く、韓国語が上手に話せるようになりたいという意識が高いことがわかったが、1％レベルの統計的有意差がみられ、後期調査の平均値の方が低いことから、前期に比べ、上手に話せるようになりたいという気持ちの程度が弱くなったことが明らかになった。また、「言語学習の動機」領域では 5 項目中 3 項目に有意差がみられたことから、この領域は学習経験によって変化しやすいことが明らかになった。

　このことから、初級韓国語学習者は、前期、後期を通して、韓国語が上手に話せるようになりたい、韓国語圏出身の友達が欲しい、と考えていることがわかった。しかし、前後期比較の結果から、前期調査時と比べ後期調査時

には、上手に話せるようになりたいという気持ちの程度が弱くなったり、日本人にとって韓国語を話すことは重要であるという意識が低くなったり、韓国語学習によって良い仕事のチャンスがあるだろうとあまり思わなくなったことが明らかになった。

図 3.13　初級韓国語学習者ビリーフ変化調査「言語学習の動機」各項目の平均値

　第二に、変化調査の結果をみていくと、24 と 25 の平均値がやや高く、学習者は学習経験によって、より一層韓国語が上手に話せるようになりたい、韓国語圏出身の友達が欲しいと思うようになったと学習者が考えていることがわかった。なお、21、22、23 の平均値がいずれも「変わらない」の範疇であったことから、これらの項目は学習によって変化しないと学習者が考えていることがわかった。

　次に変化調査の結果を前述の前後期比較の結果と比べる。まず、「24. 私は韓国語が上手に話せるようになりたい。」では、変化調査の結果、学習者は、韓国語が上手に話せるようになりたいと前期に比べより一層思うようになったと考えていることが明らかになったが、前後期比較の結果からは反対の傾向が明らかになった。つまり、前後期比較の結果では、前期に比べ、後期の方が、上手に話せるようになりたいという意識が低くなっていることが明らかになった。次に、「25. 私は韓国語圏出身の友達が欲しい。」の変化調査から、前期と比較し、より一層韓国語圏出身の友達が欲しいと思うように

なったことがわかったが、前後期比較の結果では統計的有意差はみられず、実際には変化していないことが明らかになった。また、変化調査の結果、「21. 日本人は、韓国語を話すことは重要だと思っている。」については、変化しなかったことがわかったが、前後期比較から、前期調査と後期調査の間に統計的有意差があり、前期よりも後期の方が、日本人は韓国語を話すことは重要だと思っている、と思わなくなっているという結果がでた。このことから、変化調査で明らかになった学習者自身が認知している変化と、実際の変化の間に違いがあり、「コミュニケーション・ストラテジー」領域同様、学習者の変化に関する認知と反対の傾向を示すことがあることも明らかになった。

　以上の結果から、初級韓国語学習者は、前期、後期を通して、韓国語が上手に話せるようになりたい、韓国語圏出身の友達が欲しい、と考えていることがわかった。しかし、前後期比較の結果から、前期調査時と比べ後期調査時には、上手に話せるようになりたいという気持ちの程度が弱くなったり、日本人にとって韓国語を話すことは重要であるという意識が低くなったり、韓国語学習によって良い仕事のチャンスがあるだろうとあまり思わなくなったことが明らかになった。また、変化調査の結果、学習経験によって、より一層韓国語を上手に話せるようになりたい、韓国語圏出身の友達が欲しいと思うようになったと学習者が考えていることがわかった。また、「24. 私は韓国語が上手に話せるようになりたい。」のように、学習者自身の認知している変化と、実際の変化が反対の傾向を示す項目もあることが明らかにされた。このことから、変化調査で明らかになった学習者の認知している変化は非常にポジティブで積極的であるにもかかわらず、前後期比較から明らかになった実際の変化はネガティブで消極的な方向への変化であったことがわかった。

　最後に、この結果を先行研究と比較しながら考察を述べる。まず、前期では韓国語学習によって良い仕事のチャンスがあるだろうと思っていたにもかかわらず、後期になりこのビリーフが弱くなったことが明らかになった。また、前期調査と本研究で実施した英語学習調査の結果を比較したところ、「23.［韓国語・英語］を学習したら、良い仕事のチャンスがあるだろう。」

に統計的有意差がみられ[15]、英語の平均値の方が高かった。このことから、本研究が調査対象としている第二外国語として韓国語を学んでいる学習者は、韓国語が将来役に立つとは思っておらず、むしろ英語の方が役立つと思っているといえるだろう。しかし、前期には役に立つと考えていたにもかかわらず、後期になり否定的になった理由を明らかにするためには、さらなる詳細な調査が必要であると考える。

3.3.6　前後期比較と変化調査で明らかになった変化の各領域と項目ごとの傾向

　ここでは、3.3.1 から 3.3.5 で明らかにされた変化を領域と項目ごとにみていく。

　第一に、ここでは、変化がみられた領域を、①前後期比較と変化調査の両方で変化がみられた領域、②前後期比較でのみ変化がみられた領域、③変化調査でのみ変化がみられた領域、④前後期比較と変化調査の両方で変化がみられなかった領域の 4 つに分類し、その傾向についてみていく。

〈①前後期比較と変化調査の両方で変化がみられた領域〉

　前後期比較と変化調査の両方で変化がみられた領域は、「コミュニケーション・ストラテジー」領域と「言語学習の動機」領域の 2 領域であった。このことから、この 2 領域は学習経験によって変化しやすい領域であるといえるだろう。しかし、各項目をみると、前後期比較と変化調査の結果が一致した項目はひとつもなかった。さらに、コミュニケーション・ストラテジー領域の「18. 韓国語を繰り返し練習することは重要だ。」と、言語学習の動機領域の「24. 私は韓国語が上手に話せるようになりたい。」では、学習者自身の認知している変化と、実際の変化が反対の傾向を示していた。この結果から、学習者が認知している変化と前後期比較から明らかにされた実際の変化は異なっていることが明らかにされた。

〈②前後期比較でのみ変化がみられた領域〉

　前後期比較でのみ変化がみられた領域は、「言語学習の難易度」領域のみ

であった。この領域では5項目中4項目に統計的有意差がみられたにもか
かわらず、学習者自身は変化していないと考えており、学習者の認知と実際
の変化の間に差があることが明らかになった。このことから、言語学習の難
易度領域は、学習経験によって変化するものの、学習者自身はそれを自覚し
ていないことがわかった。

〈③変化調査でのみ変化がみられた領域〉
　変化調査でのみ変化がみられた領域は、「言語学習の性質」領域のみであっ
た。この領域の変化調査の結果をみると、5項目中4項目について学習者
は、変化した、と認知しているにもかかわらず、実際に統計的有意差がみら
れる項目はなかった。このことから、「言語学習の性質」領域は学習経験に
よって学習者は変化したと感じているが、実際には変化しておらず、学習者
の認知している変化と実際の変化の間に差があることが明らかにされた。

〈④前後期比較と変化調査の両方で変化がみられなかった領域〉
　前後期比較と変化調査の両方で変化がみられなかった領域は、「言語学習
の適性」領域のみであった。このことから、「言語学習の適性」領域は学習
経験によって変化しないことが明らかになった。

　以上の結果から、学習経験による変化の傾向は領域ごとに異なることがわ
かったが、前後期比較と変化調査の結果の傾向が重なる項目がなかったこと
から、初級韓国語学習者の学習ビリーフは学習経験によって変化するもの
の、学習者の認知と実際の変化の間に差があることが明らかになった。

　第二に、ここでは、変化のみられた項目を、①前後期比較と変化調査の両
方で変化がみられた項目、②前後期比較でのみ変化がみられた項目、③変化
調査でのみ変化がみられた項目、の3つに分類し、その傾向についてみて
いく。

〈①前後期比較と変化調査の両方で変化がみられた項目〉
　前後期比較と変化調査の両方で変化がみられた「18. 韓国語を繰り返し練習することは重要だ。」と「24. 私は韓国語が上手に話せるようになりたい。」の2つの項目をみると、どちらも前後期比較では統計的有意差がみられ、前期に比べ後期の平均値の方が低いが、変化調査ではこれらのビリーフが後期になり一層強くなったと学習者が認知していることがわかった。つまり、前後期比較と変化調査の2つの結果が反対の傾向を示しているのである。しかし、それぞれの前期と後期の平均値をみると、2項目ともに、前期も後期もその平均値は「高い」の範疇である。このことから、実際には繰り返し練習の重要性や会話力向上への希望は若干弱くなっているものの、学習者自身はこれらのビリーフを前期も後期も強くもち続けているため、前期よりも後期の方がこれらのビリーフを強くもつようになった、と感じているのではないかと考える。

〈②前後期比較でのみ変化がみられた項目〉
　前後期比較でのみ変化がみられた6項目の平均値をみると、6項目中4項目の平均値は、前期、後期ともに「どちらともいえない」の範疇であった。このことから、前後期比較で統計的有意差がみられた項目であっても、学習者自身がその変化を認知していない可能性は高いといえるだろう。しかし、「10. 韓国語は、難しい言語だ」の平均値は後期になり大きく下がっており、韓国語は前期に比べ難しいとは思っていないという結果が出ているが、学習者がなぜこの変化を認知していないのかは明らかに出来なかった。

〈③変化調査でのみ変化がみられた項目〉
　変化調査でのみ変化がみられた6項目の質問項目の内容をみると、6項目中3項目が、単語学習、文法学習、オーディオを用いた練習の重要性、といった実際の韓国語学習の中で感じるであろう具体的な学習方法に関するものであった。また残りの3項目は、韓国語圏での学習の重要性、ネイティブスピーカーとの会話練習の楽しさ、韓国語圏出身の友達が欲しいという希望、といった、韓国語を母語とする人と関連の強い項目であった。このことか

ら、学習者自身が変化したと考えている学習ビリーフは、具体的な学習方法と母語話者に関するものであることがわかった。これら6項目の平均値をみると、学習者自身は全6項目において、前期よりも後期の方がこれらのビリーフが強くなったと考えていることがわかった。また、6項目の平均値をみると、いずれも前期、後期を通して高いからやや高いの範疇であり、前期、後期ともにこれらのビリーフを強くもっていることがわかった。これは、学習者がもともと強くもっていた学習方法や母語話者に関するビリーフが、学習経験を重ねることによって、さらに強くなったと学習者自身が認知したものの、前期調査の時点で既にその平均値が高かったことから、統計的有意差がみられなかったのではないかと推測される。

3.4　まとめ

　ここでは、本章で明らかになった初級韓国語学習者のもつ韓国語学習に対する学習ビリーフの特徴と、学習経験によるその変化についてまとめる。また最後に授業への提案を述べる。

　第一に、前期調査、前後期比較、変化調査の結果から明らかになった初級韓国語学習者の学習ビリーフの特徴とその変化過程について述べる。前期調査結果、前後期比較結果、変化調査結果の順に述べていくが、前期調査の結果を述べる際、前期調査と同時に実施した英語学習調査の結果についても述べていく。なお、下記のカッコ内は領域名であるが、読みやすさを考慮し各領域の「言語学習の」という言葉を省いた（例：「言語学習の適性」→「適性」）。また、「コミュニケーション・ストラテジー領域」については「コミュ」と表記した。

〈学習ビリーフ（前期調査結果）〉
・英語よりも、韓国語の方が日本人は得意である（適性）
・英語よりも、韓国語の方が誰でも話せるようになる（適性）
・学習者自身には韓国語や英語を学習する特別な能力はない（適性）
・英語よりも、韓国語の方が今以上に上手に話せるようになる（難易度）

・韓国語は難しいが、英語の方がより難しい（難易度）
・英語よりも、韓国語の方が、話す聞くより、読み書きの方がやさしい（難易度）
・韓国語も英語も、単語学習、オーディオ機器による学習が大切である（性質）
・韓国語も英語も、文法学習が大切であるが、英語の方がより大切である（性質）
・韓国語圏や英語圏で韓国語や英語を学習することは良い方法である（性質）
・韓国語や英語を話すためには韓国や英語圏の文化について知る必要がある（性質）
・韓国語も英語も、繰り返し学習することがとても重要である（コミュ）
・韓国語も英語も、ネイティブ・スピーカーとの学習は楽しい（コミュ）
・韓国語圏や英語圏出身の友達が欲しい（動機）
・韓国語も英語も、上手に話せるようになりたい（動機）
・韓国語を学べば、良い仕事のチャンスがあるが、英語の方がより一層良い仕事のチャンスがあるだろう（動機）

〈前期から変化した学習ビリーフ（前後期比較結果）〉
・後期の方が、韓国語は簡単な言葉であると思うようになった（難易度）
・後期の方が、話すことは聞くことよりやさしいと思うようになった（難易度）
・後期の方が、会話に対する不安感が軽減された（コミュ）
・後期の方が、今以上に上手に話せるようになるとあまり思わなくなった（難易度）
・後期の方が、上手に話せるようになりたいとあまり思わなくなった（動機）

〈学習者が認知している学習ビリーフの変化（変化調査結果）〉
・後期の方が、単語学習、文法学習、オーディオ機器を使用した学習、韓国語圏での学習、韓国文化の知識が大切だとより一層考えるようになった（性質）

・後期の方が、繰り返し学習が大切であるとより一層考えるようになった（コミュ）

・後期の方が、ネイティブ・スピーカーとの学習が楽しいと感じるようになった（コミュ）

・後期の方が、韓国語圏出身の友達が欲しいと思うようになった（動機）

・後期の方が、韓国語が上手に話せるようになりたいと思うようになった（動機）

　以上の前期調査と前後期比較の結果から、初級韓国語学習者の学習ビリーフには、学習に対し前向きに取り組み、学習を楽しんでいる側面と、学習に対して困難を感じている側面があること、そして後期の方が、前向きさが弱くなっていることが明らかになった。しかし、その一方で、変化調査の結果、学習者自身は前向きでポジティブな変化のみを認知していることが明らかになった。

　この変化調査と前後期比較の2つの変化に関する調査結果を比べると次のようなことが明らかになった。まず、領域ごとにみていくと、前後期比較と変化調査の両方で変化がみられたのはコミュニケーション・ストラテジー領域と言語学習の動機領域であり、前後期比較でのみ変化がみられたのは、言語学習の難易度領域であった。また、変化調査でのみ変化がみられたのは、言語学習の性質領域、前後期比較と変化調査の両方で変化がみられなかったのは、言語学習の適性領域であった。

　次に、項目ごとにみていくと、変化調査の結果と前後期比較の結果が一致した項目はみられなかった。また、変化調査の結果と前後期比較の結果が異なる項目は次の3つに分類できることがわかった。その分類とは、①変化調査では学習者は変化していないと認知していたが前後期比較の結果から実際には変化していた項目、②変化調査の結果学習者が変化したと認知していたが前後期比較の結果から実際には変化していないことが明らかになった項目、③変化調査の結果と前後期比較の結果が反対の傾向を示していることから学習者の認知とは反対の方向で変化していた項目である。

〈①変化調査では学習者は変化していないと認知していたが前後期比較の結果から、実際には変化していたことが明らかになった項目〉

　韓国語の難易度に関する項目（韓国語は難しい、韓国語はやさしい、韓国語を話すことは聞くことよりやさしい等）や、会話に関する項目（韓国語を話す時の不安感や、韓国語を今以上に上手に話せるようになる、日本人は韓国語を話すことは重要だと思っている）について、学習者自身は変化しなかったと認知しているが、前後期比較の結果から、実際には前期よりも後期の方が、韓国語は簡単であると思っており、韓国語会話に対する不安感が薄れた反面、今以上に上手に話せるようになるという気持ちがやや薄れ、日本人は韓国語を話すことは重要であるとあまり思わなくなっているという変化が明らかになった。

〈②変化調査の結果、学習者は変化したと認知していたが前後期比較の結果から実際には変化していないことが明らかになった項目〉

　学習者自身は、前期に増して、韓国語学習における単語の学習、文法の学習、韓国語圏での学習、オーディオ機器を使用した練習が大切であると思うようになり、そして、韓国語圏のネイティブ・スピーカーとの学習は楽しい、という思いや、韓国語圏出身の友達が欲しいという希望も一層強くなったと認知していることが明らかにされたが、前後期比較では統計的有意差がみられず、実際には変化していないことがわかった。

〈③変化調査の結果と、前後期比較の結果が反対の傾向を示していることから、学習者の認知とは反対の方向で変化していた項目〉

　変化調査の結果、学習者は前期と比べて、「韓国語を繰り返し練習することは重要だ。」、「私は韓国語が上手に話せるようになりたい。」という気持ちが一層強くなった、と認知していることがわかったが、前後期比較の結果、実際には前期よりも後期の方が、繰り返し学習への重要性がやや薄れ、さらに、上手に話せるようになりたい、という意識も若干低くなっていることが明らかになった。

以上のように、本研究では、初級韓国語学習者のもつ学習ビリーフの特徴と学習経験によるその変化を明らかにしたが、従来の研究では明らかにされてこなかった学習者のもっている学習ビリーフの変化を明らかにすることができた。また、前後期比較と変化調査の結果を比較することによって、学習者が認知している変化と、実際の変化が異なることも明確にした。しかし、前後期比較と変化調査の結果の違いがなぜ生じるのか、そしてその違いはどのような要因によって引き起こされているのかについては明らかにできなかった。この点は今後の課題としたい。

〈授業への提案〉
　ここでは、学習ビリーフの研究結果から示唆される授業への提案について述べる。
　まず、前期では韓国語を難しいと感じ、後期になり、やさしい、と感じるようになる学習者が多いことが前期調査と前後期比較から明らかになったが、これは、「3.3.2 言語学習の難易度」でも述べたが、調査実施大学の初級韓国語のカリキュラムでは、前期で学習者にとって新しい文字であるハングル文字と、初級段階で学ぶ文法の中では最も複雑であるといえる過去形の活用体形を学ぶため、前期調査時に学習者が韓国語は難しい、と感じるが、後期では前期に学んだ過去形の活用体形の知識をいかして習得できる語尾活用を学ぶため、後期の方が易しく感じるのではないかと推測される。この結果から、前期では、新出単語数を減らし、ハングル文字と活用体形の習得に集中できるような工夫をしたり、習得した活用体形をすぐにいかせるような作文練習問題を作成するといった教材作りを進め、難易度の高さによる学習動機の低下を引き起こさないような授業を行う必要があると思われる。
　次に、前期調査と前後期比較の結果から、前期に比べ、後期の方が、上手に話せるようになると思う、という気持ちが弱くなったという結果を得たが、これは、「3.3.2 言語学習の難易度」で述べたように、後期の方が文法学習の難易度は若干低くなったものの、学習内容が増えたことにより、学習者が自身の限界を感じ、習得に自信をもてなくなったのではないかと推測する。しかし、「上手に話せるようになりたい」というビリーフについては、

前述のとおり、前後期比較と変化調査の結果が反対の傾向を示しており、実際は、「上手に話せるようになりたい」とはあまり思わなくなったにも関わらず、学習者自身は、前期よりも後期の方が「上手に話せるようになりたい」と思うようになった、とその変化を認知している。この2つの変化調査の違いをいかし、韓国語で話す機会を増やすだけでなく、グループ発表やペアワーク等を通して、韓国語会話に関する小さな成功体験を積み重ねることによって、実際にはネガティブな方向に変化してしまった学習ビリーフを学習者自身が感じているとおりのポジティブな変化にもっていく努力をすることで、より一層学習意欲を高めることができるのではないかと考えられる。

註

1　BALLIを用いた研究には上記にあげたもの以外にも日本語学習者を対象とした研究（加藤, 2002, 2004; 橋本, 1993）や、英語学習者を対象とした横断的研究（糸井, 2003; 木村・遠藤, 2004, 2005）等があるが、本研究が日本人の韓国語学習ビリーフの学習経験による変化を扱ったものであるため、ここでは詳細な説明を省いた。

2　「4. 私は韓国語を学習する特別な能力を持っている。」に似た項目として動機調査項目の「41. 自分には韓国語学習の才能があると思う。」があるが、双方のPearsonの相関係数を算出したところ、前期後期ともに有意なやや強い相関がみられた。前期調査：$r = .55 (p < .001)$、後期調査：$r = .57 (p < .001)$

3　「5. だれでも英語が話せるようになる。」の平均値は3.68 $(SD = 1.17)$で「やや高い」の範疇であり韓国語学習との間に統計的有意差がみられた $(t(58) = 2.46, p < .05)$。「3. 日本人は［韓国語・英語］の学習が得意だ。」の英語学習の平均値は2.61 $(SD = 1.07)$で「どちらともいえない」の範疇であり、韓国語学習との間に統計的有意差がみられた $(t(58) = 5.34, p < .001)$。

4　「1. 大人より子どもの方が韓国語を学習するのはやさしい。」の英語学習の平均値は4.02 $(SD = .92)$で「高い」の範疇であり、韓国語学習との間に統計的有意差はみられなかった $(t(58) = 1.94, n.s.)$。

5　「7. 私は韓国語を今以上に、上手に話せるようになると思う。」に似た項目として、動機調査の質問項目に「52. このまま勉強を続けたら、将来楽に韓国語で会話ができるようになると思う。」があるが、双方のPearsonの相関係数を算出したところ、前

期調査では有意なやや強い相関が、後期調査では有意なやや弱い相関がみられた。前期調査：$r = .44 (p < .01)$後期調査：$r = .34 (p < .01)$

6　例えば、「電話」を意味する「전화」は、一文字ずつ読むと「전：チョン$(tʃɔn)$」、「화：ファ(hwa)」、であるが、二文字を続けて発音する場合は、「チョーヌワ$(tʃɔːnɦwa)$」となる。

7　「8.〔韓国語・英語〕を話すことは、聞くことよりやさしい。」の英語学習の平均値は2.75$(SD = 1.24)$で「どちらともいえない」の範疇であり、韓国語学習との間に統計的有意差がみられた$(t(58) = 2.81, p < .01)$。
　「9.〔韓国語・英語〕は、話したり聞いたりするより、読んだり書いたりする方がやさしい。」の英語学習の平均値は3.17$(SD = 1.18)$で「どちらともいえない」の範疇であり、韓国語学習との間に統計的有意差がみられた$(t(58) = 2.08, p < .05)$。

8　11、13、14、15の英語の平均値と標準偏差は、11$(M = 4.02, SD = .96)$、13$(M = 3.27, SD = .1.35)$、14$(M = 4.05, SD = 1.02)$、15$(M = 3.49, SD = 1.14)$であり、いずれにおいても統計的有意差はみられなかった。

9　「12.〔韓国語・英語〕学習で大切なのは、文法の学習だ。」の英語学習の平均値は4.14$(SD = .78)$で「高い」の範疇であり、韓国語学習との間に統計的有意差がみられた$(t(58) = 2.19, p < .05)$。

10　「20. 私は、他の人と韓国語を話す事に不安を感じて臆病になる。」に似た項目として動機調査の質問項目に「9. 韓国語でネイティブスピーカーと話をする場合、不安を感じる。」があるが、双方のPearsonの相関係数を算出したところ、前期では有意なやや弱い正の相関がみられ、後期には有意なやや強い正の相関がみられた。前期調査：$r = .32 (p < .05)$後期調査：$r = .57 (p < .001)$

11　「20. 私は、他の人と〔韓国語・英語〕を話す事に不安を感じて臆病になる。」の英語学習の平均値は3.61$(SD = 1.17)$で「やや高い」の範疇であり、韓国語学習との間に統計的有意差がみられた$(t(58) = 2.66, p < .05)$。

12　「23. 韓国語を学習したら、良い仕事のチャンスがあるだろう。」に似た項目として動機調査の質問項目に「5. 韓国語を勉強すれば良い仕事を得るために役立つと思うので韓国語の勉強は大切だ。」があるが、双方のPearsonの相関係数を算出したところ、前期、後期ともに有意なやや強い正の相関がみられた。前期調査：$r = .52 (p < .001)$後期調査：$r = .45 (p < .001)$

13　「25. 私は韓国語圏出身の友達が欲しい。」に似た項目として動機調査の質問項目に「61. 韓国語圏の人々と知り合いになりたい。」があるが、双方のPearsonの相関係数を算出したところ、前期、後期ともに有意な強い正の相関がみられた。前期調査：$r = .72 (p < .001)$後期調査：$r = .71 (p < .001)$

14 「22. 私が韓国語を学習するのは、韓国語圏の人をもっと理解したいからだ。」に似た項目として動機調査の質問項目に「38. 韓国語圏の人々についてもっと知りたい。」があるが、双方のPearsonの相関係数を算出したところ、前期調査と後期調査の間に有意なやや強い正の相関ががみられた。前期調査：$r = .65 (p < .001)$ 後期調査：$r = .60 (p < .001)$

15 「23. ［韓国語・英語］を学習したら、良い仕事のチャンスがあるだろう。」の英語学習の平均値は $4.46 (SD = .70)$ で「高い」の範疇であり、韓国語学習との間に統計的有意差がみられた $(t(58) = 5.45, p < .001)$。

第 4 章

初級韓国語学習者の学習ストラテジーの
特徴と学習経験による変化

4.1 序

4.1.1 はじめに

韓国語学習者の用いる学習ストラテジーに関する研究は、金泰虎（2006）、齊藤良子（2008b, 2009）、原（2010）によって行われている。これらの研究結果から、韓国語学習者の多くが日本語と韓国語の類似点、特に韓国語の漢字語と日本語の漢語の類似性に着目し韓国語を学んでいることや、韓国語の習得レベルが高いほど漢字語が習得しやすいと感じる割合が高くなることから、習得レベルにより学習ストラテジーが異なることが明らかになった。また、中級韓国語学習者の使用する学習ストラテジーの特徴が英語学習に用いられる学習ストラテジーと同じ傾向であること、韓国語学習に対する好意度によって使用される学習ストラテジーに違いがみられることから、学習ストラテジーは目標言語ではなく、学習態度[1]によって異なることが明らかにされた。

以上の研究から、韓国語学習者の使用する学習ストラテジーの傾向が明らかにされてきている。ただし、これらの研究の多くは 1 年以上の韓国語学習経験がある学習者を対象としているため、初級韓国語学習者の学習ストラテジーについてはあまり明らかにされていないといえる。

そして、学習ストラテジーの変化については、原（2010）の研究によって、習得レベルにより学習ストラテジー使用が異なることが明らかにされたのは既に述べたとおりであるが、原（2010）の研究では、初級、中級、上級クラ

スの調査参加者がそれぞれ異なるため、明らかにされた違いが、習得レベル
が上がることによる変化なのか、中級、上級のクラスに進む学習者の特徴な
のかについては明らかにされなかった。

　また、韓国語以外の目標言語学習者を対象とした学習ストラテジーの変化
に関する研究では、荒井(2000)と元木(2007)がある²。荒井(2000)では、
英語を学んでいる大学1年生と3・4年生を調査し、学習ストラテジーが学
年により異なることを明らかにした。しかし、荒井(2000)の調査は、原
(2010)同様、1年生のグループと、3・4年生のグループで調査参加者が異
なるため、学年が上がることによる変化なのか、調査参加者の違いによる相
違なのか、を判断することは難しいといえる。元木(2007)では、詳細な調
査により、2名のドイツ語学習者の使用ストラテジーが学習を重ねるにつれ
変化することを明らかにしたが、調査参加者が2名であるため、この結果
を一般化することは難しいといえるだろう。

　これらの点を踏まえ、既に述べたとおり、本研究では同じ調査参加者59
名を対象に、同じ年度の前期授業と後期授業で調査を実施し、学習ストラテ
ジーが学習経験のなかでどのように変化するのかを明らかにすることとし
た。このように学習ストラテジーの変化を明らかにすることは、学習者が学
習段階によってどのようなストラテジーを用いているのかが明らかにできる
だけでなく、どのような学習を積極的に行っているのかも明らかにすること
ができるため、学習者に合わせて授業を構成することができ、より効果的な
教育を行うという観点からも意義があると考える。

　初級韓国語学習者の用いる学習ストラテジーとその変化を明らかにする方
法として、本研究ではOxford(1990)が外国語学習に使用される学習ストラ
テジーを網羅的に調査するために開発したStrategy Inventory for Language
Learning(SILL)を用い、調査を実施した。

　外国語学習ストラテジー研究の主な先行研究としては、意識、無意識に着
目し学習ストラテジーを分類したSeliger(1986)や、学習ストラテジーをメ
タ認知と認知、社会的なもの、情意的なものに分類したO'Malley, and
Chamot, et al.(1990)があるが、本研究では、学習経験による学習ストラテ
ジーの特徴とその変化を明らかにすることを目的としているため、学習歴の

長さや様々な目標言語学習者を対象とした研究に広く用いられており、さらに、すでに明らかにされている研究結果との比較を客観的に行えるストラテジー理論を用いることが最適であると考えた。そこで、本研究には、Oxford（1990）の理論と、さらに、それをもとに作成され、外国語学習ストラテジー調査質問紙である SILL を用いることとした。

　SILL は、多くの研究者によって使用されてきた質問紙であり、SILL を用いた研究は様々な目標言語学習者の特徴を明らかにしている。Oxford（1990）によれば、SILL を使用した調査は、中国語、英語、フランス語、ドイツ語、イタリア語、日本語、韓国語、ロシア語、スペイン語、タイ語、トルコ語等の様々な言語を学習している学習者を対象に世界各地で用いられている。さらに、Grenfell and Macaro（2007）によれば、世界で 1 万人以上の学習者が SILL を受けており、White, Schreamm, and Chamot（2007）によれば、SILL は学習ストラテジー研究において、最も広く使われている手段である。また、既に述べた先行研究のうち、荒井（2000）、元木（2007）、齋藤華子（2008）、齊藤良子（2008b, 2009）も SILL を用いて研究を行っている。このことから、SILL は初級韓国語学習者の学習ストラテジーを網羅的に明らかにし、さらに、前期と後期でどのように学習ストラテジーが変化したのかを客観的に比較しながら明らかにする質問紙として適していると考えた。

　本章では、4.1 で先行研究について、4.2 で調査と分析の方法について、4.3 で SILL の 6 領域に沿って学習ストラテジーの前期調査、後期調査、変化調査の結果について、4.4 で本章のまとめを述べる。

4.1.2　先行研究

　ここでは、SILL について、韓国語学習に用いられる学習ストラテジーに関する先行研究、SILL を用いた韓国語以外の言語学習ストラテジーに関する先行研究について述べる。

4.1.2.1　SILL について

　本研究では既に述べたとおり、初級韓国語学習者の学習ストラテジーの特徴とその変化を明らかにするために、Oxford（1990）が開発した外国語学習

者の学習ストラテジー全体を把握することができる質問紙である SILL を用いることとした。Oxford（1990）は、SILL を作成した目的を、外国語を教えている教師が外国語学習ストラテジーについて理解し、学生をより優れた学習者にすることであるとしている。この質問紙は、すでに述べたとおり、様々な目標言語を学んでいる学習者の学習ストラテジーを明らかにするために使われてきており、その信頼性も高いと考える（Grenfell and Macaro, 2007; White, et al., 2007）。

SILL は、Oxford（1990）の学習ストラテジーの分類に基づき、「記憶ストラテジー」「認知ストラテジー」「補償ストラテジー」「メタ認知ストラテジー」「情意ストラテジー」「社会的ストラテジー」の 6 領域に分類され、50 項目で構成されている。この 6 領域は、言語学習に直接関係する、3 つの「直接ストラテジー」と、文法や単語の学習に直接的には関係しないが、間接的に学習を支えている 3 つの「間接ストラテジー」で構成されている。「直接ストラテジー」は、「記憶ストラテジー」、「認知ストラテジー」、「補償ストラテジー」で構成され、「間接ストラテジー」は、「メタ認知ストラテジー」、「情意ストラテジー」、「社会的ストラテジー」で構成されている。Oxford（1990）によれば、直接ストラテジーと間接ストラテジーは相互に助長し合い、さらに 6 領域の学習ストラテジーも互いに相互関係をもっており、助長し合っている。

次に、Oxford（1990）に基づき各領域について具体的に説明する。「記憶ストラテジー」は、直接ストラテジーであり、イメージや音を結びつける、繰り返し復習する、動作に移すストラテジーなど、外国語で読んだり聞いたりしたことを新しい情報として貯蔵し想起するストラテジーであり、9 項目で構成されている。「認知ストラテジー」は、直接ストラテジーであり、練習する、情報内容を受け取ったり送ったりする、分析したり推論したりする、インプットとアウトプットのための構造を作るストラテジーなど、実践的なストラテジーであり、14 項目で構成されている。「補償ストラテジー」は、直接ストラテジーであり、聞くことと読むことを知的に推論する、話すことと書くことの制限を克服するストラテジーなど、学習者が外国語を理解したり、発話したりする際に足りない知識を補うための学習ストラテジーであ

り、6項目で構成されている。「メタ認知ストラテジー」は、間接ストラテジーであり、自分の学習を正しく位置づける、自分の学習を順序立てて計画する、自分の学習をきちんと評価するストラテジーなど、学習者が自らの学習の位置づけ、順序立て、計画、評価といった機能を使って、言語学習の過程を調節する学習ストラテジーであり、9項目で構成されている。「情意ストラテジー」は、間接ストラテジーであり、自分の不安を軽くする、自分を勇気づける、自分の感情をきちんと把握するストラテジーなど、感情、動機づけ、態度を調整するストラテジーであり、6項目で構成されている。「社会的ストラテジー」は、間接ストラテジーであり、質問をする、他の人々と協力する、他の人々へ感情移入するストラテジーなど、学習者が他の学習者とのコミュニケーションを通して学習していくのを助ける学習ストラテジーであり、6項目で構成されている。

4.1.2.2　韓国語学習に用いられる学習ストラテジーに関する先行研究

　韓国語学習者を対象とした学習ストラテジー調査にはSILLを用いた齊藤良子(2008b, 2009)と、その他の方法で学習ストラテジー研究を行った、金泰虎(2006)、原(2010)がある。

　齊藤良子(2008b)は、2006年5月〜6月に大学で中級韓国語を受講している韓国語学習者188名を対象にSILLを用い、韓国語学習と英語学習に用いる学習ストラテジー調査を実施し、双方の比較を行い、中級韓国語学習者の使用する学習ストラテジーの傾向を明らかにした。その結果、両言語を学んでいる学習者は、異なる目標言語である韓国語学習と英語学習に対して、ほぼ同じような学習ストラテジーを用いていることがわかった。しかし、既に述べたとおり、大学で韓国語を学んでいる学習者は、初級クラスを受講し終えると、それ以降韓国語学習を継続しないことが多い。このことから、大学における韓国語学習者の学習ストラテジー使用の傾向を明らかにするためには、初級韓国語学習者を対象として調査、研究を行う必要があるといえる。そこで、本研究では、初級韓国語学習者を対象とすることとした。

　また、齊藤良子(2009)では、2006年5月〜6月に大学で中級韓国語を受講している韓国語学習者188名を対象にSILLを用いて学習ストラテジーを

調査し、その結果を好意度によって分類し、好意度が高い学習者と低い学習者の学習ストラテジー使用の相違を分析した。その結果、学習者の韓国語学習に対する好意度の高低によって使用する学習ストラテジーが異なることが明らかにされた。具体的には、好意度の高い学習者は低い学習者に比べて、韓国語学習に関する明確な目標があり、韓国語が上達するための方法を探したり、韓国語学習について考えたり、計画を立てたり、積極的に学習に取り組んだり、復習したり、韓国語を使う機会を探したりしていることがわかった。また、会話練習では、自分が間違った時には相手に訂正してもらうよう頼んだり、韓国語のネイティブ・スピーカーの助けを求めたり、ジェスチャーを用いたりすることがわかった。他方、好意度が低い学習者が、高い学習者よりも使用している学習ストラテジーは、語彙習得に語呂合わせを用いる、のみであり、学習に対して消極的であることが明らかにされた。このことから、学習ストラテジーは目標言語の違いによって生じるのではなく、学習に対する態度によって異なることがわかった。

　次に、SILL 以外の調査研究により韓国語学習者の用いる学習ストラテジーについて明らかにした研究には、金泰虎（2006）と原（2010）がある。

　金泰虎（2006）は、中級韓国語会話の授業を 1 年間受講した学習者 48 名を対象として、学習方法や意識についての調査を独自に作成した質問紙調査法によって実施した。その結果、学習者が日本語と韓国語の類似点を認識しており、それを授業で生かそうと努力していること、そして、この認識に基づいて漢字語を活用していること、さらに、授業中にいつ質問されるかわからず、気を緩めることができないため、緊張感をもって授業に取り組んでいることが明らかにされた。

　原（2010）は、2008 年度に東京女子大学の韓国語クラスを履修している学生 164 名を調査対象として、日本人韓国語学習者が韓国語の漢字語と日本語の漢語の類似点等をどの程度意識して語彙習得を行っているのかを独自の質問紙を作成し調査した。その結果、約 65％の学習者が両言語の共通語彙の存在を知っていることがわかり、両言語の類似点を知っているほど、既にもっている知識を語彙習得に活かせる、と考える傾向がみられた。また、漢字語と漢語の類似点があるために学習しやすい、と思っている学習者の割合

は、全体では 80％であり、レベル別にみると、初級で 76.2％、中級で 85.3％、上級で 100％であった。このことから、韓国語のレベルが上がるほど、類似点があるため学び易いと感じる割合も高くなっていることが明らかにされた。

　以上の金泰虎（2006）と原（2010）の研究から、韓国語学習者の多くが韓国語と日本語の類似点、特に韓国語の漢字語と日本語の漢語の類似性に着目し韓国語を学んでいることが明らかになった。さらに、原（2010）では、学習レベルが上がるにつれ漢字語が習得しやすいと感じる割合が高くなることも明らかにした。このことから、韓国語学習に用いられる学習ストラテジーが学習レベルにより異なることが明らかになった。しかし、金泰虎（2006）は、1 年間韓国語学習を行った学習者を対象としており、原（2010）は受講しているクラスによりレベルを分け、その違いを明らかにしているため、初級韓国語学習者が学習過程により、どのように韓国語と日本語の類似性に気がつくのかについては明らかにされていない。そこで本研究では、学習ストラテジー調査に加え、学習ストラテジー変化調査も行うことにより、初級韓国語学習者の韓国語と日本語の類似性への関心の強さが学習経験によってどのように変化するのかについても明らかにすることとした。

4.1.2.3　SILL を用いた韓国語以外の言語学習ストラテジーに関する先行研究

　韓国語以外の目標言語学習者を対象とした研究のうち、本研究に関連のあるものとしては、荒井（2000）、元木（2007）、齋藤華子（2008）がある。

　荒井（2000）は、英語学習者がどの程度学習ストラテジーを意識しているのかについて研究するために、日本人英語学習者である東洋学園大学の 1 年生（126 名）と 3・4 年生（36 名）を対象に調査を行った。調査方法は、自由記述式で、学習者に学習者自身が考える効率的な外国語学習の方法やコツについて自由に答えさせ、その結果を、Oxford の SILL のカテゴリーにあてはめ、比較検討して特徴を考察した。その結果、1 年生は自発的な学習ではなく、学習態度が非常に受け身的であることがわかった。また、自分の学習を管理したり計画的に学習したりするストラテジーよりも、海外にいく、というような比較的安易な方法が好まれている、としている。この結果について

荒井 (2000) は、1 年生は、まだ自分から何か工夫して学習を行うという考え
が弱く、さらに中学や高校の英語の授業の影響が残っているのに加え、大学
でも英語の授業が必修であるため、勉強させられている、という気持ちに
なっているのではないか、としている。他方、3・4 年生では、1 年生に比
べて具体的なストラテジーに対する意識が高く、学習ストラテジーにも多様
性がみられた。この結果について、荒井 (2000) は、3 年生以降の英語の授業
が選択科目となるため、自分から何とかしなければ、という気持ちがでてく
るのではないか、としている。

　元木 (2007) は、2005 年 11 月にドイツ語学習者を対象として、ドイツ語
検定 2 級[3]、または、3 級の過去問を解く試験と同時に、SILL による学習ス
トラテジー調査を行い、2 つの研究を行った。第一に、試験と調査を 2 年連
続で受けた学生 2 名のケーススタディを行った。その結果、程度に差はあ
るものの、学習経験により両学習者とも各ストラテジー領域を使用する割合
が高くなっていることがわかった。また、学習ストラテジー使用の程度が高
い学生の方が試験の点数も良いことについて、元木 (2007) は、自分の学習
方法を自ら構築し、確実に成果をあげていっていると考えられる、としてい
る。第二に、上記の分析対象者とは別に、2 級受験者と 3 級受験者のうち、
最高得点者 1 人と最低得点者 1 人の使用している学習ストラテジー領域を
比較した。その結果、2 級試験の最高得点者は、記憶ストラテジー、補償ス
トラテジー、メタ認知ストラテジー、情意ストラテジー、認知ストラテジー
をよく用いており、バランス良く学習ストラテジーを使っていたことがわ
かった。その一方で、最低得点者は、最高得点者よりも社会的ストラテジー
を用いていることが明らかになった。また、語彙に関する学習ストラテジー
を比較したところ、最高得点者は全体的にバランス良くストラテジーを使用
をしていたが、知らない単語が出てきた時などに用いる補償ストラテジーは
最低得点者の方がよく用いていることがわかった。さらに、最低得点者はス
トラテジーを用いて知識不足を補おうとしていることが明らかになった。次
に、3 級受験者の調査では、最高得点者は、記憶ストラテジー、メタ認知ス
トラテジー、情意ストラテジー、社会的ストラテジーを用いていることがわ
かったが、2 級受験者に比べてバランスが悪いことがわかった。また、元木

(2007)は、全体の傾向として、メタ認知ストラテジーが学習効果に影響を
与えていると考えられる、とした。

　齋藤華子(2008)は、2008年7月に大学でスペイン語を専攻している1年
生、48名を調査対象として、SILLをベースとして独自の質問を加えた質問
紙を用いて学習ストラテジーを調査した。その結果、通常使用しているスト
ラテジーは「スペイン語の単語は、何度も書いて覚える」と、「ネイティブ
の先生のスペイン語を集中して聞く」の2つであることを明らかにした。
また、この結果について齋藤華子(2008)は、スペイン語を学習し始めて4ヶ
月ほどの学習者にとっては、身近な単語テストのための勉強以外は、自分に
あった学習方法を見つけるに至っていないのではないか、としている。ま
た、メタ認知ストラテジーがあまり使われていないことについて、スペイン
語学習を始めて半年に満たない学生は、学習全体を円滑に進めるための方略
についての認識がまだ薄いのではないか、と理由づけている。

　以上の荒井(2000)、元木(2007)の研究から、既に述べたとおり、荒井
(2000)では、英語学習者の学習ストラテジーが学年により異なること、元
木(2007)では、2名のドイツ語学習者の学習ストラテジーが学習を重ねるに
つれ変化することが明らかにされた。これらの2つの研究結果から、目標
言語は様々であるが、学習ストラテジーは学習経験により変化することが明
らかにされた。しかし、荒井(2000)では、1年生と3・4年生で調査参加者
が異なるため、両グループの用いている学習ストラテジーが異なっているの
か、または、学習経験によって変化したのかは正確に判断できない。また、
調査参加者が同一である元木(2007)では、詳細な調査が行われているが、
この調査はケーススタディであり調査参加者が2名であるため、より多く
の調査参加者によってさらに調査、分析を行う必要があるといえるだろう。

4.2　方法

4.2.1　質問紙

　本研究で用いた学習ストラテジー調査質問紙および、学習ストラテジー変
化調査質問紙は、Oxford(1990)が開発した学習ストラテジー質問紙SILLを

翻訳した、日本語版 SILL（Oxford, 1990; 宍戸・伴訳, 1994）を基本として、齊藤良子（2008b）が独自に作成した質問紙を基に、韓国語学習に用いる学習ストラテジー、および学習ストラテジーの変化について尋ねるために変更を加え独自に作成した。韓国語学習について尋ねるために言葉は若干変更をしているが、基本理念や質問意図は SILL を踏襲している。項目数は 50 項目で、Oxford（1990）のストラテジー分類に沿って「記憶ストラテジー」「認知ストラテジー」「補償ストラテジー」「メタ認知ストラテジー」「情意ストラテジー」「社会的ストラテジー」の 6 領域で構成されている。なお、調査方法、調査時期、調査対象者は「1.3 方法」に、評定尺度は「1.3.5 質問紙」に示した。また、前期調査質問紙は質問紙 4.1 に、後期調査質問紙、および、変化調査質問紙は質問紙 4.2 に示した。なお、各質問紙の詳細は各節で述べる。

　また、自由記述式の調査で明らかになった結果は「4.3 学習ストラテジー調査の結果と考察」における領域ごとの分析の考察に加えた。

質問紙 4.1　学習ストラテジー前期調査質問紙

学習方法について

以下に、韓国語学習、英語学習についての学習方法が並んでいます。下記の基準に沿って、各項目についてどの程度、あてはまるか、あてはまらないかを考え 1 〜 5 の数値で答えて下さい。各項目ごと、韓・英・韓・英の順で答え、それぞれの欄に空白をつくらないように答えて下さい。現在、英語を定期的に学習していない場合は、以前の経験を思い出して答えてください。

1 ----------------- 2 ----------------- 3 ----------------- 4 ----------------- 5
あてはまらない　　ややあてはまらない　どちらともいえない　　ややあてはまる　　　あてはまる

			韓国語	英語
1	新出単語は、文の中で使って覚える。	1		
2	新出単語を覚えるため、単語の音とその単語が持つイメージや絵を結びつける。	2		
3	新出単語は、それが使われる状況を心に描いて記憶する。	3		
4	新出単語を覚えるために、カードを使う。	4		
5	新出単語を覚えるために、語呂合わせを使う。	5		
6	新出単語の意味を体を使って表現してみる。	6		

第4章　初級韓国語学習者の学習ストラテジーの特徴と学習経験による変化　171

			韓国語	英語
7	［韓国語・英語］の新出単語と似ている日本語の単語を探す。	7		
8	新出単語を覚える時、その場所（ページ、黒板）などと一緒に覚える。	8		
9	新出単語は、何回も声に出したり、書いたりする。	9		
10	［韓国語・英語］のネイティブ・スピーカーのように話すよう心掛けている。	10		
11	［韓国語・英語］の発音練習をしている。	11		
12	知っている［韓国語・英語］の単語を、様々な状況で使ってみる。	12		
13	［韓国人・英米人］に対して、積極的に［韓国語・英語］で会話を始める。	13		
14	［韓国語・英語］のテレビ番組、映画を見る。	14		
15	［韓国語・英語］の本や雑誌を読むのが楽しい。	15		
16	［韓国語・英語］でメモ、手紙、メール、レポートを書く。	16		
17	［韓国語・英語］の文章を読むとき、先ず全体をざっと読み、次に初めに戻り詳しく読む。	17		
18	授業の復習をよくする。	18		
19	［韓国語・英語］の中に決まった言い回しを見つけようとする。	19		
20	［韓国語・英語］の単語は、理解できる最小単位に分けて理解するようにする。	20		
21	一語一語訳さないで全体で意味を取るようにする。	21		
22	聞いたり読んだりした［韓国語・英語］は、要約（まとめ）を作る。	22		
23	知らない単語を理解しようとするとき、その意味を推測する。	23		
24	［韓国語・英語］での会話中、適切な言葉が思いつかない時、ジェスチャーを使う。	24		
25	［韓国語・英語］で適切な単語を知らない時、自分で新語を作る。	25		
26	［韓国語・英語］の文章を読む時、新出単語を全く調べずに読む。	26		

1 ················· 2 ················· 3 ················· 4 ················· 5

あてはまらない　ややあてはまらない　どちらともいえない　ややあてはまる　　あてはまる

	1 ···········2··········3··········4··········5 あてはまらない ややあてはまらない どちらともいえない ややあてはまる あてはまる		韓国語	英語
27	［韓国語・英語］会話で相手が次に何を言うか予測しようとする。	27		
28	［韓国語・英語］の単語を思い出せない時、同じ意味の単語や語句で言い換える。	28		
29	［韓国語・英語］を使う機会をできるだけ見つけようとする。	29		
30	自分が既に知っていることと、［韓国語・英語］で新たに学んだ事との関連を考える。	30		
31	自分の［韓国語・英語］の間違いに気付き、自分の［韓国語・英語］力向上のために有効に使う。	31		
32	［韓国語・英語］を話している人がいたら、注意をそらさずに聞くようにする。	32		
33	［韓国語・英語］が上達するための方法を探す。	33		
34	［韓国語・英語］学習の時間を確保するため、自分の学習計画を立てる。	34		
35	［韓国語・英語］で話せる人を探す。	35		
36	［韓国語・英語］を読む機会をできるだけ探す。	36		
37	自分の［韓国語・英語］力向上に関して明確な目標がある。	37		
38	自分の［韓国語・英語］力が上達したかを考える。	38		
39	［韓国語・英語］を使うことが不安な時、落ち着くようにする。	39		
40	間違いを恐れず［韓国語・英語］を話すよう自分を励ます。	40		
41	［韓国語・英語］がうまく使えた時、自分をほめる。	41		
42	［韓国語・英語］を使っているときに、緊張している。	42		
43	言語学習日記に自分の感情を書く。	43		
44	［韓国語・英語］を学習している時、どう感じているかを、他の人に話す。	44		
45	相手の言っていることがわからない時、ゆっくり話すか、もう一度言うように頼む。	45		
46	自分が［韓国語・英語］を話していて間違った時は、相手に訂正してくれるように頼む。	46		

	1 ············· 2 ············· 3 ············· 4 ············· 5		韓国語	英語
	あてはまらない　ややあてはまらない　どちらともいえない　ややあてはまる　　あてはまる			
47	他の学習者と［韓国語・英語］を練習する。	47		
48	［韓国語・英語］のネイティブ・スピーカーからの助けを求める。	48		
49	クラスでは常に［韓国語・英語］で質問する。	49		
50	［韓国語・英語］が使われている国の文化を学ぶようにしている。	50		

質問紙 4.2　学習ストラテジー後期調査および変化調査質問紙

学習方法について
下記に、韓国語学習についての考えが並んでいます。各項目について現在どのように思っているのかを、〈「現在」についての基準〉に沿って、「現在」の解答欄に 1 ～ 5 の数値で答えて下さい。また、「前期と比べて」の解答欄には、前期と比較して、どのように変化したかを考え、下記の〈「前期と比較」についての基準〉に沿って 1 ～ 5 の数値で答えて下さい。
〈「現在」についての基準〉
　　　　　　　1 ············· 2 ············· 3 ············· 4 ············· 5
　　そう思わない　　あまりそう思わない　どちらともいえない　　ややそう思う　　　そう思う
〈「前期と比較」についての基準〉
　　　　　　　1 ············· 2 ············· 3 ············· 4 ············· 5
　　そう思わなくなった　あまりそう思わなくなった　　変わらない　　ややそう思うようになった　そう思うようになった

			現在	前期と比べて
1	新出単語は、文の中で使って覚える。	1		
2	新出単語を覚えるため、単語の音とその単語が持つイメージや絵を結びつける。	2		
3	新出単語は、それが使われる状況を心に描いて記憶する。	3		
4	新出単語を覚えるために、カードを使う。	4		
5	新出単語を覚えるために、語呂合わせを使う。	5		
6	新出単語の意味を体を使って表現してみる。	6		
7	韓国語の新出単語と似ている日本語の単語を探す。	7		
8	新出単語を覚える時、その場所(ページ、黒板)などと一緒に覚える。	8		

〈「現在」についての基準〉

1 ---------- 2 ---------- 3 ---------- 4 ---------- 5

そう思わない　あまりそう思わない　どちらともいえない　ややそう思う　そう思う

〈「前期と比較」についての基準〉

1 ---------- 2 ---------- 3 ---------- 4 ---------- 5

そう思わなくなった　あまりそう思わなくなった　変わらない　ややそう思うようになった　そう思うようになった

			現在	前期と比べて
9	新出単語は、何回も声に出したり、書いたりする。	9		
10	韓国語のネイティブ・スピーカーのように話すよう心掛けている。	10		
11	韓国語の発音練習をしている。	11		
12	知っている韓国語の単語を、様々な状況で使ってみる。	12		
13	韓国人に対して、積極的に韓国語で会話を始める。	13		
14	韓国語のテレビ番組、映画を見る。	14		
15	韓国語の本や雑誌を読むのが楽しい。	15		
16	韓国語でメモ、手紙、メール、レポートを書く。	16		
17	韓国語の文章を読むとき、先ず全体をざっと読み、次に初めに戻り詳しく読む。	17		
18	授業の復習をよくする。	18		
19	韓国語の中に決まった言い回しを見つけようとする。	19		
20	韓国語の単語は、理解できる最小単位に分けて理解するようにする。	20		
21	一語一語訳さないで全体で意味を取るようにする。	21		
22	聞いたり読んだりした韓国語は、要約（まとめ）を作る。	22		
23	知らない単語を理解しようとするとき、その意味を推測する。	23		
24	韓国語での会話中、適切な言葉が思いつかない時、ジェスチャーを使う。	24		
25	韓国語で適切な単語を知らない時、自分で新語を作る。	25		
26	韓国語の文章を読む時、新出単語を全く調べずに読む。	26		

第4章　初級韓国語学習者の学習ストラテジーの特徴と学習経験による変化　175

〈「現在」についての基準〉

1 ················· 2 ················· 3 ················· 4 ················· 5
　そう思わない　　あまりそう思わない　どちらともいえない　　ややそう思う　　　そう思う

〈「前期と比較」についての基準〉

1 ················· 2 ················· 3 ················· 4 ················· 5
そう思わなくなった　あまりそう思わなくなった　　変わらない　　ややそう思うようになった　そう思うようになった

			現在	前期と比べて
27	韓国語会話で相手が次に何を言うか予測しようとする。	27		
28	韓国語の単語を思い出せない時、同じ意味の単語や語句で言い換える。	28		
29	韓国語を使う機会をできるだけ見つけようとする。	29		
30	自分が既に知っていることと、韓国語で新たに学んだ事との関連を考える。	30		
31	自分の韓国語の間違いに気付き、自分の韓国語力向上のために有効に使う。	31		
32	韓国語を話している人がいたら、注意をそらさずに聞くようにする。	32		
33	韓国語が上達するための方法を探す。	33		
34	韓国語学習の時間を確保するため、自分の学習計画を立てる。	34		
35	韓国語で話せる人を探す。	35		
36	韓国語を読む機会をできるだけ探す。	36		
37	自分の韓国語力向上に関して明確な目標がある。	37		
38	自分の韓国語力が上達したかを考える。	38		
39	韓国語を使うことが不安な時、落ち着くようにする。	39		
40	間違いを恐れず韓国語を話すよう自分を励ます。	40		
41	韓国語がうまく使えた時、自分をほめる。	41		
42	韓国語を使っているときに、緊張している。	42		
43	言語学習日記に自分の感情を書く。	43		
44	韓国語を学習している時、どう感じているかを、他の人に話す。	44		

〈「現在」についての基準〉

1 ･･････････････････ 2 ･･････････････････ 3 ･･････････････････ 4 ･･････････････････ 5

　そう思わない　　あまりそう思わない　どちらともいえない　　ややそう思う　　　そう思う

〈「前期と比較」についての基準〉

1 ･･････････････････ 2 ･･････････････････ 3 ･･････････････････ 4 ･･････････････････ 5

そう思わなくなった　あまりそう思わなくなった　　変わらない　　ややそう思うようになった　そう思うようになった

			現在	前期と比べて
45	相手の言っていることがわからない時、ゆっくり話すか、もう一度言うように頼む。	45		
46	自分が韓国語を話していて間違った時は、相手に訂正してくれるように頼む。	46		
47	他の学習者と韓国語を練習する。	47		
48	韓国語のネイティブ・スピーカーからの助けを求める。	48		
49	クラスでは常に韓国語で質問する。	49		
50	韓国語が使われている国の文化を学ぶようにしている。	50		

4.2.2　分析方法

　調査により得られたデータは、Oxford（1990）の提示した「記憶ストラテジー」「認知ストラテジー」「補償ストラテジー」「メタ認知ストラテジー」「情意ストラテジー」「社会的ストラテジー」の6領域に従い、分析した。具体的な分析方法は「1.3.6 分析方法」に示した。

4.3　学習ストラテジー調査の結果と考察

　ここでは、学習ストラテジーの前期調査、後期調査、変化調査の結果を項目ごとに平均値と標準偏差を算出し、SILL の6領域に沿って、分析と考察を行っていく。各項目の平均値と標準偏差の結果を、前期調査と後期調査の結果は表4.1に、変化調査の結果は表4.2に示す。また、各領域の前期調査、後期調査、変化調査の平均値は各節で示すが、その際、前期調査と後期調査の平均値は「前期・後期ストラテジー調査」として、ひとつの図に示す。さらに、韓国語学習ストラテジー調査の前期調査結果と英語学習ストラテジー

調査の比較の結果を表4.3に示す。この韓国語学習と英語学習の比較結果は、各領域の考察の中で特徴的な部分に関してのみ言及していく。

表4.1 初級韓国語学習者のストラテジー前期調査と後期調査の平均値(M)、標準偏差(SD)、t値、有意差

項目	前期調査 ($n=59$)		後期調査 ($n=59$)		t値
	M	(SD)	M	(SD)	
言語学習の適性					
1. 新出単語は、文の中で使って覚える。	3.22	(1.29)	3.83	(1.02)	3.15 **
2. 新出単語を覚えるため、単語の音とその単語が持つイメージや絵を結びつける。	3.58	(1.13)	3.66	(1.11)	.49
3. 新出単語は、それが使われる状況を心に描いて記憶する。	3.20	(1.14)	3.32	(1.17)	.73
4. 新出単語を覚えるために、カードを使う。	2.53	(1.49)	2.41	(1.34)	.69
5. 新出単語を覚えるために、語呂合わせを使う。	2.90	(1.41)	2.95	(1.34)	.28
6. 新出単語の意味を体を使って表現してみる。	1.80	(.96)	2.15	(1.19)	2.31 *
8. 新出単語を覚える時、その場所(ページ、黒板)などと一緒に覚える。	3.02	(1.15)	3.14	(1.21)	.57
18. 授業の復習をよくする。	3.14	(1.15)	2.88	(1.19)	1.65
30. 自分が既に知っていることと、韓国語で新たに学んだ事との関連を考える。	3.25	(1.20)	3.37	(1.20)	.80
認知ストラテジー					
7. 韓国語の新出単語と似ている日本語の単語を探す。	3.17	(1.34)	3.68	(1.09)	3.12 **
9. 新出単語は、何回も声に出したり、書いたりする。	4.36	(.89)	4.08	(1.02)	1.82
10. 韓国語のネイティブ・スピーカーのように話すよう心掛けている。	3.07	(1.27)	3.12	(1.19)	.36
11. 韓国語の発音練習をしている。	3.68	(1.11)	3.34	(1.23)	1.93
12. 知っている韓国語の単語を、様々な状況で使ってみる。	3.44	(1.29)	3.22	(1.29)	1.37
13. 韓国人に対して、積極的に韓国語で会話を始める。	2.19	(1.21)	2.54	(1.39)	2.18 *
14. 韓国語のテレビ番組、映画を見る。	3.02	(1.63)	3.32	(1.50)	1.67
15. 韓国語の本や雑誌を読むのが楽しい。	2.20	(1.11)	2.83	(1.28)	4.67 ***
16. 韓国語でメモ、手紙、メール、レポートを書く。	1.66	(.90)	2.42	(1.32)	4.63 ***
17. 韓国語の文章を読むとき、先ず全体をざっと読み、次に初めに戻り詳しく読む。	2.80	(1.21)	2.86	(1.28)	.38
19. 韓国語の中に決まった言い回しを見つけようとする。	3.41	(1.25)	3.36	(1.19)	.35
20. 韓国語の単語は、理解できる最小単位に分けて理解するようにする。	3.31	(.99)	3.44	(1.00)	1.11
21. 一語一語訳さないで全体で意味を取るようにする。	2.63	(.96)	2.92	(1.06)	1.86
22. 聞いたり読んだりした韓国語は、要約(まとめ)を作る。	2.36	(1.08)	2.37	(1.02)	.12
補償ストラテジー					
23. 知らない単語を理解しようとするとき、その意味を推測する。	3.34	(1.17)	3.36	(1.05)	.10
24. 韓国語での会話中、適切な言葉が思いつかない時、ジェスチャーを使う。	3.63	(1.24)	3.36	(1.26)	1.76
25. 韓国語で適切な単語を知らない時、自分で新語を作る。	1.71	(.98)	1.92	(1.13)	1.07

26. 韓国語の文章を読む時、新出単語を全く調べずに読む。	2.32	(1.18)	2.53	(1.04)	1.29
27. 韓国語会話で相手が次に何を言うか予測しようとする。	2.63	(1.17)	2.41	(1.02)	1.17
28. 韓国語の単語を思い出せない時、同じ意味の単語や語句で言い換える。	3.07	(1.06)	2.86	(1.04)	1.22

メタ認知ストラテジー

29. 韓国語を使う機会をできるだけ見つけようとする。	3.07	(1.19)	3.15	(1.30)	.57
31. 自分の韓国語の間違いに気付き、自分の韓国語力向上のために有効に使う。	3.54	(1.01)	3.56	(1.02)	.12
32. 韓国語を話している人がいたら、注意をそらさずに聞くようにする。	3.39	(1.26)	3.42	(1.15)	.23
33. 韓国語が上達するための方法を探す。	3.32	(1.24)	3.29	(1.16)	.20
34. 韓国語学習の時間を確保するため、自分の学習計画を立てる。	2.76	(1.21)	2.97	(1.33)	1.22
35. 韓国語で話せる人を探す。	2.71	(1.29)	2.95	(1.27)	1.47
36. 韓国語を読む機会をできるだけ探す。	3.05	(1.32)	3.44	(1.29)	2.40 *
37. 自分の韓国語力向上に関して明確な目標がある。	2.93	(1.30)	3.12	(1.25)	1.42
38. 自分の韓国語力が上達したかを考える。	3.36	(1.20)	3.51	(1.15)	.91

情意ストラテジー

39. 韓国語を使うことが不安な時、落ち着くようにする。	2.92	(1.15)	2.93	(1.01)	.11
40. 間違いを恐れず韓国語を話すよう自分を励ます。	2.97	(1.19)	2.97	(1.03)	.00
41. 韓国語がうまく使えた時、自分をほめる。	3.29	(1.19)	3.12	(1.29)	1.22
42. 韓国語を使っているときに、緊張している。	3.61	(1.29)	3.56	(1.18)	.32
43. 言語学習日記に自分の感情を書く。	1.51	(.84)	1.83	(1.10)	2.24 **
44. 韓国語を学習している時、どう感じているかを、他の人に話す。	2.81	(1.28)	2.22	(1.12)	2.91 *

社会的ストラテジー

45. 相手の言っていることがわからない時、ゆっくり話すか、もう一度言うように頼む。	3.92	(1.07)	3.75	(1.09)	.97
46. 自分が韓国語を話していて間違った時は、相手に訂正してくれるように頼む。	3.49	(1.25)	3.39	(1.16)	.64
47. 他の学習者と韓国語を練習する。	3.25	(1.42)	3.27	(1.31)	.09
48. 韓国語のネイティブ・スピーカーからの助けを求める。	2.76	(1.38)	2.95	(1.24)	.96
49. クラスでは常に韓国語で質問する。	1.75	(.94)	1.86	(.99)	.89
50. 韓国語が使われている国の文化を学ぶようにしている。	2.98	(1.35)	2.92	(1.29)	.42

*** $p < .001$, ** $p < .01$, * $p < .05$

表4.2　初級韓国語学習者のストラテジー変化調査の平均値（M）と標準偏差（SD）

項目	$n = 59$	
	M	(SD)
記憶ストラテジー		
1. 新出単語は、文の中で使って覚える。	3.42	(.72)
2. 新出単語を覚えるため、単語の音とその単語が持つイメージや絵を結びつける。	3.22	(.65)
3. 新出単語は、それが使われる状況を心に描いて記憶する。	3.14	(.63)
4. 新出単語を覚えるために、カードを使う。	2.95	(.65)

5. 新出単語を覚えるために、語呂合わせを使う。	3.14	(.68)
6. 新出単語の意味を体を使って表現してみる。	2.93	(.61)
8. 新出単語を覚える時、その場所(ページ、黒板)などと一緒に覚える。	3.05	(.60)
18. 授業の復習をよくする。	3.19	(.80)
30. 自分が既に知っていることと、韓国語で新たに学んだ事との関連を考える。	3.29	(.72)

認知ストラテジー　3.27　(.83)

7. 韓国語の新出単語と似ている日本語の単語を探す。	3.32	(.57)
9. 新出単語は、何回も声に出したり、書いたりする。	3.39	(.79)
10. 韓国語のネイティブ・スピーカーのように話すよう心掛けている。	3.22	(.62)
11. 韓国語の発音練習をしている。	3.32	(.78)
12. 知っている韓国語の単語を、様々な状況で使ってみる。	3.37	(.69)
13. 韓国人に対して、積極的に韓国語で会話を始める。	3.00	(.79)
14. 韓国語のテレビ番組、映画を見る。	3.29	(.87)
15. 韓国語の本や雑誌を読むのが楽しい。	3.20	(.78)
16. 韓国語でメモ、手紙、メール、レポートを書く。	3.07	(.85)
17. 韓国語の文章を読むとき、先ず全体をざっと読み、次に初めに戻り詳しく読む。	3.12	(.77)
19. 韓国語の中に決まった言い回しを見つけようとする。	3.27	(.69)
20. 韓国語の単語は、理解できる最小単位に分けて理解するようにする。	3.29	(.64)
21. 一語一語訳さないで全体で意味を取るようにする。	3.08	(.62)
22. 聞いたり読んだりした韓国語は、要約(まとめ)を作る。	2.92	(.53)

補償ストラテジー　3.07　(.52)

23. 知らない単語を理解しようとするとき、その意味を推測する。	3.22	(.77)
24. 韓国語での会話中、適切な言葉が思いつかない時、ジェスチャーを使う。	3.22	(.72)
25. 韓国語で適切な単語を知らない時、自分で新語を作る。	2.75	(.73)
26. 韓国語の文章を読む時、新出単語を全く調べずに読む。	2.86	(.54)
27. 韓国語会話で相手が次に何を言うか予測しようとする。	2.90	(.71)
28. 韓国語の単語を思い出せない時、同じ意味の単語や語句で言い換える。	3.08	(.68)

メタ認知ストラテジー

29. 韓国語を使う機会をできるだけ見つけようとする。	3.31	(.81)
31. 自分の韓国語の間違いに気付き、自分の韓国語力向上のために有効に使う。	3.22	(.79)
32. 韓国語を話している人がいたら、注意をそらさずに聞くようにする。	3.47	(.75)
33. 韓国語が上達するための方法を探す。	3.24	(.75)
34. 韓国語学習の時間を確保するため、自分の学習計画を立てる。	3.20	(.74)
35. 韓国語で話せる人を探す。	3.15	(.66)
36. 韓国語を読む機会をできるだけ探す。	3.47	(.84)
37. 自分の韓国語力向上に関して明確な目標がある。	3.37	(.79)
38. 自分の韓国語力が上達したかを考える。	3.39	(.81)

情意ストラテジー

39. 韓国語を使うことが不安な時、落ち着くようにする。	3.08	(.68)
40. 間違いを恐れず韓国語を話すよう自分を励ます。	3.05	(.71)
41. 韓国語がうまく使えた時、自分をほめる。	3.15	(.64)
42. 韓国語を使っているときに、緊張している。	3.32	(.80)

43. 言語学習日記に自分の感情を書く。	2.83	(.75)
44. 韓国語を学習している時、どう感じているかを、他の人に話す。	3.00	(.59)

社会的ストラテジー

45. 相手の言っていることがわからない時、ゆっくり話すか、もう一度言うように頼む。	3.41	(.75)
46. 自分が韓国語を話していて間違った時は、相手に訂正してくれるように頼む。	3.19	(.57)
47. 他の学習者と韓国語を練習する。	3.24	(.68)
48. 韓国語のネイティブ・スピーカーからの助けを求める。	3.05	(.51)
49. クラスでは常に韓国語で質問する。	2.90	(.55)
50. 韓国語が使われている国の文化を学ぶようにしている。	3.22	(.77)

表 4.3　初級韓国語学習者の韓国語学習ストラテジー前期調査と英語学習ストラテジー調査の平均値(M)、標準偏差(SD)、t 値、有意差

項目	韓国語 ($n=59$)		英語 ($n=59$)		t 値
	M	(SD)	M	(SD)	
記憶ストラテジー					
1. 新出単語は、文の中で使って覚える。	3.22	(1.29)	2.80	(1.23)	2.45 *
2. 新出単語を覚えるため、単語の音とその単語が持つイメージや絵を結びつける。	3.58	(1.13)	3.44	(1.09)	1.34
3. 新出単語は、それが使われる状況を心に描いて記憶する。	3.20	(1.14)	3.20	(1.08)	.00 ***
4. 新出単語を覚えるために、カードを使う。	2.53	(1.49)	2.73	(1.53)	1.57 *
5. 新出単語を覚えるために、語呂合わせを使う。	2.90	(1.41)	2.83	(1.33)	.48 *
6. 新出単語の意味を体を使って表現してみる。	1.80	(.96)	1.80	(.96)	.00
8. 新出単語を覚える時、その場所(ページ、黒板)などと一緒に覚える。	3.02	(1.15)	2.83	(1.18)	2.38 *
18. 授業の復習をよくする。	3.14	(1.15)	2.75	(1.06)	2.85 **
30. 自分が既に知っていることと、[韓国語・英語]で新たに学んだ事との関連を考える。	3.25	(1.20)	3.27	(1.13)	.23 **
認知ストラテジー	3.42	1.13	3.17	1.18	2.08 *
7. [韓国語・英語]の新出単語と似ている日本語の単語を探す。	3.17	(1.34)	2.53	(1.28)	3.98 ***
9. 新出単語は、何回も声に出したり、書いたりする。	4.36	(.89)	4.42	(.72)	.89
10. [韓国語・英語]のネイティブ・スピーカーのように話すよう心掛けている。	3.07	(1.27)	3.17	(1.19)	.88
11. [韓国語・英語]の発音練習をしている。	3.68	(1.11)	3.22	(1.25)	2.81 **
12. 知っている[韓国語・英語]の単語を、様々な状況で使ってみる。	3.44	(1.29)	3.32	(1.20)	.78
13. [韓国人・英米人]に対して、積極的に[韓国語・英語]で会話を始める。	2.19	(1.21)	2.59	(1.45)	2.69 **
14. [韓国語・英語]のテレビ番組、映画を見る。	3.02	(1.63)	3.59	(1.39)	2.54 *
15. [韓国語・英語]の本や雑誌を読むのが楽しい。	2.20	(1.11)	2.54	(1.34)	2.58 *
16. [韓国語・英語]でメモ、手紙、メール、レポートを書く。	1.66	(.90)	2.14	(1.31)	3.62 **
17. [韓国語・英語]の文章を読むとき、先ず全体をざっと読み、次に初めに戻り詳しく読む。	2.80	(1.21)	3.44	(1.19)	4.88 ***

19. ［韓国語・英語］の中に決まった言い回しを見つけようとする。	3.41	(1.25)	3.22	(1.20)	1.75
20. ［韓国語・英語］の単語は、理解できる最小単位に分けて理解するようにする。	3.31	(.99)	3.37	(1.03)	.57 **
21. 一語一語訳さないで全体で意味を取るようにする。	2.63	(.96)	3.20	(1.20)	3.43 **
22. 聞いたり読んだりした［韓国語・英語］は、要約（まとめ）を作る。	2.36	(1.08)	2.47	(1.09)	1.63
補償ストラテジー	3.15	.94	4.51	.77	8.48 ***
23. 知らない単語を理解しようとするとき、その意味を推測する。	3.34	(1.17)	3.51	(1.10)	1.43
24. ［韓国語・英語］での会話中、適切な言葉が思いつかない時、ジェスチャーを使う。	3.63	(1.24)	4.12	(1.07)	4.12 ***
25. ［韓国語・英語］で適切な単語を知らない時、自分で新語を作る。	1.71	(.98)	2.05	(1.29)	2.53 *
26. ［韓国語・英語］の文章を読む時、新出単語を全く調べずに読む。	2.32	(1.18)	2.32	(1.14)	.00
27. ［韓国語・英語］会話で相手が次に何を言うか予測しようとする。	2.63	(1.17)	2.68	(1.20)	.42
28. ［韓国語・英語］の単語を思い出せない時、同じ意味の単語や語句で言い換える。	3.07	(1.06)	3.75	(1.08)	4.85 ***
メタ認知ストラテジー					
29. ［韓国語・英語］を使う機会をできるだけ見つけようとする。	3.07	(1.19)	3.10	(1.14)	.27
31. 自分の［韓国語・英語］の間違いに気付き、自分の［韓国語・英語］力向上のために有効に使う。	3.54	(1.01)	3.44	(.91)	1.23
32. ［韓国語・英語］を話している人がいたら、注意をそらさずに聞くようにする。	3.39	(1.26)	3.20	(1.30)	1.56
33. ［韓国語・英語］が上達するための方法を探す。	3.32	(1.24)	3.29	(1.27)	.27
34. ［韓国語・英語］学習の時間を確保するため、自分の学習計画を立てる。	2.76	(1.21)	2.86	(1.27)	1.63
35. ［韓国語・英語］で話せる人を探す。	2.71	(1.29)	2.63	(1.17)	.82
36. ［韓国語・英語］を読む機会をできるだけ探す。	3.05	(1.32)	2.95	(1.31)	.71
37. 自分の［韓国語・英語］力向上に関して明確な目標がある。	2.93	(1.30)	3.02	(1.36)	.53
38. 自分の［韓国語・英語］力が上達したかを考える。	3.36	(1.20)	3.15	(1.28)	1.54
情意ストラテジー					
39. ［韓国語・英語］を使うことが不安な時、落ち着くようにする。	2.92	(1.15)	3.05	(1.12)	2.05 *
40. 間違いを恐れず［韓国語・英語］を話すよう自分を励ます。	2.97	(1.19)	3.03	(1.19)	.73
41. ［韓国語・英語］がうまく使えた時、自分をほめる。	3.29	(1.19)	3.41	(1.22)	1.84
42. ［韓国語・英語］を使っているときに、緊張している。	3.61	(1.29)	3.73	(1.31)	1.15
43. 言語学習日記に自分の感情を書く。	1.51	(.84)	1.54	(.97)	.57
44. ［韓国語・英語］を学習している時、どう感じているかを、他の人に話す。	2.81	(1.28)	2.69	(1.33)	1.15
社会的ストラテジー					
45. 相手の言っていることがわからない時、ゆっくり話すか、もう一度言うように頼む。	3.92	(1.07)	4.27	(.83)	3.49 **
46. 自分が［韓国語・英語］を話していて間違った時は、相手に訂正してくれるように頼む。	3.49	(1.25)	3.46	(1.26)	1.00
47. 他の学習者と［韓国語・英語］を練習する。	3.25	(1.42)	3.10	(1.39)	1.32

48. ［韓国語・英語］のネイティブ・スピーカーからの助けを求める。	2.76	(1.38)	2.75	(1.37)	.13
49. クラスでは常に［韓国語・英語］で質問する。	1.75	(.94)	1.90	(1.05)	1.54
50. ［韓国語・英語］が使われている国の文化を学ぶようにしている。	2.98	(1.35)	2.81	(1.32)	1.32

***$p < .001$, **$p < .01$, *$p < .05$

4.3.1 記憶ストラテジー

ここでは、直接ストラテジーであり、外国語で読んだり聞いたりしたことを新しい情報として貯蔵し想起する学習ストラテジーである「記憶ストラテジー」領域についてみていく。前期・後期ストラテジー調査の各項目の平均値は図 4.1 に、変化調査の各項目の平均値は図 4.2 に示す。

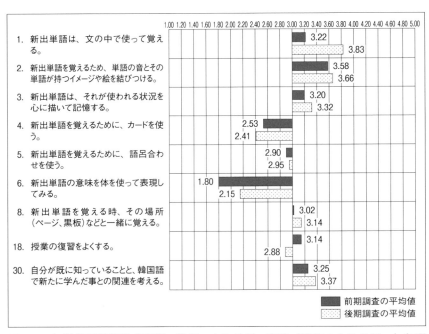

図 4.1　初級韓国語学習者前期・後期ストラテジー調査「記憶ストラテジー」各項目の平均値

第一に、前期調査と後期調査の結果についてみていく。まず、前期調査の結果をみると、「2. 新出単語を覚えるため、単語の音とその単語が持つイメー

ジや絵を結びつける。」の平均値がやや高く、「4. 新出単語を覚えるために、カードを使う。」の平均値がやや低く、「6. 新出単語の意味を体を使って表現してみる。」の平均値が低かった。なお、「1. 新出単語は、文の中で使って覚える。」「3. 新出単語は、それが使われる状況を心に描いて記憶する。」「5. 新出単語を覚えるために、語呂合わせを使う。」「8. 新出単語を覚える時、その場所(ページ、黒板)などと一緒に覚える。」「18. 授業の復習をよくする。」「30. 自分が既に知っていることと、韓国語で新たに学んだ事との関連を考える。」は、その平均値から、「どちらともいえない」ことがわかった。

次に、後期調査の結果をみると、前期調査同様、2 の平均値がやや高く、4 の平均値がやや低く、3、5、8、18、30 の平均値はいずれも「どちらともいえない」の範疇であった。しかし、前期調査と異なり、前期調査で平均値が「どちらともいえない」の範疇であった 1 の平均値がやや高く、前期調査で平均値が低かった 6 の平均値がやや低かった。

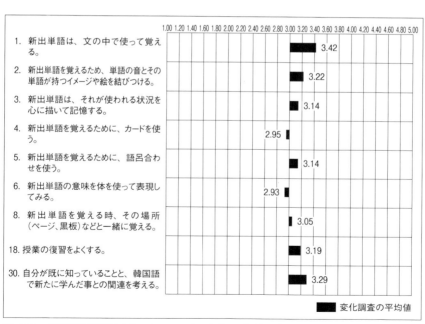

図 4.2 初級韓国語学習者ストラテジー変化調査「記憶ストラテジー」各項目の平均値

さらに、前後期比較をみると、1と6で統計的有意差がみられた。まず、1に1％レベルで統計的有意差がみられ、後期の方が平均値が高かったことから、前期よりも後期の方が単語を文の中で使って覚えていることがわかった。次に、6に5％レベルの統計的有意差があり、後期の方が平均値が高かった。ただし、6は前期調査結果の平均値が低く、後期調査でもやや低かったことから、後期の方が新出単語の意味を体を使って表現してみるというストラテジーを使用していることがわかったが、実際には、前期も後期もあまり使用されていないといえる。

　このことから、初級韓国語学習者は、前期、後期を通して、新出単語を覚える時、単語の音とその単語がもつイメージや絵を結びつけたりするが、カードを使ったり、体を使って表現してみるといった学習ストラテジーはほとんど使用しないことが明らかになった。また、後期調査時には、前期ではあまり使用しなかった「1. 新出単語は、文の中で使って覚える。」という方法を用いるようになったことも明らかになった。

　第二に、変化調査の結果をみると、「1. 新出単語は、文の中で使って覚える。」の平均値がやや高かったが、その他の項目の平均値は「変わらない」の範疇であった。このことから、初級韓国語学習者は、前期と比較して、新出単語を文の中で使って覚えるようになったと考えているが、その他の項目については、変化しなかったと考えていることがわかった。

　次に、変化調査の結果を、前述の前後期比較の結果と比べる。まず、「1. 新出単語は、文の中で使って覚える。」は変化調査と前後期比較の結果が一致したことから、学習者は実際に、新出単語を文中で使って覚えており、学習者自身もその変化を認知していることがわかった。一方、「6. 新出単語の意味を体を使って表現してみる。」は、前後期比較では統計的有意差がみられ、後期の方がその平均値が高かったが、変化調査の結果では、学習者自身は変わってないと考えていることが明らかになった。このことから、学習者の認知と実際の変化に差があることがわかった。ただし、6はその平均値から前期も後期もあまり使用されていない学習ストラテジーであると考えられるため、その変化に学習者が気がついていないと推測される。

　以上の結果から、初級韓国語学習者は、前期調査時よりも後期調査時の方

が新出単語を文の中で使って覚えるようになったと認知していることが明らかになった。これは、ハングル文字の読み方や活用方法を中心に学んでいた前期に比べ、後期の方が韓国語を文単位で学ぶ機会が増えたためではないかと推測する。また、前期、後期を通して、新出単語を覚える時、単語の音とその単語がもつイメージや絵を結びつけたりして覚える、学習ストラテジーの使用頻度が高いが、前期調査結果と本研究で実施した英語学習の学習ストラテジーを比較すると、英語学習と韓国語学習の間に統計的有意差はみられず、英語でも、新出単語を覚えるために単語と音やイメージを結びつけていることがわかった[4]。このことから、この単語の覚え方は韓国語学習者だけにみられる特徴ではないといえるだろう。

4.3.2 認知ストラテジー

ここでは、直接ストラテジーであり、練習する、情報内容を受け取ったり送ったりする、分析したり推論したりする、インプットとアウトプットのための構造を作るストラテジーなど、実践的な学習ストラテジーである「認知ストラテジー」についてみていく。前期・後期ストラテジー調査の各項目の平均値は図 4.3 に、変化調査の各項目の平均値は図 4.4 に示す。

第一に、前期調査と後期調査の結果についてみていく。まず、前期調査の結果をみると、「9. 新出単語は、何回も声に出したり、書いたりする。」の平均値が高く、「11. 韓国語の発音練習をしている。」「12. 知っている韓国語の単語を、様々な状況で使ってみる。」「19. 韓国語の中に決まった言い回しを見つけようとする。」の平均値がやや高かった。一方、「13. 韓国人に対して、積極的に韓国語で会話を始める。」「15. 韓国語の本や雑誌を読むのが楽しい。」「22. 聞いたり読んだりした韓国語は、要約（まとめ）を作る。」の平均値がやや低く、「16. 韓国語でメモ、手紙、メール、レポートを書く。」の平均値が低かった。

このことから、初級韓国語学習者は、新出単語は何回も声に出したり書いたりして、知っている韓国語の単語を様々な状況で使ってみたり、韓国語の中に決まった言い回しを見つけようとしたり、韓国語の発音練習をしたりしていることがわかった。一方、韓国人に対して積極的に会話を始めたり、韓

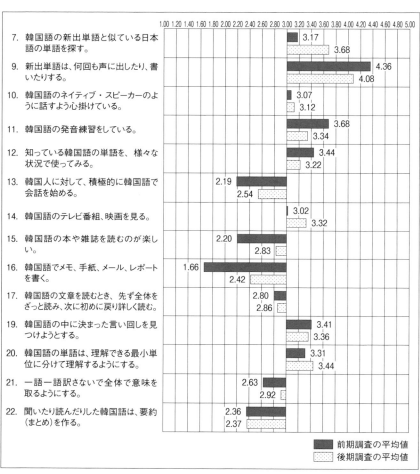

図 4.3　初級韓国語学習者前期・後期ストラテジー調査「認知ストラテジー」各項目の平均値

国語で書いたり読んだりしたことの要約をまとめたり、韓国語でメモや手紙を書いたりすることはなく、韓国語の本や雑誌を読むことが楽しいと感じることもないことがわかった。

　なお、「7. 韓国語の新出単語と似ている日本語の単語を探す。」「10. 韓国語のネイティブ・スピーカーのように話すよう心掛けている。」「14. 韓国

のテレビ番組、映画を見る。」「17. 韓国語の文章を読むとき、先ず全体をざっと読み、次に初めに戻り詳しく読む。」「20. 韓国語の単語は、理解できる最小単位に分けて理解するようにする。」「21. 一語一語訳さないで全体で意味を取るようにする。」の平均値から、これらのストラテジーについては、「どちらともいえない」と思っていることがわかった。

　次に、後期調査の結果をみると、前期調査同様、9 の平均値が高く、13、22 の平均値がやや低く、10、14、17、21 の平均値はいずれも「どちらともいえない」の範疇であった。しかし、前期調査と異なり、前期調査で「どちらともいえない」の範疇であった 7 と 20 の平均値がやや高く、前期調査での平均値が低かった 16 の平均値がやや低かった。さらに、前期調査で平均値がやや高かった 11、12 と前期調査で平均値がやや低かった 15 の 3 項目はいずれも後期調査では「どちらといえない」の範疇であった。

　さらに、前後期比較をみると、7、13、15、16 において統計的有意差がみられた。まず、7 をみると、1％レベルの統計的有意差がみられ、後期の平均値の方が高かったことから、前期よりも後期の方が韓国語の新出単語を日本語に関連づけ、似ている単語を探すようになったことがわかった。次に、13 では、5％レベルの統計的有意差がみられ、後期の方が平均値が高く、15 と 16 でも、0.1％レベルで統計的有意差がみられ、後期の方が平均値が高かった。ただし、「13. 韓国人に対して、積極的に韓国語で会話を始める。」「15. 韓国語の本や雑誌を読むのが楽しい。」「16. 韓国語でメモ、手紙、メール、レポートを書く。」の 3 項目は、前期調査、後期調査の結果がいずれも「どちらともいえない」から「低い」の間であった。そのため、実際に使用したり、感じたりしているというよりも、これらのストラテジーや感情について前期調査時よりも否定的ではなくなった、ということが数値として表れているのではないかと推測する。

　このことから、初級韓国語学習者は、前期、後期を通して、新出単語を何回も声に出したり書いたりする一方、韓国人に対して積極的に韓国語で会話を始めたり、聞いたり読んだりした韓国語の要約（まとめ）を作ったりはしないことが明らかになった。また、前後期比較の結果から、後期調査時には、韓国語の新出単語と似ている日本語の単語を探すようになったことが明らか

になった。なお、初級学習者が単語を何度も書いて覚える、というストラテジーを使用する点は、スペイン語学習者を対象とした齋藤華子(2008)の結果と同じ傾向であった。

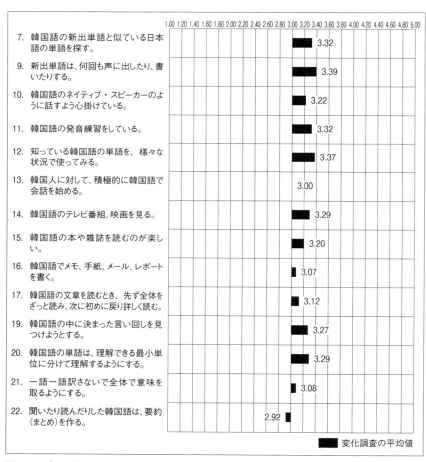

図4.4　初級韓国語学習者ストラテジー変化調査「認知ストラテジー」各項目の平均値

　第二に、変化調査の結果をみると、全項目において初級韓国語学習者は前期と比べて「変わらない」と考えていることがわかった。しかし、前述の前

後期比較では、7、13、15、16 で統計的有意差がみられたことから、学習者の認知と実際の変化に差があることがわかった。この結果から、初級韓国語学習者は前期と比べて「7. 韓国語の新出単語と似ている日本語の単語を探す。」ようになったが、学習者自身はその変化を自覚していないことが明らかになった。また、統計的有意差がみられた項目のうち、13、15、16 の3つの項目は既に述べたように、前期調査と後期調査の両方において、平均値が「どちらともいえない」から、「低い」の間であることから、あまり使用されていないストラテジーであることが明らかにされている。このため、自身の変化を自覚するに至らなかったのではないかと推測する。

　以上の結果から、初級韓国語学習者は、前期、後期を通して、新出単語を、何回も声に出したり、書いたりすること、さらに、前後期比較の結果から、後期調査時には、韓国語の新出単語と似ている日本語の単語を探すようになったことが明らかになった。しかし、変化調査では全項目について「変わらない」と考えていることが示唆され、前後期比較の結果と変化調査の結果に差がみられた。

　前期調査結果と本研究で実施した英語学習調査の結果を比較すると、8 項目で統計的有意差がみられた[5]。そのうち、韓国語学習の平均値の方が高い項目は 2 項目、英語学習の平均値の方が高い項目は 6 項目であった（図 4.5 参照）。まず、韓国語の方が平均値が高い項目は、「7. ［韓国語・英語］の新出単語と似ている日本語の単語を探す。」と「11. ［韓国語・英語］の発音練習をしている。」であり、これらの項目から、初級韓国語学習者は英語学習時よりも韓国語学習時の方が新出単語と似ている日本語の単語を探したり、発音練習をしたりしていることがわかった。単語学習に用いられる学習ストラテジーには、「9. 新出単語は、何回も声に出したり、書いたりする。」「12. 知っている韓国語の単語を、様々な状況で使ってみる。」もあるが、これらはいずれも統計的有意差がみられず、英語学習、韓国語学習の両方で用いられることがわかった。しかし、日本語に似た単語を探す、というストラテジーは英語学習時よりも使用されていることが明らかになったが、これは日本語と英語よりも、日本語と韓国語の単語の方が似ているためではないかと考える。また、発音練習については、韓国語学習の平均値が「やや高い」の

範疇であり、英語学習の平均値が「どちらともいえない」の範疇であることから、韓国語学習時の方がこのストラテジーを使用していることがわかった。これは、この調査を実施した前期の授業では、授業開始から約2ヶ月間をハングル文字の読み方の習得に費やし、発音テストも行うため、学習の大半が発音練習に費やされる。そのため、英語よりも韓国語学習時の方が発音練習をより多く行うのではないかと推測される。

　次に、英語の方が平均値が高い項目は、「13. [韓国人・英米人] に対して、積極的に [韓国語・英語] で会話を始める。」「14. [韓国語・英語] のテレビ番組、映画を見る。」「15. [韓国語・英語] の本や雑誌を読むのが楽しい。」「16. [韓国語・英語] でメモ、手紙、メール、レポートを書く。」「17. [韓国語・英語] の文章を読むとき、先ず全体をざっと読み、次に初めに戻り詳しく読む。」「21. 一語一語訳さないで全体で意味を取るようにする。」であった。このうち、英韓両方、もしくは、どちらか一方の平均値がやや高いもしくは、高いの範疇であった項目は、14と17の2項目であり、両項目とも英語の平均値がやや高く、韓国語の平均値が「どちらともいえない」の範疇であった。このことから、初級韓国語学習者は韓国語よりも英語のテレビ番組、映画を見ており、英語の文章を読む時は、先ず全体をざっと読み、次に初めに戻り詳しく読むが、韓国語ではあまりそうしないことが明らかにされた。テレビ番組、映画については、韓流ブームの影響から韓国のテレビ番組や映画に触れる機会が増えているとはいえ、やはり英語のそれには追いついていないということが理由ではないかと考える。また、文章の読み方については、英語は最後まで「ざっと読む」ことが出来るほどの語彙力や文法力があるが、韓国語の場合は、まだその語学力がないことや、前期では文法解説をしながら一緒に意味の説明もするため、自分1人で韓国語を読むためのストラテジーをあまり使用していないことから、英語と韓国語で差がみられたのではないかと推測される。しかし、「19. [韓国語・英語] の中に決まった言い回しを見つけようとする。」においては、統計的有意差がみられなかった。このことから、初級韓国語学習者は韓国語の文を「ざっと読む」ことは難しいものの、単語単位ではなく、まとまった単位で英語と同じように、韓国語を理解しようとしていることが明らかになった。

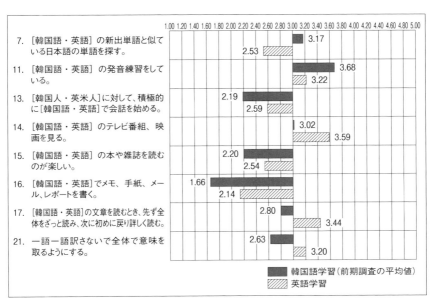

図4.5 「認知ストラテジー」において韓国語学習と英語学習で統計的有意差がみられた項目の平均値

　最後に、この結果を先行研究と比較しながら考察を述べる。本領域の調査結果から、前期調査時に比べ後期調査時の方が、日本語との類似性に気付き、似ている単語を探したりするようになったことが明らかになったが、この結果は、金泰虎(2006)の、韓国語会話の授業を1年間受講した学習者が日本語と韓国語の類似点を認識しており、それを授業でいかそうと努力していることを明らかにした結果と一致している。

　また、前期に比べ学習内容のレベルが上がった後期調査時の方が、「韓国語の新出単語と似ている日本語の単語を探す」ようになったことが明らかにされたが、これは、原(2010)の、韓国語のレベルが上がるほど、類似性があるため学び易いと感じる割合も高くなるという研究結果と同じ傾向であると考えられる。

　以上の先行研究との比較から、日本語と韓国語の類似性に気付き、それを韓国語学習に生かすということは、韓国語学習を始めたばかりの時期には難

しく、英語学習とさほど差がないと思われるが、学習経験を経て学習内容のレベルが上がる過程で、その類似性に気付き、それを学習に生かすことができるようになるのではないかと思われる。このことから、教師が早い段階から両言語の類似性や漢字表記可能な語彙について教授することによって、学習者はより効率的に韓国語を習得することができるのではないかと考える。

4.3.3 補償ストラテジー

ここでは、直接ストラテジーであり、学習者が外国語を理解したり、発話したりする際に足りない知識を補うための学習ストラテジーである「補償ストラテジー」についてみていく。前期・後期ストラテジー調査の各項目の平均値は図 4.6 に、変化調査の各項目の平均値は図 4.7 に示す。

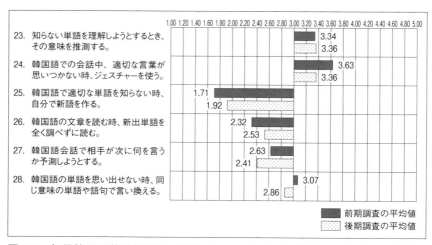

図 4.6　初級韓国語学習者前期・後期ストラテジー調査「補償ストラテジー」各項目の平均値

第一に、前期調査と後期調査の結果についてみていく。まず、前期調査の結果をみると、「24. 韓国語での会話中、適切な言葉が思いつかない時、ジェスチャーを使う。」の平均値がやや高く、「25. 韓国語で適切な単語を知らない時、自分で新語を作る。」の平均値が低く、「26. 韓国語の文章を読む時、

第4章 初級韓国語学習者の学習ストラテジーの特徴と学習経験による変化　193

新出単語を全く調べずに読む。」の平均値がやや低かった。なお、「23. 知らない単語を理解しようとするとき、その意味を推測する。」「27. 韓国語会話で相手が次に何を言うか予測しようとする。」「28. 韓国語の単語を思い出せない時、同じ意味の単語や語句で言い換える。」の3つの項目の平均値から、これらのストラテジーについて、初級韓国語学習者は「どちらともいえない」と考えていることがわかった。

次に、後期調査の結果をみると、前期調査同様、26の平均値がやや低く、25の平均値が低く、23、28の平均値は「どちらともいえない」の範疇であった。しかし、前期調査と異なり、全項目で平均値が高い、またはやや高い項目はなく、前期調査時に平均値がやや高かった24の平均値は「どちらともいえない」の範疇であった。また、前期調査の平均値が「どちらともいえない」であった27の平均値はやや低かった。

さらに、前後期比較をみると、有意差がみられる項目はなく、補償ストラテジーは学習経験によって、あまり変化しないことがわかった。

この、前期調査と後期調査の結果、平均値がやや高い、または高い項目がひとつしかなかったという結果から、初級韓国語学習者は、前期、後期を通して、補償ストラテジーをあまり使用していないことがわかった。また、

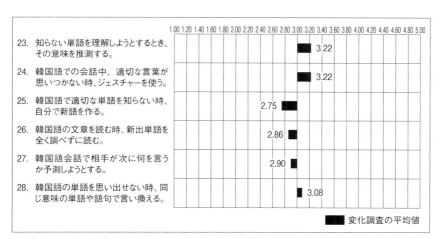

図4.7　初級韓国語学習者ストラテジー変化調査「補償ストラテジー」各項目の平均値

24のジェスチャーに関するストラテジーは、前後期比較から統計的有意差はみられなかったものの、その数値をみると、前期調査時よりも後期調査時の方が、会話中、適切な言葉が思いつかない時、ジェスチャーを使うことが減少したのではないかと推測される。

　第二に、変化調査の結果をみると、この領域の全項目で初級韓国語学習者は前期と比べて変わっていないと考えていることがわかった。既に述べたとおり、前後期比較の結果においても、統計的有意差がみられた項目がひとつもなかったことから、前後期比較の結果と変化調査の結果が一致しており、この領域が学習経験により変化しないことが明確になったといえる。

　以上の結果から、初級韓国語学習者は補償ストラテジーをあまり使用しておらず、この傾向は学習経験を重ねても変化しないことが明らかにされた。

　前期調査結果と、本調査で実施した英語学習調査の結果を比較すると、英語学習では、6項目中3項目の平均値が高いからやや高いの間で、そのうち2項目で統計的有意差がみられた[6]（図4.8参照）。

図4.8　「補償ストラテジー」において韓国語学習と英語学習で統計的有意差がみられた項目の平均値

　統計的有意差がみられた2項目のうち、特に「28.［韓国語・英語］の単語を思い出せない時、同じ意味の単語や語句で言い換える。」の平均値から、韓国語学習では使用していないが、英語学習ではこのストラテジーを使用していることがわかった。この28は、単語を思い出せない時に、同じ意味の単語や語句で言い換えるというものであるが、初級韓国語学習者は、語彙数が少ないため、他の単語で言い換えることはかなり難しいと考えられる。また、統計的有意差はみられないものの、「23.知らない単語を理解しようと

するとき、その意味を推測する。」の韓国語の平均値が「どちらともいえない」で英語の平均値がやや高い（$M = 3.51, SD = 1.10$）であったが、このストラテジーも 28 同様、語彙数が少ないため、意味を推測することはかなり難しいといえる。このことから、補償ストラテジー使用は今回調査対象とした前期、後期よりも長い学習経験により変化するのではないかと推測される。

4.3.4 メタ認知ストラテジー

ここでは、間接ストラテジーであり、学習者が自らの学習の位置づけ、順序立て、計画、評価といった機能を使って、言語学習の過程を調節する学習ストラテジーである「メタ認知ストラテジー」についてみていく。前期・後期ストラテジー調査の各項目の平均値は図 4.9 に、変化調査の各項目の平均値は図 4.10 に示す。

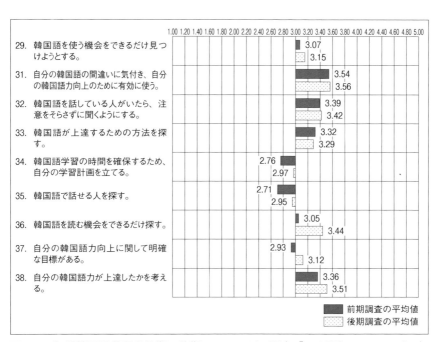

図 4.9 初級韓国語学習者前期・後期ストラテジー調査「メタ認知ストラテジー」各項目の平均値

第一に、前期調査と後期調査の結果についてみていく。まず、前期調査の結果をみると、「31. 自分の韓国語の間違いに気付き、自分の韓国語力向上のために有効に使う。」の平均値がやや高かった。しかし、本領域では、この31以外の全ての項目の平均値が「どちらともいえない」の範疇であった。なお、平均値が「どちらともいえない」の範疇であった項目は次のとおりである。「29. 韓国語を使う機会をできるだけ見つけようとする。」「32. 韓国語を話している人がいたら、注意をそらさずに聞くようにする。」「33. 韓国語が上達するための方法を探す。」「34. 韓国語学習の時間を確保するため、自分の学習計画を立てる。」「35. 韓国語で話せる人を探す。」「36. 韓国語を読む機会をできるだけ探す。」「37. 自分の韓国語力向上に関して明確な目標がある。」「38. 自分の韓国語力が上達したかを考える。」

　次に、後期調査の結果をみると、前期調査同様、31の平均値がやや高く、29、33、34、35、37の平均値が「どちらともいえない」であった。しかし、

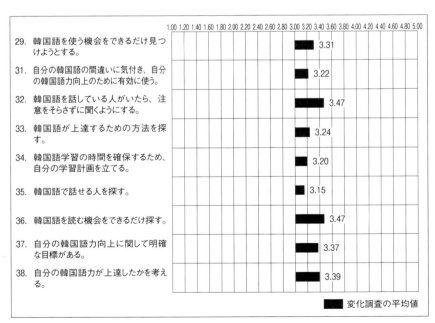

図4.10　初級韓国語学習者ストラテジー変化調査「メタ認知ストラテジー」各項目の平均値

前期調査と異なり、前期調査の平均値が「どちらともいえない」であった32、36、38の平均値がやや高かった。

　さらに、前後期比較をみると、36に5％レベルの統計的有意差がみられ、後期の方が平均値が高いことから、前期よりも、後期の方が、初級韓国語学習者は韓国語を読む機会を積極的に探すようになったことがわかった。この項目は、前期調査の平均値が「どちらともいえない」の範疇で、後期にはやや高かったことから、このストラテジーは後期になって積極的に使用し始めたストラテジーであると考えられる。

　このことから、初級韓国語学習者は、前期、後期を通して、自分の韓国語の間違いに気付き韓国語力向上のために使い、後期調査時には、韓国語を読む機会をできるだけ探すようになることがわかった。また、統計的有意差はみられなかったものの、32と38のように前期調査時に比べ、後期調査時の方が平均値が高い項目もあることから、学習経験を重ねるに従って、メタ認知ストラテジーを使用するようになるのではないかと思われる。

　第二に、変化調査の結果をみていく。まず、32と36の平均値がやや高いことから、初級韓国語学習者は前期と比較して、後期の方が韓国語を話している人がいたら注意して聞くようにしたり、韓国語を読む機会をできるだけ探したりするようになったと考えていることが明らかになった。なお、32と36以外の項目の平均値はいずれも「変わらない」の範疇であった。

　次に、この変化調査の結果を、前述の前後期比較の結果と比べる。既に述べたとおり、前後期比較の結果では36に統計的有意差がみられ、前期調査結果よりも後期調査結果の方が平均値が高いことが明らかになったが、変化調査の結果においても36の平均値がやや高く、2つの調査結果が一致した。このことから、学習者は自身が感じているとおり、韓国語を読む機会をできるだけ探すように変化していることが明らかにされた。一方、変化調査では平均値がやや高かった「32.韓国語を話している人がいたら、注意をそらさずに聞くようにする。」は、前後期比較では統計的有意差がみられず、変化していないことが明らかにされたが、変化調査では、前期よりも32を使用するようになったと考えており、学習者自身の認知と、前後期比較の結果に差があることがわかった。しかし、統計的有意差はみられなかったものの、

後期調査時の方がその平均値が高かったことから、後期調査時の方がこの学習ストラテジーを使用する傾向になってきていると考えられる。

　以上の結果から、初級韓国語学習者は、前期、後期を通して、自分の韓国語学習の間違いに気付き韓国語力向上のために使うこと、さらに、後期調査時には、韓国語を読む機会をできるだけ探すようになることがわかった。また、統計的有意差はみられなかったものの、後期調査時の方が、韓国語を話している人がいたら、注意をそらさずに聞くようにする傾向になってきていることも明らかになった。このことから、韓国語の学習経験を重ねるに従って、メタ認知ストラテジーを使用する傾向になるのではないかと推測される。

　この傾向は SILL の結果だけではなく、自由記述式による変化調査でもみられた。特に、後期になり、韓国語を読む機会をできるだけ探すようになることが明らかになったが、自由記述の回答から、駅や看板等に書かれている韓国語を読むようになったことがわかった。このことから、韓国語を読む機会、というのは文章などを読むということではなく、ハングル文字を読む、という意味ではないかと考えられる[7]。また、韓国語を話している人がいたら、注意をそらさずに聞くようにするという傾向であるが、自由記述の内容から、韓国語学習をきっかけに韓国のドラマや音楽に興味をもつようになった学習者がいることがわかった[8]。このことから、「韓国語を話している人」、の中にドラマや音楽等のメディアを通して耳にする韓国語も含まれているのではないかと推測される。

　最後に、この結果を先行研究と比較する。スペイン語学習者の学習ストラテジー使用について研究した齋藤華子(2008)では、メタ認知ストラテジーがあまり使われていないということが明らかにされ、その理由として、スペイン語学習を始めて半年に満たない学生は、学習全体を円滑に進めるための方略についての認識がまだ薄いためではないか、とした。本研究の結果においても、前期調査時にはあまりメタ認知ストラテジーを使用していないことが明らかにされていることから、同じ傾向であるといえるだろう。また、後期調査時には前期調査時に比べ、メタ認知ストラテジーを使うようになったことから、この領域の使用傾向は学習段階によって変化する可能性があると

推測される。ただし、本研究で実施した英語学習調査と前期調査結果を比較したところ、メタ認知ストラテジー領域において、統計的有意差がみられる項目はひとつもなかった。このことから、それまで読めなかった、理解できなかった韓国語の文字や言葉を学び習得することにより、授業外で目や耳にした韓国語が読めたり理解できた経験がきっかけとなり、認知ストラテジーを使用するように変化したのではないかと推測される。そのため、以前から知っている英語や、日本の町中で目や耳にする機会が少ないスペイン語では変化しづらいのではないかと考える。

4.3.5　情意ストラテジー

ここでは、間接ストラテジーであり、感情、動機づけ、態度を調整する学習ストラテジーである「情意ストラテジー」についてみていく[9]。前期・後期ストラテジー調査の各項目の平均値は図 4.11 に、変化調査の各項目の平均値は図 4.12 に示す。

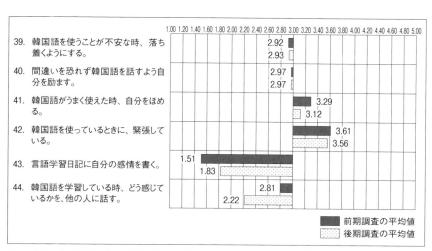

図 4.11　初級韓国語学習者前期・後期ストラテジー調査「情意ストラテジー」各項目の平均値

第一に、前期調査と後期調査の結果についてみていく。まず、前期調査の結果をみると、「42. 韓国語を使っているときに、緊張している。」の平均値

がやや高く、また、「43. 言語学習日記に自分の感情を書く。」の平均値が低かった。なお、「39. 韓国語を使うことが不安な時、落ち着くようにする。」「40. 間違いを恐れず韓国語を話すよう自分を励ます。」「41. 韓国語がうまく使えた時、自分をほめる。」「44. 韓国語を学習している時、どう感じているかを、他の人に話す。」の平均値はいずれも「どちらともいえない」の範疇であった。

　次に、後期調査の結果をみると、前期調査同様、42 の平均値がやや高く、43 の平均値が低く、39、40、41 の平均値が「どちらともいえない」の範疇であった。しかし、前期調査と異なり、前期調査で平均値が「どちらともいえない」であった 44 の平均値がやや低かった。

　さらに、前後期比較をみると、43 と 44 に統計的有意差がみられた。まず、「43. 言語学習日記に自分の感情を書く。」では、5％レベルの有意差がみられ、後期の方が平均値が高く、後期調査時の方が、言語学習日記に自分の感情を書くようになったことがわかった。しかし、前期、後期ともにその平均値は低く、統計的有意差はあるものの、初級韓国語学習者は、このストラテジーをほとんど用いていないといえるだろう。また、「44. 韓国語を学習している時、どう感じているかを、他の人に話す。」では、1％レベルの有意差がみられ、前期の方が平均値が高かったが、この項目の前期の平均値は「どちらともいえない」の範疇であり、後期になって、その平均値はやや低くなった。これにより、前期には韓国語学習についての自分の感情を人に話すかどうかわからなかったが、後期になって、明確に話さないと考えるようになったと思われる。

　このことから、初級韓国語学習者は、前期、後期を通して、韓国語を使っている時に緊張していると感じていることが明らかになった。また、前後期比較の結果から、後期調査時には、前期調査時よりも、韓国語を学習している時、どう感じているのかを他の人に話さないようになったことや、若干ではあるが、言語学習日記に自分の感情を書くようになったことが明らかにされた。しかし、前期、後期を通して、平均値が高い、もしくは、やや高かった項目が 42 のみであったことから、初級韓国語学習者は情意ストラテジーをあまり使用していないといえるだろう。

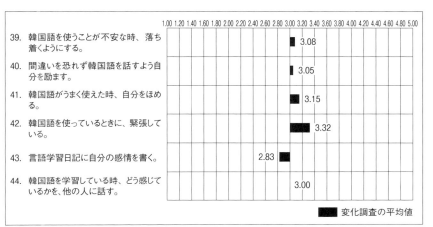

図 4.12 初級韓国語学習者ストラテジー変化調査「情意ストラテジー」各項目の平均値

　第二に、変化調査の結果をみていくと、全項目の平均値が「変わらない」の範疇であった。このことから、初級韓国語学習者は前期と比べて情意ストラテジー使用について変わっていないと考えていることがわかった。しかし、すでに述べたとおり、前後期比較の結果では、43と44に統計的有意差がみられたことから、学習者自身の認知と、前後期比較の結果に差があることがわかった。ただし、統計的有意差がみられた2項目の平均値は前期調査、後期調査とも「どちらともいえない」から「低い」の間であり、統計的有意差がみられたものの、前期、後期ともにあまり使用していないストラテジーであるため、学習者自身もその変化に気付いていないのではないかと推測される。
　以上の結果から、初級韓国語学習者は、前期、後期を通して、韓国語を使っている時に緊張していることが明らかになった。また、変化調査では全項目が「変わらない」の範疇であったが、前後期比較では2項目に統計的有意差がみられ、学習者の認知と実際の変化に差があることがわかった。しかし、統計的有意差がみられた項目の平均値から前期、後期ともにあまり使用されていない学習ストラテジーであったため、既に述べたように学習者自身もその変化に気付かなかったと考えられる。このことから、初級韓国語学習

者は緊張については敏感に感じ取っているが、その緊張をほぐすための学習ストラテジーは使用しておらず、それは学習経験を重ねてもあまり変わらないことが明らかにされた。

　最後に、この結果を先行研究と比較しながら考察を述べる。本研究から、学習者は韓国語を使っている時に緊張していることが明らかにされたが、この結果は、韓国語会話の授業を受講している学習者が、「緊張感をもって授業に取り組んでいる」とした金泰虎（2006）と共通するものであった。このことから、韓国語学習者は、会話の授業であっても、本研究で調査を実施した文法の授業であっても常に緊張していることがわかった。また、本研究で実施した英語学習調査と前期調査結果の比較の結果をみると、本領域で統計的有意差がみられる項目はひとつもなく、中級韓国語学習者の韓国語と英語の学習ストラテジーを比較した齊藤良子（2008b）においてもこの領域で統計的有意差がみられた項目はひとつだけであった。このことから情意ストラテジー領域の傾向は、韓国語学習にだけみられる特徴ではないのではないかと考える。

4.3.6　社会的ストラテジー

　ここでは、間接ストラテジーであり、学習者が他の学習者とのコミュニケーションを通して学習していくのを助ける学習ストラテジーである「社会的ストラテジー」についてみていく。前期・後期ストラテジー調査の各項目の平均値は図4.13に、変化調査の各項目の平均値は図4.14に示す。

　第一に、前期調査と後期調査の結果についてみていく。まず、前期調査の結果をみると、「45. 相手の言っていることがわからない時、ゆっくり話すか、もう一度言うように頼む。」「46. 自分が韓国語を話していて間違った時は、相手に訂正してくれるように頼む。」の平均値がやや高く、「49. クラスでは常に韓国語で質問する。」の平均値が低かった。なお、「47. 他の学習者と韓国語を練習する。」「48. 韓国語のネイティブ・スピーカーからの助けを求める。」「50. 韓国語が使われている国の文化を学ぶようにしている。」の平均値は「どちらともいえない」の範疇であった。

　次に、後期調査の結果をみると、前期調査同様、45の平均値がやや高く、

第4章　初級韓国語学習者の学習ストラテジーの特徴と学習経験による変化　203

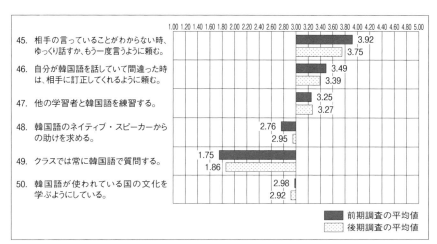

図4.13　初級韓国語学習者前期・後期ストラテジー調査「社会的ストラテジー」各項目の平均値

49の平均値が低く、47、48、50の平均値が「どちらともいえない」の範疇であった。しかし、前期調査と異なり、前期調査で平均値がやや高かった46の平均値は「どちらともいえない」の範疇であった。

　さらに、前後期比較をみると、本領域には統計的有意差がみられる項目はなかった。

　このことから、初級韓国語学習者は、前期、後期を通して、韓国語で話す時に相手が言っていることがわからない時、ゆっくり話すか、もう一度言ってくれるように頼んだりするが、クラスで常に韓国語で質問したりはしないことがわかった。また、全項目において統計的有意差がみられなかったことから、社会的ストラテジーは学習経験によって変化しないことが明らかになった。

　第二に、変化調査の結果をみていくと、45の平均値がやや高く、初級韓国語学習者は前期調査時よりも、後期調査時の方が、相手の言っていることがわからない時にゆっくり話すかもう一度言うように頼むようになった、と考えていることがわかった。なお、45以外の項目の平均値は、全て「変わらない」の範疇であった。

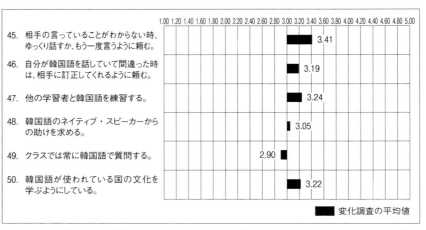

図 4.14　初級韓国語学習者ストラテジー変化調査「社会的ストラテジー」各項目の平均値

　次に、この変化調査の結果を、前述の前後期比較の結果と比べると、前後期比較の結果では、統計的有意差がみられた項目はなかったことから、前後期比較の結果と変化調査の結果に差があることがわかった。

　以上の結果から、初級韓国語学習者は、前期、後期を通して、相手の言っていることがわからない時、ゆっくり話すか、もう一度言うように頼むことがわかった。また、変化調査から、学習者自身はこの学習ストラテジー項目を後期調査時に、より一層使用するようになったと考えていることも明らかになった。しかし、本領域において統計的有意差がみられる項目がなく、変化調査で変化があったと考えられている項目もひとつだけであった。また、本研究で実施した英語学習と前期調査の比較においても、統計的有意差がみられた項目は「45. 相手の言っていることがわからない時、ゆっくり話すか、もう一度言うように頼む。」[10] のみであり、韓国語学習と英語学習の平均値が「やや高い」から「高い」であった項目は、45 と統計的有意差がみられなかった「46. 自分が［韓国語・英語］を話していて間違った時は、相手に訂正してくれるように頼む。」[11] のみであった（図 4.15 参照）。このことから、社会的ストラテジーは学習経験によってあまり変化しないだけでなく、目標言語による差もあまりみられないことが明らかにされた。

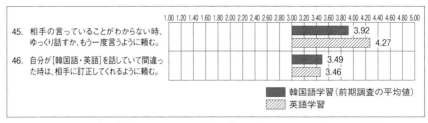

図 4.15 「社会的ストラテジー」の韓国語学習と英語学習の平均値

4.3.7 領域ごとの平均値

ここでは、前期調査、後期調査、変化調査それぞれの領域ごとの平均値を算出した結果を分析、比較していく。それぞれの平均値は表 4.4 のとおりである。なお、ここでは領域ごとの傾向を明らかにしていくが、前期調査、後期調査、変化調査、いずれの調査結果においても、その平均値は「どちらともいえない」または「変わらない」の範疇であり、領域間に特別に大きな差はないといえる。これは、項目ごとの差が平均値の算出によって、相殺されてしまったためであるとも思われるが、領域間の傾向をみることはできるのではないかと考える。

表 4.4 初級韓国語学習者ストラテジー前期・後期・変化調査の領域ごとの平均値(M)

領域名	前期調査(M)	後期調査(M)	変化調査(M)
記憶ストラテジー	2.96	3.08	3.15
認知ストラテジー	2.95	3.11	3.20
補償ストラテジー	2.78	2.74	3.01
メタ認知ストラテジー	3.13	3.27	3.31
情意ストラテジー	2.85	2.77	3.07
社会的ストラテジー	3.03	3.02	3.41

第一に前期調査の領域ごとの平均値をみると、メタ認知ストラテジーの平均値が一番高く、二番目に、社会的ストラテジー、三番目に、記憶ストラテジーと続いている。一方、補償ストラテジーの平均値が一番低かった。このことから、前期調査時の初級韓国語学習者は、学習者が自らの学習の位置づ

け、順序立て、計画、評価といった機能を使って、言語学習の過程を調節するメタ認知ストラテジーを最も使用しており、次いで、他者からの協力を得て学習を行う社会的ストラテジー、新出単語など新しい韓国語の知識を習得する時に使う記憶ストラテジーを用いていることがわかった。その一方で、学習者が外国語を理解したり、発話したりする際に、足りない知識を補うための補償ストラテジーはあまり使用されていないことがわかった。

　第二に、後期調査の領域ごとの平均値をみると、前期調査同様、メタ認知ストラテジーの平均値が最も高かったが、二番目に高い領域は、前期調査と異なり認知ストラテジーであった。しかし、三番目に平均値の高いストラテジーは前期同様、記憶ストラテジーであった。一方、最も平均値の低いストラテジーは補償ストラテジーであり、これも前期調査と同じ結果であった。これらの結果から、前期調査で二番目に平均値が高かった他者からの協力を得て学習を行う社会的ストラテジーは後期になり、あまり使われなくなり、その代わりに、練習する、情報内容を受け取ったり送ったりする、分析したり推論したりするといった実践的な認知ストラテジーを使用するように変化したことがわかった。

　また、前期調査と後期調査の平均値を比較すると、記憶ストラテジー、認知ストラテジー、メタ認知ストラテジーの3領域では後期の方が平均値が高く、後期の方がこれらの領域に属している学習ストラテジーをより多く使用するようになったことが明らかになった。しかし、補償ストラテジー、情意ストラテジー、社会的ストラテジーの3領域では後期の方が前期よりも平均値が低く、前期に比べて、こられの学習ストラテジーを用いなくなったことがわかった。

　さらに、この6領域中、前期調査結果と後期調査結果において、最も差がみられた領域は、認知ストラテジー（前期2.95、後期3.11）で、一方、最も差がみられなかった領域は、社会的ストラテジー（前期3.03、後期3.02）であった。このことから、認知ストラテジーは学習経験によって最も変化し、社会的ストラテジーはあまり変化しないということが明らかになった。

　第三に、変化調査の領域ごとの平均値をみると、社会的ストラテジーの平均値が3.41と最も高く、補償ストラテジーの平均値が3.01と最も低いこと

から、初級韓国語学習者は自身が使用するストラテジーにおいて、社会的ストラテジーが最も変化したと感じ、補償ストラテジーが最も変化していないと感じていることがわかった。この結果は、すでに述べた前期調査と後期調査の領域ごとの平均値の比較の結果とは異なるものであった。特に社会的ストラテジーは、前期と後期の平均値の差が最も少ないストラテジー領域であったことから、学習者の変化に対する認知と、実際の変化の間に差があることがわかった。なお、変化調査の領域ごとの平均値はすべて 3.00 以上であり、学習者が、前期よりも使用しなくなったと考えている領域がないことが明らかになった。この点も前期調査と後期調査の比較の結果とは異なる点であった。

以上の結果から、前期調査時も後期調査時も、メタ認知ストラテジーを最も使用しており、補償ストラテジーはあまり使用されていないことがわかった。しかし、二番目に平均値が高かった領域をみると、前期調査では社会的ストラテジーであったが、後期調査では認知ストラテジーであり、変化がみられた。また、前期と後期の調査結果の比較から、認知ストラテジーは学習によって最も変化し、社会的ストラテジーはあまり変化しないことが明らかになった。しかし、変化調査では、初級韓国語学習者は自身が使用する学習ストラテジーについて、社会的ストラテジーが最も変化したと感じ、補償ストラテジーが最も変化していないと感じていることがわかった。このことから、学習者の変化に対する認知と、実際の変化との間に差があることがわかった。

4.4　まとめ

ここでは本章で明らかになった、初級韓国語学習者の学習ストラテジーの特徴と学習経験による変化をまとめる。また最後に授業への提案を述べる。

第一に、前期調査、後期調査、前後期比較、変化調査の結果から明らかになった初級韓国語学習者が用いる学習ストラテジーの特徴とその変化について項目ごとにみていく。前期調査の結果を述べる際、前期調査と同時に実施した英語学習調査の結果についても述べていく。また、学習ストラテジーの

多くが単語と会話に関する項目であるため、前期に用いている学習ストラテジー項目を、単語に関する項目、会話に関する項目、単語と会話以外に関する項目に分類して述べる。また、前期、後期ともに用いている項目についても述べる。

〈前期に用いている学習ストラテジー項目のうち単語に関する項目（前期調査結果）〉
・韓国語も英語も、新出単語を覚えるために、単語の音とその単語がもつイメージや絵を結びつける（記憶）
・韓国語も英語も、新出単語は、何回も声に出したり、書いたりする（認知）
・韓国語も英語も、知っている単語を様々な状況で使ってみる（認知）

〈前期に用いている学習ストラテジー項目のうち会話に関する項目（前期調査結果）〉
・英語よりも、韓国語の発音練習をしている（認知）
・韓国語での会話中、適切な言葉が思いつかない時、ジェスチャーを使うが、英会話の方がより使う（補償）
・韓国語も英語も、使っている時に緊張している（情意）
・英語よりも、韓国語のほうが、相手の言っていることがわからない時、ゆっくり話すか、もう一度言うように頼む（社会的）
・韓国語も英語も、自分が話していて間違った時は、相手に訂正してくれるように頼む（社会的）

〈前期に用いている学習ストラテジー項目のうち単語、会話以外に関する項目（前期調査結果）〉
・韓国語も英語も、言葉の中に決まった言い回しを見つけようとする（認知）
・韓国語も英語も、自分の間違いに気付き、自分の語学力向上のために有効に使う（メタ認知）

〈前期、後期ともに用いている学習ストラテジー項目（前期調査結果と後期調査結果）〉
・新出単語を覚えるため単語の音とその単語がもつイメージや絵を結びつける（記憶）
・新出単語を何回も声に出したり書いたりする（認知）
・自分の韓国語の間違いに気付き自分の韓国語力向上のために有効に使う（メタ認知）
・韓国語を使っている時に緊張している（情意）
・相手の言っていることがわからない時ゆっくり話すかもう一度言うように頼む（社会的）

　以上の前期調査と後期調査の結果から、初級韓国語学習者は前期、後期ともに、単語学習や会話練習に用いる学習ストラテジーを多く用いることが明らかになった。また、英語との比較により、韓国語学習と英語学習に用いる学習ストラテジーには共通点が多いことがわかった。
　次に、前後期比較と変化調査の結果、前期よりも後期の方が用いるようになったことが明らかになった学習ストラテジーについて、前後期比較と変化調査の結果が一致した変化、前後期比較結果にだけみられた変化、変化調査結果にだけみられた変化、の順に述べていく。

〈前後期比較と変化調査の結果が一致した変化〉
・後期の方が、新出単語を文の中で使って覚えるようになった（記憶）
・後期の方が、韓国語を読む機会をできるだけ探したりするようになった（メタ認知）

〈前後期比較結果にだけみられた変化〉
・後期の方が、韓国語の新出単語と似ている日本語の単語を探すようになった（認知）[12]

〈変化調査結果にだけみられた変化〉

・後期の方が、韓国語を話している人がいたら注意をそらさずに聞くように
　なった(メタ認知)

・後期の方が、相手の言っていることがわからない時にゆっくり話すか、も
　う一度言うように頼むようになった(社会的)

　この結果から、前期に比べ後期の方が用いるようになった学習ストラテ
ジーの多くが、新出単語に関するものであることがわかったが、特に、日本
語と韓国語の類似点を単語学習に生かそうとしたり、韓国語を聞いたり、読
んだりする学習ストラテジーを積極的に用いていることがわかった。

　また、前後期比較と変化調査の結果が同じ傾向であった2項目は、どち
らも前期調査の結果が「どちらともいえない」で、後期調査の結果が「やや
高い」であった。そのため、前期には意識していなかった学習ストラテジー
を後期になり積極的に使用するように変化したため、学習者自身もその変化
について認知しやすかったのではないかと考える。一方、上記以外で統計的
有意差がみられた項目は、いずれも前期、後期を通してその平均値が「どち
らともいえない」から「低い」の間であったことから、これらの学習ストラ
テジーは前期でも後期でもあまり使用されていないため、その変化について
学習者自身が認知しにくいのではないかと考える。

　第二に、領域ごとの分析から明らかになった学習ストラテジーの特徴とそ
の変化についてみていく。この領域ごとの分析は統計的有意差を算出したも
のではなく、各領域の平均値による分析である。まず、前期調査と後期調査
の結果から明らかになった、学習者の用いている学習ストラテジー領域は下
記のとおりである。

〈前期に頻度が高かった学習ストラテジー領域(高い順)〉

1．メタ認知ストラテジー　2．社会的ストラテジー　3．記憶ストラテジー

〈後期に頻度が高かった学習ストラテジー領域(高い順)〉

1．メタ認知ストラテジー　2．認知ストラテジー　3．記憶ストラテジー

この結果から、前期、後期を通して、メタ認知ストラテジーと記憶ストラテジーの使用についてはあまり変化がなく、前期と後期ともに、韓国語が上達する方法を考え、新しい知識を吸収しようとしていることがわかった。その一方で、前期では他者からの協力を得ながら学習する社会的ストラテジーを用いていたが、後期になり、練習する、情報内容を受け取ったり送ったり、分析したり推論したりするといった、個人的に用いる実践的な認知ストラテジーを使用するように変化したことも明らかになった。

　次に、前期と後期の各領域の平均値の差によって明らかになった、前期よりも使用するようになった学習ストラテジー領域と、前期よりも使用しなくなった学習ストラテジー領域は下記のとおりである。

〈前期よりも使用するようになった学習ストラテジー領域(前後期比較)〉
　記憶ストラテジー　・　認知ストラテジー　・　メタ認知ストラテジー

〈前期よりも使用しなくなった学習ストラテジー領域(前後期比較)〉
　補償ストラテジー　・　情意ストラテジー　・　社会的ストラテジー

　このことから、前期調査時の初級韓国語学習者は、学習者が自らの学習を調節するメタ認知ストラテジー、他者の協力を得ながら学ぶ社会的ストラテジー、新しい知識を学ぶ時に用いる記憶ストラテジーを使用していることがわかった。

　次に、変化調査結果をみると、全領域の平均値が3以上であったことから学習者自身は全領域について変化していると考えており、前期よりも使用しなくなったと考えている領域はないことが明らかになった。このことから、変化調査の結果と、前期調査と後期調査の比較の結果が異なることが示唆された。また、変化調査の結果から、初級韓国語学習者は自身が使用する学習ストラテジーについて、社会的ストラテジーが最も変化したと感じ、補償ストラテジーが最も変化していないと感じているという結果を得た。しかし、前期調査と後期調査の領域ごとの平均値を比べると、最も変化した領域は認知ストラテジーであり、最も変化しなかった領域は社会的ストラテジー

であることが明らかになっている。このことから、学習者の認知している変化と、実際の変化の間に差があることがわかった。

以上のように、実際の変化と学習者が認知している変化との間にはある一定の傾向がみられることが明らかになった。しかし、「韓国語の新出単語と似ている日本語の単語を探す（認知）」のように、前期調査の結果が「どちらともいえない」で、後期調査の結果が「やや高い」であっても、学習者がその変化を認知していなかったり、「相手の言っていることがわからない時、ゆっくり話すか、もう一度言うように頼む（社会的）」のように、前期も後期もその平均値が「やや高い」の範疇であり、統計的有意差がみられない項目であっても、学習者が前期よりも後期の方が使用するようになったと認知している項目もあることが明らかになった。

この2項目で実際の変化と学習者の認知が異なった理由として、前期と後期の学習内容の変化が影響しているのではないかと考える。まず、「韓国語の新出単語と似ている日本語の単語を探す（認知）」については、初級韓国語の授業ではカリキュラム上、前期授業の約半分をハングル文字の読み方や発音に費やす。そのため、韓国語の単語に触れる機会は多いものの、文字の発音習得に集中しているため、その単語が日本語と似ているかどうかというストラテジーを使用していても、このストラテジーを使用する機会自体はあまり多くないと考えられる。しかし、後期になり、習得するべき文法や単語が高度になっていくに従って、新出単語が日本語と似ているかどうか、というストラテジーを使用する機会も増えたのではないかと思われる。そのため、学習者自身は前期も後期も「韓国語の新出単語と似ている日本語の単語を探す（認知）」というストラテジーを使用していると認知していたため、変化調査では差がみられなかったが、使用機会が前期と後期で変化したために、前後期比較で差がみられたのではないかと推測される。

また、「相手の言っていることがわからない時、ゆっくり話すか、もう一度言うように頼む（社会的）」では、前期、後期ともにこのストラテジーを使用していることが前後期比較から明らかになったが、学習者自身は前期よりも後期の方がこのストラテジーを使用するようになったと考えていることがわかった。このストラテジーは会話練習で用いられるものであり、筆者が担

当し、調査を実施した文法学習中心のクラスでは用いる機会のないストラテジーであるが、これも上記の「韓国語の新出単語と似ている日本語の単語を探す（認知）」同様、前期授業と後期授業の会話授業での学習内容の違いが影響しているのではないかと思われる。つまり、前期では、会話授業においても文法学習中心の授業同様、まずはハングル文字に慣れることや、韓国語での発話に慣れることが中心であるため、会話授業を担当している母語話者の教師も初級韓国語学習者が理解できる非常に簡単な単語やテキストに出てきている言い回しを用いていると思われる。そのため「相手の言っていることがわからない時、ゆっくり話すか、もう一度言うように頼む（社会的）」というストラテジーを用いる機会はあるものの、そう多くないのではないかと考えられる。しかし、後期になり、前期に比べ学習内容が高度になることによって、教師が話す韓国語の内容も前期に比べ難しくなり、「相手の言っていることがわからない時、ゆっくり話すか、もう一度言うように頼む（社会的）」ことが多くなった、と学習者が認知したのではないだろうか。このことにより、前後期比較では差がみられなかったが、学習者の認知では、多く使用するようになった、と感じたために変化調査でのみ変化がみられたのではないかと推測される。このように、前期調査と後期調査の平均値が「どちらともいえない」から「高い」の間であるにもかかわらず、前後期比較と変化調査で異なった傾向がみられる場合は、学習者の受けている授業の内容の変化が調査結果に反映されているのではないかと考える。

　以上の前期調査、後期調査、変化調査の結果から、初級韓国語学習者の学習ストラテジー使用の特徴とその変化が明らかになった。この結果から、学習者の用いる学習ストラテジーは学習経験により変化すること、そして、実際の変化と、学習者が認知している変化の間に差があることが明らかになった。しかし、学習者がどのような基準で学習ストラテジーを取捨選択しているのか、といったことについては明らかにできなかった。学習ストラテジーの選択基準の研究については今後の課題としたい。

〈授業への提案〉
　ここでは学習ストラテジー研究の結果から示唆される授業への提案を述べ

る。

　本研究の結果から後期の方が、韓国語と日本語の類似性に気がつき、韓国語の新出単語に似ている日本語の単語を探すようになったことがわかった。これは、「4.3.2 認知ストラテジー」でも述べたが、学習経験を重ねることによって、日本語と韓国語の類似性に気がつきそれを学習に生かそうとしていると推測される。このことから、後期では前期よりも、日本語と似ている語彙を授業に取り入れたり、日本語の漢語と韓国語の漢字語の類似性を用いて語彙力を強化するような工夫をするべきであると考える。

　次に、前後期比較と変化調査から、後期の方が、新出単語を文の中で使って覚えるようになったことが明らかにされた。これは、「4.3.1 記憶ストラテジー」でも述べたが、ハングル文字の読み方や活用方法を中心に学んでいた前期に比べ、後期の方が韓国語を文単位で学ぶ機会が増えたため、前期よりも後期の方が文の中で新出単語を覚えるように変化したのではないかと推測される。この結果から、授業中に行う発音練習や作文練習において、前期は単語ごとに、後期は文単位で行うといったような変化をつけたり、後期の授業では、文ではなく、文章を読むことに挑戦させてみる等、文単位で韓国語を教えるようにすると効果的ではないかと考える。

註

1　ここでの「態度」とは、社会的態度のことであり、その中心的構成要因のひとつは感情的要因である（Rosenberg and Hovland, 1960）。

2　SILL を用いた研究には上記にあげたもの以外にも日本語学習者を対象とした研究（Grainger, 1997; 加藤, 2002, 2004）や、英語学習者を対象とした横断的研究（木村・遠藤, 2004, 2005）等があるが、本研究が日本人の韓国語学習ストラテジーの学習経験による変化を扱ったものであるため、ここでは詳細な説明を省いた。

3　元木（2007）によれば、独検には、英検のように準 2 級がないため、独検 3 級の次に高いレベルは 2 級であり、2 つの級の難易度の差が大きい、という。

4　英語学習における「2. 新出単語を覚えるため、単語の音とその単語が持つイメージや絵を結びつける。」の平均値は 3.44（$SD = 1.09$）であり、「やや高い」の範疇であった。

5 「7.［韓国語・英語］の新出単語と似ている日本語の単語を探す。」の英語学習の平均
値は $2.53(SD = 1.28)$ で「やや低い」の範疇であり、韓国語学習との間に統計的有意
差がみられた $(t(58) = 3.98, p < .001)$。

「9. 新出単語は、何回も声に出したり、書いたりする。」の英語学習の平均値は $4.42(SD = .72)$ で「高い」の範疇であり、韓国語学習との間に統計的有意差はみられなかった $(t(58) = .89, n.s.)$。

「11.［韓国語・英語］の発音練習をしている。」の英語学習の平均値は $3.22(SD = 1.25)$ で「どちらともいえない」の範疇であり、韓国語学習との間に統計的有意差がみられた $(t(58) = 2.81, p < .01)$。

「12. 知っている［韓国語・英語］の単語を、様々な状況で使ってみる。」の英語学習の平均値は $3.22(SD = 1.20)$ で「どちらともいえない」の範疇であり、韓国語学習との間に統計的有意差はみられなかった $(t(58) = .78, n.s.)$。

「13.［韓国人・英米人］に対して、積極的に［韓国語・英語］で会話を始める。」の英語学習の平均値は $2.59(SD = 1.45)$ で「やや低い」の範疇であり、韓国語学習との間に統計的有意差がみられた $(t(58) = 2.69, p < .01)$。

「14.［韓国語・英語］のテレビ番組、映画を見る。」の英語学習の平均値は $3.59(SD = 1.39)$ で「やや高い」の範疇であり、韓国語学習との間に統計的有意差がみられた $(t(58) = 2.54, p < .05)$。

「15.［韓国語・英語］の本や雑誌を読むのが楽しい。」の英語学習の平均値は $2.54(SD = 1.34)$ で「やや低い」の範疇であり、韓国語学習との間に統計的有意差がみられた $(t(58) = 2.58, p < .05)$。

「16.［韓国語・英語］でメモ、手紙、メール、レポートを書く。」の英語学習の平均値は $2.14(SD = 1.31)$ で「やや低い」の範疇であり、韓国語学習との間に統計的有意差がみられた $(t(58) = 3.62, p < .01)$。

「17.［韓国語・英語］の文章を読むとき、先ず全体をざっと読み、次に初めに戻り詳しく読む。」の英語学習の平均値は $3.44(SD = 1.19)$ で「やや高い」の範疇であり、韓国語学習との間に統計的有意差がみられた $(t(58) = 4.88, p < .001)$。

「19.［韓国語・英語］の中に決まった言い回しを見つけようとする。」の英語学習の平均値は $3.22(SD = 1.20)$ で「どちらともいえない」の範疇であり、韓国語学習との間に統計的有意差はみられなかった $(t(58) = 1.75, n.s.)$。

「21. 一語一語訳さないで全体で意味を取るようにする。」の英語学習の平均値は $3.20(SD = 1.20)$ で「どちらともいえない」の範疇であり、韓国語学習との間に統計的有意差がみられた $(t(58) = 3.43, p < .01)$。

6 英語学習における補償ストラテジーの平均値、標準偏差、そして、英語と韓国語の統

計的有意差は次のとおりである。まず、平均値が「やや高い」から「高い」の範疇であった項目は、23（$M = 3.51, SD = 1.10$）（$t(58) = 1.43, n.s.$）、24（$M = 4.12, SD = 1.07$）（$t(58) = 4.12, p < .001$）、28（$M = 3.75, SD = 1.058$）（$t(58) = 4.85, p < .001$）であり、このうち、統計的有意差がみられたのの24、28の2項目であった。

7 実際の記述には、「街中にある韓国語に注目するようになった。」「町でハングルを見つけると読みたくなった。」「身近に韓国語が書いてあるものがあると自然と読むようになった。」「身近なものに書いてある韓国語を読むようになった。親に何て読むか聞かれるようになった。」「以前より韓国が身近に感じるようになった。Ex)駅でハングル表記の看板を読む。」「駅などの案内で韓国語を見るとついつい読んでしまう自分に気がついた。」等があった。

8 実際の記述には、「韓国のTVなどを見るとき、分かる単語や文法を探るようになったし、気付く回数も増えた。」「家族は、ニュース等で韓国語をきくと、『わかるの？』って聞いてくるようになった。また、自分も聴き取れるよう意識するようになった。」「少し歌とか会話を理解できるようになってうれしかった。」等があった。

9 Oxford（1990）は、情意的側面は言語学習が成功するか否かに一番大きな影響を与えるもののひとつであり、優れた言語学習者は学習上の情緒や態度をいかにコントロールするかを知っている人だとしている。

10 「45. 相手の言っていることがわからない時、ゆっくり話すか、もう一度言うように頼む。」の英語学習の平均値は4.27（$SD = .83$）で「高い」の範疇であり、韓国語学習との間に統計的有意差がみられた（$t(58) = 3.49, p < .01$）。

11 「46. 自分が［韓国語・英語］を話していて間違った時は、相手に訂正してくれるように頼む。」の英語学習の平均値は3.46（$SD = 1.26$）で「やや高い」の範疇であり、韓国語学習との間に統計的有意差はみられなかった（$t(58) = 1.00, n.s.$）。

12 この項目以外にも、前後期比較の結果から、前期と比べて変化していることが明らかになった項目があるが（新出単語の意味を体を使って表現してみる（記憶）、韓国人に対して積極的に韓国語で会話を始める（認知）、韓国語でメモ、手紙、メール、レポートを書く（認知）、韓国語の本や雑誌を読むのが楽しい（認知）、言語学習日記に自分の感情を書く（情意）、韓国語を学習している時どう感じているかを他の人に話す（情意））、それらの項目の平均値は、前期調査と後期調査の両方の結果が「どちらともいえない」から「低い」の間であり、実際に使用されるようになったとはいえないため、ここでは省略することとした。

第 5 章
結論

5.1　まとめ

　本書は、初級韓国語学習者の学習動機、学習ビリーフ、学習ストラテジーの 3 分野について、質問紙調査法を用いて、従来の研究では明確にされてこなかった初級韓国語学習者の総合的な学習態度の特徴とその変化について実証的に明らかにしてきた。ここでは、各分野の研究結果を、前期調査、前後期比較、変化調査の側面からまとめ、その考察について述べる。

　まず、前期調査から明らかになった、学習経験が 3 ヶ月程度の初級韓国語学習者の学習態度は以下のとおりである。

〈前期調査から明らかになった学習態度〉
・韓国への旅行願望、就職活動での有効性、韓国語圏出身の友達が欲しいという気持ちが学習動機となっている
・韓国語、韓国人、韓国文化に対して好印象をもっている
・韓国語学習に対して積極的で努力している
・母語話者との学習は楽しいと感じている
・韓国語を上手に話せるようになりたいという希望をもっている
・習得への自信があり、今以上に上手に話せるようになると思っている
・新出単語を覚える時と、会話の最中に困った時に用いる学習ストラテジーを多く使用する
・単語や文法の学習、オーディオ機器による学習、繰り返し学習することが

重要であると思っている
・学習環境や学習経験に対して好印象をもっている

　　これらの結果から、初級韓国語学習者は学習に対して積極的で前向きであり、学習を楽しんでいることが明らかになった。また、韓国語の習得に対して自信があり、努力していると考えていることがわかった。これは、第二外国語として自ら韓国語を学ぶことを選んだことや、ハングル文字の新鮮さから、学習動機が高められているためではないかと考える。しかし、使用されている学習ストラテジーがあまり多くないことから、学習方法はまだ確立されていないのではないかと推測される。
　　次に、前後期比較から明らかになった、大学における1年間（前期授業＋後期授業）の学習経験による学習態度の変化は次のとおりである。

〈前後期比較から明らかになった学習態度変化〉
・韓国語は簡単な言葉であると思うようになった
・このまま勉強を続ければ将来楽に韓国語で会話できるようになると思うようになった
・母語話者と会話することに対する不安が解消されたと感じている
・使用する学習ストラテジーが多様化した
・読み書きに関する学習ストラテジーを、より多く用いるようになった
・日本語と韓国語の類似性を利用した学習ストラテジーを使用するようになった
・音楽やドラマへの関心が高くなった
・前期よりも、がんばって勉強しているとは思わなくなった
・前期よりも、上手に話せるようになりたい、今以上に上手に話せるようになるとは思わなくなった

　　これらの結果、学習経験を重ねることによって、韓国語で話すことに対する不安が軽減され、用いる学習ストラテジーも増え、韓国語学習に慣れ親しんできたように思われるが、前期に比べ学習に対する前向きさや楽観的な態

度が薄れてきていることが示唆された。これは、前期に学習者が感じていた
韓国語に対する新鮮さが薄れたり、学習内容が増えたことにより、前期のよ
うには楽観的ではいられなくなったのではないかと推測される。しかし、単
語単位の学習が中心であった前期に比べ、文単位の学習が中心となる後期に
なり、前期にはあまり使用されなかった読み書きに用いる学習ストラテジー
を使用するようになったり、前期よりも音楽やドラマへの関心が高くなった
りと、学習に対する態度は概ね肯定的であるといえるだろう。

　一方、変化調査から明らかになった学習者自身が認知している学習態度の
変化は以下のとおりである。

〈変化調査から明らかになった学習者が認知している学習態度変化〉
・前期においても肯定的であった動機づけや学習態度が、さらに肯定的に
　なった
・前期よりも後期の方が、韓国語を上手に話せるようになりたいと思うよう
　になった
・母語話者との学習が楽しい、韓国語圏出身の友達が欲しいと思うように
　なった
・前期に用いていた読み書きに関するストラテジーに加え、リスニングに関
　するストラテジーもより多く用いるようになった
・単語や文法の学習、オーディオ機器を使用した学習、韓国語圏での学習、
　繰り返し学習、韓国文化の知識が大切であると一層強く思うようになった

　これらの結果から、前後期比較の結果とは異なり、学習者自身はポジティ
ブな変化のみを認知していることがわかった。このことから、学習者自身
は、前後期比較で明らかになったやる気や楽観性の減退を感じておらず、前
期以上に、積極的に前向きに学習に臨んでおり、学習ストラテジーも多様化
したと考えていることがわかった。これは、筆者自身が担当していた授業で
調査を実施したため、がんばらなくなった、楽しくなくなった、とは答えづ
らかった可能性も考慮に入れる必要があるだろう。しかし、後期になり、学
習者が前期以上に学習を楽しんでいる、と自身の変化を認知しているという

学習態度の肯定的な変化は韓国語学習に対して良い影響を与えているのではないかと考える。

　以上の結果から、本書の目的である、初級韓国語学習者の学習態度の特徴と、従来の韓国語学習者を対象とした研究では明らかにされてこなかった学習経験による学習態度の変化について明らかにすることができた。特に、変化については、Ushioda（1996, 2001）や Dörnyei and Ottó（1998）の研究で、外国語学習動機が、学習過程において変化することが説明されたが、本書で行った変化の研究によって、学習動機に関連している、学習ビリーフ、学習ストラテジーにおいても学習経験によって変化することが明らかになった。さらに、学習経験による変化について「変化調査」と「前後期比較」の2つの方法によって分析したことによって、学習者が認知している変化と実際の変化の間に差があることが明らかになり、学習者は、肯定的な変化を強く認知しているが、実際には、ポジティブ、ネガティブ両方向に変化していることがわかった。このような、2つの調査から明らかになった異なる変化の傾向について、学習者が認知することは、学習者自身が自らの学習について振り返る契機となり、彼らが学習に対して一層前向きに取り組む動機づけになるのではないかと考える。

　さらに、学習動機の変化について、Dörnyei and Ushioda（2011）は、「L2教室における学習動機づけのプロセス・モデル」（Dörnyei and Ottó, 1998）の、学習を行う段階である「行動段階」で、学習者自身や教師が、学習動機づけを積極的に、育み、保護しなければ、学習開始時にもっていた学習動機が消滅してしまうとしている。これを、本研究の結果に当てはめると、どの分野の研究結果からも肯定的な変化が明らかにされたことから、大学で第二外国語として初級韓国語を学んでいる学習者は、学習経験によって、動機づけを育み、保護することに成功しているといえるのではないだろうか。また本研究により、韓国語学習において、どのように動機づけを育み、保護すればよいかについて、いくつかの示唆を得ることができたのではないかと考える。また、この研究成果を教育現場に当てはめ、韓国語教師が学習者の変化に合わせて授業形態や教材を変えることによって、韓国語の教室活動をより充実したものにすることができるのではないかと考える。このことから、本

研究結果は、韓国語の効果的な指導に貢献できると思われる。そして、この結果が韓国語教育のみならず、外国語教育全般における動機づけ研究にも役立つことを願っている。

5.2　今後の課題

　本研究では、学習態度とその変化について明らかにできたものの、いくつかの研究的限界もあった。第一に、本研究では、学習経験におけるどのような事柄が学習態度変容を引き起こすきっかけとなるのか、そして、どのような学習経験がポジティブな変化を生み出し動機づけの保護に繋がり、どのような学習経験がネガティブな変化を生み出し学習動機の消滅へと繋がってしまうのか、については明らかに出来なかった。この点は学習継続を促す重要な学習態度研究課題であり、特に、前後期比較から明らかになった学習意欲の低下の要因について明らかにすることを今後の課題としたい。

　第二に、前後期比較と変化調査の2つの変化に関する調査によって、実際の変化と、学習者が認知している変化について明らかにしたが、実際の変化と学習者の認知との間には関連があり、認知しやすい変化と、認知しにくい変化があることは明らかにできたものの、両調査の結果が異なる根本的な原因や、両調査結果が反対の傾向を示す要因は明らかにできなかった。この点は、学習態度の変化に関する重要な課題であるため、今後も取り組んでいく必要があると考えている。

　第三に、学習継続研究の課題としては、本書の調査対象者のように1年間動機を維持して、学習を行った初級韓国語学習者であっても、全員が次年度の中級韓国語の授業を受講するわけではない。つまり、年度内の授業が終わり春休みに入ることによって、「L2教室における学習動機づけのプロセス・モデル」の学習について振り返る段階である「行動後段階」に入り、新学期が始まり、韓国語の勉強を続けるかどうかを考える「行動前段階」に入った時に、学習を再開するほど強い学習動機を維持できていない場合が多いと推測できる。このことから、学習を継続してもらうためには、動機調査から明らかになった学習継続願望を実際の行動に移らせるほど強い動機づけ

にする必要があると思われる。この韓国語学習者の動機づけの維持について、より明確にするためには、大学で韓国語を学んでいる学習者のうち、年度を超えて韓国語学習を継続していく学習者と、途中で学習から離れてしまう学習者の学習態度の特徴やその変化の違い、そして、変化の傾向と動機維持の関連性についてさらに研究していく必要があると思われる。

　第四に、本研究の調査参加者は調査実施大学で筆者自身が担当しているクラスの受講生であるため、調査実施大学の雰囲気や筆者の教授法等の影響が少なからずあると思われる。既に述べたように、変化調査で肯定的な変化のみを学習者が認知していたのも、教師に対してネガティブな変化を伝えてはいけない、という気遣いからかもしれない。このことから、韓国語学習者の学習態度とその変容を一層明らかにし、学習者への理解を深めていくためには、筆者が担当している大学の授業だけでなく、他の教員が担当している授業や、大学以外の高校、カルチャーセンター、メディアを通じた学習、さらに独学で韓国語を学んでいる学習者等、より多様な環境で学ぶ幅広い年齢層の学習者を対象に調査を実施していく必要があると思われる。これは、現在の幅広い韓国語学習者を網羅的に理解するには欠かせない調査研究であると考えられる。

　これらの研究に加え、さらに、本研究結果と他の第二外国語や他教科における学習態度との比較、さらに、学習者の授業への評価等の要因がどのように学習態度に影響を与えているのかといった問題や、動機が高まった学習者とそうでない学習者の特徴の比較についても、今後明らかにしていきたいと考えている。そして、これらをより客観的に明らかにするために、多変量解析等の分析方法を用い詳細な分析を行っていきたいと考えているが、これらも今後の研究課題としたい。

参考文献

Al-Shehri, S. A.（2009）. Motivation and Vision: The Relation between the Ideal L2 Self, Imagination and Visual Style. In Z. Dörnyei and E. Ushioda（Eds.）, *Motivation, Language Identity and the L2 Self*（pp. 164–171）. Bristol: Multilingual Matters.

Clément, R., Dörnyei, Z., and Noels, A. K.（1994）. Motivation, Self-Confidence, and Group Cohesion in the Foreign Language Classroom. *Language Learning, 44*（3）, 417–448.

Csizér, K. and Judit, K.（2009）. Learning Experiences, Selves and Motivated Learning Behaviour: A Comparative Analysis of Structural Models for Hungarian Secondary and University Learners of English. In Z. Dörnyei and E. Ushioda（Eds.）, *Motivation, Language Identity and the L2 Self*（pp. 98–119）. Bristol: Multilingual Matters.

Dörnyei, Z.（2001a）. *Motivational Strategies in the Language Classroom*. Cambridge: Cambridge University Press.

Dörnyei, Z.（2001b）. *Teaching and Researching Motivation*. Harlow: Longman.

Dörnyei, Z.（2005）. *The Psychology of the Language Learner : Individual Differences in Second Language Acquisition*. New Jersey: L. Erlbaum.

Dörnyei, Z.（2009）. The L2 Motivation Self System. In Z. Dörnyei and E. Ushioda（Eds.）, *Motivation, Language Identity and the L2 Self*（pp. 9–42）. Bristol: Multilingual Matters.

Dörnyei, Z. and Ottó, I.（1998）. Motivation in Action: A Process Model of L2 Motivation. *Working Papers in Applied Linguistics*（*Thamaes Valley University*）, 4, 43–69.

Dörnyei, Z. with Taguchi, T.（2010）. *Questionnaires in Second Language Research: Construction, Administration, and Processing*（2nd ed.）. New York: Routledge.

Dörnyei, Z. and Ushioda, E.（2011）. *Teaching and Researching Motivation*（2nd ed.）. Harlow: Pearson Education.

Gardner, R. C.（1985）. *Social Psychology and Second Language Learning: The Role of Attitudes and Motivation*. Maryland: Edward Arnold.

Gardner, R. C.（2001）. Integrative Motivation and Second Language Acquisition. In Z. Dörnyei and R. Schmidt（Eds.）, *Motivation and Second Language Acquisition*（pp. 1–20）. Honolulu: University of Hawaii.

Gardner, R. C. and Lambert, W. E.（1959）. Motivational Variables in 2nd Language-

Acquisition. *Canadian Journal of Psychology, 13*(4), 266–272.

Gardner, R. C. and Lambert, W. E. (1972). *Attitudes and Motivation in Second-Language Learning.* Massachusetts: Newbury House.

Grainger, R. P. (1997). Language-Learning Strategies for Learners of Japanese: Investigating Ethnicity. *Foreign Language Annals, 30*, 378–385.

Grenfell, M. and Macaro, E. (2007). Claims and Critiques. In D. Cohen, Andrew and E. Macaro (Eds.), *Language Learner Strategies: Thirty Years of Research and Practice* (pp. 9–28). New York: Oxford University Press.

Horwitz, E. K. (1987). Surveying Student Belifes About Language Learning. In W. Anita and R. Joan (Eds.), *Learner Strategies in Language Learning* (pp. 119–129). New Jersey: Prentice-Hall International.

Horwitz, E. K. (2008). *Becoming a Language Teacher: A Practical Guide to Second Language Learning and Teaching.* Boston: Pearson.

Horwitz, E. K., Michael, H. B., and Cope, J. (1986). Foreign Language Classroom Anxiety. *The Modern Language Journal, 70*(2), 125–123.

Keith, A. (1993). A Survey of Student Language Learning Beliefs. *Essays and Studies in English Language & Literature 84*, 31–59.

Noels, A. K. (2001). New Orientations in Language Learning Motivation: Towards a Model of Intrinsic, Extrinsic,and Integrative Orientations and Motivation. In Z. Dörnyei and R. Schmidt (Eds.), *Motivation and Second Language Acquisition* (pp. 43–68). Honolulu: University of Hawaii.

O'Malley, J. M. and Chamot, A. U. (1990). *Learning Strategies in Second Language Acquisition.* Cambridge: Cambridge University Press.

Oxford, L. R. (1990). *Language Learning Strategies: What Every Teacher Should Know.* Boston: Heinle&Heinle Publishers.

Rosenberg, M. J. and Hovland, C. I. (1960). Cognitive, Affective, and Behavioral Components of Attitudes. In M. J. Rosenberg, C. I. Hovland, W. J. McGuire, R. P. Abelson and J. W. Brehm (Eds.), *Attitude Organization and Change: An Analysis of Consistency among Attitude Components* (pp. 1–14). New Haven: Yale University Press.

Ryan, S. (2009). Self and Identity in L2 Motivation in Japan: The Ideal L2 Self and Japanese Learners of English. In Z. Dörnyei and E. Ushioda (Eds.), *Motivation, Language Identity and the L2 Self* (pp. 120–143). Bristol: Multilingual Matters.

Seliger, H. (1984). Processing Universals in Second Language Acquisition. In L. B. Eckman and D. Nelson（Eds.）, *Universals of Second Language Acquisition*. Massachusetts: Newbury House.

Taguchi, T., Magid, M., and Papi, M.（2009）. The L2 Motivational Self System among Japanese, Chinese and Iranian Learners of English: A Comparative Study. In Z. Dörnyei and E. Ushioda（Eds.）, *Motivation, Language Identity and the L2 Self*（pp. 66–97）. Bristol: Multilingual Matters.

Tremblay, P. F. and Gardner, R. C.（1995）. Expanding the Motivation Construct in Language-Learning. *Modern Language Journal, 79*（4）, 505–518.

Ushioda, E.（1996）. *Learner Autonomy 5: The Role of Motivation*. Dublin: Authentik.

Ushioda, E.（2001）. Language Learning at University: Exploring the Role of Motivational Thinking. In Z. Dörnyei and R. Schmidt（Eds.）, *Motivation and Second Language Acquisition*（pp. 93–125）. Honolulu: University of Hawaii Press.

White, C., Schramm, K., and Chamot, A. U.（2007）. Research Methods in Strategy Research: Re-Examining the Toolbox. In D. Cohen, Andrew and E. Macaro（Eds.）, *Language Learner Strategies: Thirty Years of Research and Practice*（pp. 93–116）. New York: Oxford University Press.

Yashima, T.（2009）. International Posture and the Ideal L2 Self in the Japanese Efl Context. In Z. Dörnyei and E. Ushioda（Eds.）, *Motivation, Language Identity and the L2 Self*（pp. 144–171）. Bristol: Multilingual Matters.

荒井貴和(2000). 学習ストラテジーに対する学習者の意識：英語を学習している日本人大学生を対象とした調査. 東洋学園大学紀要, 8, 57–66.

李熙卿(2005). 言語と文化を統合する韓国語教育方法：松山大学.

李熙卿(2006). 松山大学ハングル学習者のニーズ分析と韓流に関する意識調査. 言語文化研究, 松山大学, 25(2), 179–214.

李熙卿(2007). 大学の韓国語学習者を対象とするニーズ分析. 言語文化研究, 26(2), 松山大学 185–216.

糸井江美(2003). 英語学習に関する学生のビリーフ. 文学部紀要, 16-2, 文教大学文学部 85–100.

稲田信司(2012). ［フランス］影響力低下に危機感. 朝日新聞グローブ 2012 年 3 月 4 日

生越直樹(2006). 韓国に対するイメージ形成と韓国語学習. 言語・情報・テクスト, 13, 東京大学大学院総合文化研究科 言語情報専攻 27–41.

加藤清方(2002). 外国人留学生に対する日本語教育と理科教育のカリキュラムの連携に関する基礎研究 文部省科学研究費補助金・研究成果報告書：東京学芸大学教育学部.

加藤清方(2004). 日韓共同理工系学部留学生の日本留学意識と日本語学習心理に関する基礎研究. 文部省科学研究費補助金・研究成果報告書：東京学芸大学教育学部.

木村松雄・遠藤健治(2004). 英語学力(TOEFL-ITP)と学習ストラテジー(SILL)及びビリーフ(BALLI)から見た一般学生と帰国学生の相違に関する横断的研究(2004年度). 紀要, 46, 85–108.

木村松雄・遠藤健治(2005). 英語学力(TOEFL-ITP)と学習ストラテジー(SILL)及びビリーフ(BALLI)から見た一般学生と帰国学生の相違に関する横断的研究(2005年度). 紀要, 47, 67–90.

金泰虎(2006). 韓国語教育の理論と実践：白帝社.

金由那(2006). 日本における韓国語学習者の学習目的と学習意識. 任榮哲編 真田信治監修, 韓国人による日本社会言語学研究：おうふう. pp. 223–243.

齋藤華子(2008). 初級スペイン語学習者の学習ストラテジー調査. 清泉女子大学紀要, 56, A17–A30.

齊藤良子(2008a). 英語学習と韓国語学習のビリーフ比較. 東京大学外国語教育学研究会研究論集, 12, 49–63.

齊藤良子(2008b). 韓国語学習者の学習ストラテジー研究―英語学習の学習ストラテジーとの比較を通じて―. 生越直樹(監修.), 日本語と朝鮮語の対照研究 II(東京大学 21 世紀 COE プログラム「心とことば―進化認知科学的発展」研究報告書). pp. 109–131.

齊藤良子(2009). 日本人韓国語学習者の韓国語学習に対する好意が学習ビリーフと学習ストラテジーに与える影響について. 동북아문화연구(東北亜文化研究), 18, 405–422.

塩澤利雄・伊部哲・大西光興・園城寺信一(1993).『新英語科教育の展開』：英潮社.

白畑知彦・村野井仁・若林茂則・冨田祐一(2009). 英語教育用語辞典：大修館書店.

鈴木渉・Leis Adrian・安藤明伸・板垣信哉(2011). 日本人大学生の英語学習に対する動機づけ調査：Dörnyei の L2 Motivational Self System に基づいて. 宮城教育大学 宮城教育大学国際理解教育研究センター年報, 6, 34–43.

ネリエール, ジャンポール(2012). 文化は別, 伝われば十分. 朝日新聞グローブ 2012 年 3 月 4 日

橋本洋二(1993). 言語学習についての Beliefs 把握のための試み：BALLI を用いて. 筑波大学留学生センター日本語教育論集, 8, 215–241.

原瑞穂(2010). 日本人韓国語学習者の語彙習得：漢字語に関する韓国語教科書と学習者の研究. 東京女子大学言語文化研究, 18, 20–38.

元木芳子(2007). 第二言語学習と学習ストラテジー. 日本大学大学院総合社会情報研究

科紀要(7), 691–702.

梁正善(2010). 日本語母語者の韓国語学習者における意識調査研究：大学での韓国語授業を通して. 長崎外大論叢(14), 181–190.

林炫情・姜姫正(2007). 韓国語および韓国文化学習者の意識に関する調査研究. 人間環境学研究, 5(2), 広島修道大学 17–31.

オックスフォード L, レベッカ(1994). 言語学習ストラテジー：外国語教師が知っておかなければならないこと(宍戸通庸・伴紀子, 訳.)：凡人社.

오고시(生越)나오키(直樹)(2004). 한국, 한국인에 대한 이미지 형성과 한국어 학습(韓国, 韓国人に対するイメージ形成と韓国語学習). 한국언어문화학(国際韓国語言語文化学会), 1(2), 151–162.

あとがき

　本書は、2013年に東京大学より学位を授与された博士論文「初級韓国語学習者の学習態度と学習経験による態度変容に関する実証的研究」を加筆修正したものである。また、2016年に大韓民国教育部と韓国学中央研究院（韓国学振興事業団）を通して海外韓国学中核大学育成事業のご支援の下、刊行されたものである。

　本書を執筆するにあたり、多くの方々にお世話になった。まず、東京大学において研究生、修士課程、博士課程の10年間以上に渡り、指導教官として研究を導いて頂き、現在もなおご指導頂いている東京大学の生越直樹教授に心から感謝を申し上げる。また、博士論文の副査としてご指導して頂いた東京大学の近藤安月子名誉教授、広瀬友紀教授、トム・ガリー教授、さらに、他校の学生である私の副査をご快諾して下さり、その後もご指導下さっている東京学芸大学の加藤清方名誉教授に感謝を申し上げたい。先生方のご指導、ご鞭撻のおかげで本研究を完成させることができた。

　また、本研究にご協力下さった神奈川大学の尹亭仁教授、分析方法について丁寧に教えて下さった小野塚若菜先生、データ入力を手伝って下さった齊藤千織氏、本研究について、ご意見を下さった先輩、後輩、友人、家族に感謝する次第である。特に、本研究の主役である調査参加者の皆様のご協力に心から感謝したい。最後に、本書のような専門書を出版して下さったひつじ書房の松本功社長および編集を担当して下さった海老澤絵莉氏、兼山あずさ氏のご尽力に感謝する次第である。

　なお、本書の一部の初出は次のとおりである。

齊藤良子(2013).「可能自己」の側面からみた初級韓国語学習者の学習動機づけ. 朝鮮語教育―理論と実践―(朝鮮語教育研究会)現：朝鮮語教育学会)), 8, 60–72. (研究ノート).

齊藤良子(2016). 初級韓国語学習経験における学習ビリーフの変化：実際の変化と認知されている変化を中心に. 韓日言語文化研究(韓日言語文化

研究会)、20, 135–156.

　また、上記の齊藤良子(2013)は韓国語に翻訳され下記にも掲載されている。

齊藤良子(2015).『가능한 자기』의 측면에 서 본 일본인 초급 한국어 학습자의 학습동기. 오고시 나오키・이현희(編)일본의 한국어학 : 문법・사회・역사. 삼경문화사. 230–241. (齊藤良子(2015).「可能自己」の側面からみた初級韓国語学習者の学習動機づけ. 生越直樹・李賢熙(編)日本の韓国語学 : 文化・社会・歴史. サムギョン文化社. 230–241)

＊This work was supported by the Core University Program for Korean Studies through the Ministry of Education of the Republic of Korea and Korean Studies Promotion Service of the Academy of Korean Studies (AKS-2014-OLU-2250002).

2018 年　盛夏　　齊藤良子

索引

数字

5段階評定尺度法 7

A

Attitudes Toward L2 Community
　→目標言語社会への態度
Attitudes Toward Learning L2
　→外国語学習への態度

B

BALLI　7, 119–121, 123
Beliefs About Language Learning Inventory
　→ BALLI

C

Criterion Measures
　→努力基準
Cultural Interest
　→目標言語圏の文化への関心

D

Dörnyei and Ottó　2
Dörnyei with Taguchi　7

E

Ethnocentrism
　→エスノセントリズム

F

Family Influence　56
Fear of Assimilation
　→自国文化が侵害される恐怖
future self-guides
　→未来自己ガイド

G

Gardner　14
Gardner and Lambert　11, 14

H

Horwitz　7, 119–121, 123

I

Ideal L2 Self　16, 50
Instrumentality–Prevention
　→不利益回避性
Instrumentality–Promotion
　→実利性
Integrativeness
　→統合性
Interest in the Second Language
　→外国語への関心

L

L2 Anxiety
　→外国語使用時の不安
L2 Learning Experience
　→外国語学習経験

L2 教室における学習動機づけのプロセ
ス・モデル 2, 13

Linguistic Self-confidence
→語学学習への自信

O

Ought–To L2 Self 16, 52
Oxford 7, 162–164

P

Parental Encouragement
→親の激励や家族の影響
Process Model of L2 Motivation
→ L2 教室における学習動機づけのプロ
セス・モデル

S

SILL 7, 162–164, 169
Strategy Inventory for Language Learning
→ SILL

T

The L2 Motivational Self System 理論 12,
22, 36, 104, 105, 107
Travel Orientation
→目標言語圏への旅行志向

え

エスノセントリズム 79

お

親の激励や家族の影響 56

か

外国語学習経験 12, 16, 101, 102, 104,
105, 107, 110
外国語学習への態度 71
外国語使用時の不安 85
外国語における社会的にあるべき自己
52
外国語における理想自己 50
外国語への関心 82
学習ストラテジー 161
学習態度 103, 105, 217
学習態度変化 106, 218, 219
学習動機 11, 103, 105
学習動機とならない項目 104
学習動機変化 106
学習ビリーフ 119, 122
可能自己 12, 15, 102
韓国圏と英語圏の社会や文化に対する態度
103
韓国の社会や文化に対する態度 105
韓国の社会や文化に対する態度変化 107
間接ストラテジー 164

き

記憶ストラテジー 164, 182

け

言語学習の性質 120, 139, 151
言語学習の適性 120, 131, 151
言語学習の動機 120, 146, 150
言語学習の難易度 120, 134, 150

こ

後期調査 7
行動後段階 3
行動段階 3
行動前段階 2

語学学習への自信　66
コミュニケーション・ストラテジー　120,
　　142, 150

し

自己　12, 15
自国文化が侵害される恐怖　77
自己理論　12
質問紙　7
実利性　59
自民族中心主義　79
社会的ストラテジー　165, 202
社会的にあるべき自己　12, 52
情意ストラテジー　165, 199

せ

前期調査　7
前後期比較　7

ち

直接ストラテジー　164

と

動機づけ　2
道具的志向　14
道具的動機づけ　16
統合性　88
統合的志向　14
統合的動機づけ　14
努力基準　47

に

日本語版 SILL　170
認知ストラテジー　164, 185

ふ

不利益回避性　63

へ

変化調査　8

ほ

補償ストラテジー　164, 192

み

未来自己ガイド　16
未来自己ガイドとしての社会的にあるべき
　　自己　16, 100, 102, 104, 105, 107, 110
未来自己ガイドとしての理想自己　16, 99,
　　102, 104, 105, 107, 109

め

メタ認知ストラテジー　165, 195

も

目標言語圏の文化への関心　90
目標言語圏への旅行志向　73
目標言語社会への態度　94

り

理想自己　12, 15

［著者］　齊藤良子（さいとう・りょうこ）

略歴
東京都出身。2013 年東京大学総合文化研究科言語情報科学専攻博士課程修了、学術博士。東京大学東アジアリベラルアーツイニシアティブ特任講師を経て、現在、国士舘大学政経学部専任講師。

主要著作・論文
『言語学習と国、国民、言語に対するイメージ形成の研究』（J＆C、2012、分担執筆）、『外国語教育学研究のフロンティア―四技能から異文化理解まで―』（成美堂、2009、分担執筆）、『일본의 한국어학：문법・사회・역사（日本の韓国語学　文法・社会・歴史）』（삼경문화사、2015、分担執筆）など。

シリーズ言語学と言語教育
【第37巻】
初級韓国語学習者の学習態度の変容に関する研究

Linguistics and Language Education Series 37
A Study of Attitude Change
in Learners of Introductory Korean Language
Ryoko Saito

発行	2018年8月10日　初版1刷

定価	6800円＋税
著者	ⓒ 齊藤良子
発行者	松本功
装丁者	吉岡透 (ae) ／明田結希 (okaka design)
印刷所	三美印刷 株式会社
製本所	株式会社 星共社
発行所	株式会社 ひつじ書房

〒112-0011　東京都文京区千石2-1-2 大和ビル2F
Tel 03-5319-4916　Fax 03-5319-4917
郵便振替　00120-8-142852
toiawase@hituzi.co.jp
http://www.hituzi.co.jp/

造本には充分注意しておりますが、落丁・乱丁などがございましたら、小社かお買上げ書店にておとりかえいたします。
ご意見、ご感想など、小社までお寄せ下されば幸いです。

ISBN978-4-89476-879-6　C3080
Printed in Japan

【刊行書籍のご案内】

神奈川大学言語学研究叢書　5

英語学習動機の減退要因の探求

日本人学習者の調査を中心に

菊地恵太著　定価4,200円＋税

英語習得のように、なかなか成果の見えにくい活動に取り組むにあたり、学習者が自分の意欲をどうやって維持するのかは、とても重要な課題である。本書は、動機付けに関する諸理論を踏まえた上で、1000人を超える高校生への質問紙調査や大学生とのインタビュー調査を元に英語習得での学習意欲の減退要因を探る。その上で、現場の教員がモチベーションの低い学習者にどのように接したらよいかといった様々な疑問に答えるヒントを模索する。

ひつじ研究叢書（言語編）　第150巻

現代日本語と韓国語における条件表現の対照研究

語用論的連続性を中心に

金智賢著　定価6,500円＋税

本書は、現代日本語と韓国語の条件表現を対照的かつ統合的に分析することで、それぞれの言語の特徴を明らかにし、通言語的な現象としての条件表現を再考しようとするものである。特に、条件カテゴリー間の語用論的連続性に注目し、所謂条件と継起、理由、主題にわたる現象を有機的な連続体として把握することで、両言語の共通点や相違点を精密に記述するだけでなく、各言語の特徴的な現象を取り上げ、独自の枠組みでの分析を試みた。